U0006700

林毅——著

口才的力量

推薦序

王群

讀了本書我有三個感覺。

看到書名，頓時產生第一個感覺：夠宏觀！

我總覺得，「以史為鑑」是後人把歷史當作鏡子，從中了解國家興亡的原因，怎麼能和說話扯上關係呢？其實「以史為鑑」出自唐太宗李世民《舊唐書．魏徵傳》的一句話：「夫以銅為鏡，可以正衣冠；以古為鏡，可以知興替；以人為鏡，可以明得失。」是啊，這些見證過歷史興替的歷史人物的相關史料，既可以讓我們知曉朝代興替的原因，又可以教會我們說話，豈非兩全其美？說實在的，目前關於口才的書不少，但從歷史角度談口才的不多。單從命題來看，我就覺得本書有高度、有深度，很有點哲學意味，堪當「宏觀」兩字。

看到本書的目錄，又產生了第二個感覺：很系統！

本書共十章，有五十個案例，其中每一個案例都分五個環節闡述，可讀性很強，尤其是「評跋」更為讀者指明了努力的方向。這些案例的史料分別源自《史記》、《春秋》、《左傳》、《戰國策》、《晉書》、《新唐書》、《宋史》和《資治通鑑》等經典，關係到四十七位歷史人物，主線從頭至尾清晰可見——口語傳播學：傳播語境、傳播態勢、傳播內容、傳播形式、傳播目標、傳播手段、傳播角色、傳播對象、傳播心理等。

這讓我不由得想起一件軼事。曾有人問邱吉爾：「請問閣下，兩分鐘演講要多少時間準備？」邱吉爾答：「半個月。」又問：「五分鐘演講呢？」答：「一星期。」再問：「一個小時呢？」答：「無須準備。」邱吉爾的幽默旨在說明一個道理：演講要做到言簡意賅而且精彩絕非易事，真正長達一個小時的演講卻無須準備其實幾乎是不可能的。因此，沒有明確的學術思想為制高點，沒有完整、合理、縝密的結構框架為支撐，沒有一年半載的焚膏繼晷、篝燈呵凍，要完成這樣一項大工程的著作豈不是天方夜譚？

仔細閱讀整部書稿後，又產生了第三個感覺：挺實用！

我體會到書中這些歷史人物從四個層面教會我們如何說話：一、要有智慧，二、要明原則，三、要懂策略，四、要重語言。其中第一個層面「要有智慧」顯然是重中之重。

書中歷史人物的智慧體現在以下五點：

一、**能做到「先知獨見，不惑於事」**。

漢代班固在《白虎通義》裡說：「智者，知也，獨見前聞，不惑於事。」智者雖然身處社會動盪之中，卻憑藉著眼力，看得早，看得明，不被假象、表象所迷惑。從這個角度來說，書中歷史人物的「智慧」得到最準確的體現。

二、**能做到「遠見未萌，避危無形」**。

司馬遷在《史記·司馬相如列傳》說：「蓋明者遠見於未萌，而智者避危於無形。」有智慧的人對未來具有準確的預測，看問題具有超越常人的眼光，對世事具有透徹的領悟和理解，對事物之間的關聯性具有深刻的體察。從這個角度來說，書中歷史人物的「智慧」得到最生動的體現。

三、能做到「明辨細別，見微知著」。

《中庸》裡說：「慎思之，明辨之。」智者說話，當頭腦清醒，可圓通自如，盡得事之體要。智者對現象的觀察，對線索的梳理，對邏輯的推斷，對規律的把握，善於從相似中尋找差異，從區別中發現關聯，從淩亂中找到頭緒。從這個角度而言，書中歷史人物的「智慧」得到最鮮明的體現。

四、能做到「巧妙應變，見機行事」。

杜牧為《孫子》作注時寫道：「兵家者流，用智為先。」《鬼谷子》有「釣語」一說，清人俞樾解釋為：「『釣語』謂人所隱藏不出之言，以術釣而出之。」在得失和進退之時能敏捷把握並創造機會，巧妙地化解危機。從這個角度而言，書中歷史人物的「智慧」得到最充分的體現。

五、能做到「善於傾聽，耳聰目明」。

俗諺說：「愚者自以為是，智者善聽人言。」西諺也說：「雄辯是銀，傾聽是金。」傾聽是一門溝通的藝術，也是一種溝通的態度，更是一種溝通的智慧。傾聽能幫助表達者看清問題的本質，尋找解決問題的良方。從這個角度來說，書中歷史人物的「智慧」得到最恰當的體現。

說到智慧，我想說說林毅與我的關係。他在華東師範大學傳播學院讀博士班時，我是他的老師；我在擔任上海市演講與口語傳播研究會會長和名譽會長時，他擔任副祕書長和祕書長。我們曾一路攜手同行，為口語傳播研究全心全力付出，做了不少事情，包括一起做研究、做課題。數十年來，他的穩健、踏實、勤奮，特別是他在處世和做學問中表現出來的智慧給我留下很深的印象。他能將學理和實踐有機嫁接，能將歷史和現實巧妙結合，本書的成功付梓便是一個有力的證明。

最後請容我倚老賣老說點話。受限於篇幅，本書的史料主要集中在先秦兩漢，尚未反映歷史的全貌，只能說這是一部「斷代史」了。《口才的力量》的研究還在路上，期盼林毅能進一步擴大歷史範圍，獲得更新、更大的成果！

承蒙重托，認真談點感受，是為序。

自序

林毅

親愛的讀者，您好。我是林毅，一位口語傳播工作者。開門見山地報上自己的身分，是為了最有力地告知本書精髓。這不是一本簡單講述歷史經典的故事讀本，而是一本力求「用語言賦能歷史」的複合讀物。

二〇一九年中國新聞網一篇採訪我的稿中寫道：「在中國文明的歷史長河中，在浩如煙海的歷史典籍中，鑲嵌著無數熠熠放光的經典對話，它們無一不是改變和推動歷史前進岔路上的閃亮路標。為了創新傳播手段，傳承經典文化，貫徹運用資訊成果，實現資訊內容、技術應用、平臺終端共融互通，讓以往僅透過傳統媒體傳播的人文歷史內容，在網路時代借助行動傳播，牢牢占據輿論引導、思想引領、文化傳承、服務人民的傳播制高點。我們的內容研發團隊，在專業音訊分享平臺喜馬拉雅上推出首檔以歷史人物對白為素材基礎的口語傳播知識類音訊節目《林毅：歷史教你說話》。」

這就是本書的來龍去脈。最初，它是一個在網路平臺上，由我和來自廣播、電視及網路領域的核心創作團隊共同製作，一個「從歷史記載中尋找、剖析實用說話技巧」的免費有聲節目。我擔任該節目的主講人，節目製作團隊則深入淺出地分析那些影響中華五千年文明走向的魅力文字，經口語傳播讓每位聽眾都能切身感受到歷史對白中的智慧與技巧。在每集節目中，我帶領聽眾按照「史料記載對白＋說話技巧分析＋現實生活解構」的模式，從對歷史經典對白進行全方位綜合評分的方法來為每一篇作品評分，以便聽眾更感性地認知那些歷史人物的說話水準。

然而，口語傳播和文字傳播必定存在一定的差異。節目下檔後，我從一百多篇稿子中精心挑選最具代表性的篇章，重新整理成書。為了更貼近讀者的閱讀習慣，全書根據史料故事中人物說話技巧的類型分為十章，讓讀者能夠分門別類地學習書中人物的說話技巧，欣賞史料故事的情節。每一節都由提要、史料新說、技巧正名、評跋和沙盤推演五個版塊組成。在有聲節目的基礎上，更細緻地梳理了故事結構和說話技巧。

幾年前在我主持的青年學者口語論壇上，一位德高望重的學者對我說：「林老師，您是研究和教授口語傳播的，但我覺得說話這件事不需要技巧，只需要真實，傳遞真實的內容就是說話的唯一技巧。」我懂他的意思，他間接地告訴我，我的工作沒有意義。

在我看來，這句話顯然有失偏頗。如果一個社會的口頭語言只剩下「實話」，那將是件非常可怕的事。這樣的語言該有多直白、多暴力，暫且不談「藝術」兩字，就連溝通中的和諧都很難做到。到頭來，實話只會變成一塊為人所用的擋箭牌。

有人會說：「嘴長在我身上，我說什麼，就是什麼。」這句話想表達的意思更暴力。言下之意，說話是我的權利，我說什麼話，你們管不著。表面上看好像的確如此，似乎挑不出毛病，因果關係非常明確。但是只要學過一點傳播學的人就知道，這是典型的霸權表達、單向思維，也是傳播學中常說的靶子理論。傳播者只顧及自身利益，以自我為中心，把傳播對象當作靶子一樣對待，亂射一通。實話是一個好東西，但並非完美無缺，缺點甚至還不少，有時候不過是表達者過度自我表達的藉口。當然有種情況允許這麼做，那就是自言自語，你既是傳播者，又是傳播對象，愛怎麼折騰都行，不關別人的事。

除此之外，說話這種行為至少是由兩方構成的活動，你在說話之前有沒有考慮過對方的感受？是否明白你占用的不僅是對方聽你說話的時間，更是對方的生命？哪怕是出於某種善意，是否也應該照顧一下對方的情緒？

退一萬步來講，很多人在傷害別人後，往往會掏出免死金牌——「我說的都是實話」。我承認，敢說實話是一種可貴的特質，我從不否定實話本身的價值，但以上種種堅持並不代表實話只有一種說法，並不代表實話的表達不能使用技巧。請千萬別再用實話做為排斥說話藝術的擋箭牌。如果你堅持這麼說，我倒想問問，在這塊擋箭牌背後，你真正的目的究竟是什麼？不要把道德綁架時時刻刻發揮得淋漓盡致，目中無人的實話實說未必就比善意的謊言強！

事實上，沒有傳播效果的傳播內容無論多麼真實都不會有太大的價值。歸根結柢，天底下沒有排斥說話藝術的人，只有排斥需要花時間學習說話技巧的人。你之所以會有這樣的想法，是因為今天說錯了一句話不會掉腦袋，更不會株連九族。要是有一天說話關乎你的生死存亡，關乎所在的集體之興衰榮辱，你是否會重新審視自己的說話才能？

中國歷史上就有這麼一批人，他們以說話為生，憑藉三寸不爛之舌，不僅挽救了自己的性命，還改變了一個國家的命運，他們被尊為「辯士」。你可別用今天的名稱去套千年前的稱謂，辯士不是指辯論選手，而是指口才出眾的人。

讓我們一起來體會口才的力量。西元前三一一年，秦相張儀返回秦國，還沒到咸陽，秦惠文王就去世了。繼位的秦武王當太子時就不喜歡張儀，加上大臣們不停地詆毀他，張儀深知自己的處境極其危險。於是，回到咸陽後找了機會對秦武王說：「我有個不成熟的計策，希望獻給大王。為了秦國著想，必須使東方各國產生分歧，大王才能多割得土地。如今眾人皆知齊王特別憎恨我，只要我在哪個國家，他一定會出兵討伐那個國家；希望讓我隻身前往魏國，齊國必然會攻打魏國。在他們混戰時，您利用這個間隙攻打韓國，打進三川，軍隊開出函谷關，直接挺進，兵臨周都，就可以挾持天子，成就帝王的功業了。」秦武王聽了張儀的話，準備了三十輛兵車，送他去魏國。張儀就這樣用嘴救了自己的一條命。

當然想要說得好，顯然不是乾說、愣說，其中藏了太多技巧，張儀使用的技巧便是說話中典型的「迎合利益點」。設想，如果張儀不注重說話技巧，直來直去，上去就問秦武王是不是對自己有成見，他的下場會如何？

我們要看清現實。人不是天生就擁有說話才能，因此說話注定需要學習，不僅需要學，還要不斷練。聽到需要花代價，可能又有人不樂意了，甚至鄙視技巧，認為都什麼年代了，格局得大，我們要講素養，別盯著基礎技巧磨來磨去。那我得告訴你，你是站著說話不腰疼，看人挑擔不吃力。你怎麼不去擂臺上和對手講素養呢？你敢嗎？你不敢，因為你要活命。

那些十幾年如一日的專業拳擊手天天練的難道都是素養嗎？他們翻來覆去練的無非就是那麼幾個技術動作。你之所以敢放棄技巧談素養，是因為這個時代說錯了就說錯了，你還是能活得好好的，不會被人打倒在擂臺上。素養不是空中樓閣，它是建立在「術」之上的東西，沒有麵包和牛奶，哪來的詩和遠方？

讓我們再次回到歷史中。在辯士盛行的年代，社會各階層自上而下對口才了得者的尊敬程度當今遠不能及，他們知道善於表達的背後所支撐的是智慧與文化。有人會反駁，現在都二十一世紀了，還需要向古人學習說話嗎？網路時代、人工智慧時代等概念堆積的今天，科技確實取得了飛速的進步，但口語傳播的發展進程卻極其緩慢。要不然怎麼到了今天，我們還是把《論語》奉為經典，仍然前仆後繼拜讀四大名著呢？有時口語和文字如出一轍，我們不比古人強多少，有些地方甚至還不如他們。讓我們一起向先輩們致敬吧！

對於史料的整理和對故事的編輯，工作量之大、難度之高，絕非憑我一己之力就可以完成。全書五十篇文稿的史料編輯工作融入了多位同仁的心血，他們分別是盧美毅、陳大川、楊和軼、劉磊和楊青。同時，楊東杰也用自己的專業能力為本書做出極大的貢獻。在此借作序之際，一併向他們表示誠摯的感謝，沒有他們的共同努力，本書很難順利付梓。

我之所以需要借一本書的篇幅用歷史來教你學說話，有兩大原因。第一，歷史故事中憑藉說話改變命運，甚至改變歷史的經典很多，三言兩語說不完。第二，本書不僅談古，還會論今。在抽絲剝繭後，看看從古代穿越到今天的技巧搖身一變，在現實生活中成了什麼？如今各類演講、溝通、辯論、談判中的專業技巧古已有之，我們卻沒有對它們細細品味、好好總結，其豐富程度隻言片語是說不完的，更別提那些在技巧雕琢之上還飽含思想的豐富口語傳播經典了。

既然如此，那就聽我慢慢道來。

目次

第四章 辭藻修飾

修辭何必要硬背，靈活運用好搭配

第五章 能量轉化

常人只會用常理，你偏要出其不意

第六章 心理揣度

讀你千遍也不厭倦，傾聽說話有畫面

第七章 對象創設

對的時間對的人，代言語意更貼近

第八章 視角選擇

抽刀斷水水更流，舉杯勢必有由頭

第九章 策略防備

行事作風講氣度，堅守原則不含糊

第十章 人物連載

長江前浪也是浪，浪花形狀千百樣

第一章

語境引導

若想抓住夢的手，必須跟著感覺走

事，有情境；言，有語境。語境，可以望文生義地理解成語言環境。通常情況下，我們所說的語言環境是指說話時，一個人所面對的具體狀況。

語境分為很多種，比如自然語言環境，這種語言環境一般指母語的生存環境，它很難被改變。本章談及的語境引導意指自然語言環境之外的部分，如人工語言環境。在交流和溝通時，人們可以透過思維層面的自我傳播，用口頭語言選擇性地傳遞記憶層面的相關資訊，營造出有利於傳播者的語言環境，並引導傳播對象跟著自己的口語傳播進入相應的語境。

晏嬰使楚．擬定準環境

有些人面對別人言語刁難的第一反應就是回擊。從心理上講，任何人面對他人的故意為難總是不快樂的。但在心理層面，我們一定要做好面對質疑的準備。這方面的心理建設是人與人的交流中必備的，如果永遠期待別人像對待親人似地對待你，在交流前就犯了一個不該犯的錯誤。

晏嬰的故事告訴我們，說話技巧與口語傳播時準環境的設置密切相關。史料取材於《晏子春秋》。

常聽到一句話：「外國的月亮比較圓。」為了證明這一猜想，愈來愈多人走出國門去看外國的月亮。

交流中，我們會有收穫、有快樂，但難免也會遭遇一些不自在的情況。當面對那些戴著有色眼鏡、態度並不友善的人時，我們是退避三舍、據理力爭，還是付之一笑呢？

史料新說

春秋時期，中原大地被割據成一百四十多個大小諸侯國，國與國之間時常爆發戰爭。做為使臣，出使他國尤其是強國，更加需要勇氣和智慧。

西元前五三一年，一個不算晴朗的日子，齊國國君齊景公派遣上大夫晏嬰出使楚國。上大夫相當於現在的總理，可見晏嬰這次出訪重任在肩。

當時齊國處於齊桓公「九合諸侯，一匡天下」之後一百年，國力已大不如前，而齊國周圍列強環伺，尤其是晉國和楚國兩個超級大國。齊國雖已投靠晉國，但兩國關係並不穩固，晉國時不時在齊國邊境軍事演習，喊殺聲讓齊景公夜不能寐。另一邊，執政的楚靈王是有名的戰爭狂人，兩年前剛藉機滅掉陳國。如果齊國不與楚國建立良好的外交關係，楚國遲早會打上門來。為了讓齊國贏得更多韜光養晦的時間，為了在大國爭霸中贏得一席之地，晏嬰出發了。

晏嬰，就是晏子，在姓氏後加上「子」字，通常代表後人對其德行的高度評價。當然，這個「子」得念第三聲，不能念輕聲，要不然老子會極力反對。

《史記．管晏列傳》記載，晏子「長不滿六尺」，換算成現在的身高大約一百四十公分左右。以文筆冷峻著稱的傳記作家司馬遷雖然如實記錄了晏子的身高，卻也感嘆：「假如晏子還活著，我就算是為他執鞭駕馬也心甘情願！」晏子到底有多厲害呢？

楚靈王很早就掌握了晏子來訪的情況，而且心中大為不滿：「齊王竟然派晏嬰這個小矮人來，太瞧不起本王了！本王一定得給他點厲害瞧瞧！」

晏子來到楚國的國門外，卻發現大門緊閉。原來，楚王派人在大門旁邊開了一個五尺高的狗洞，想讓晏子鑽過去。有研究者認為這不是狗洞，是一扇「矮」了一點、「窄」了一點的門。晏子卻不這麼看，他打量了門的大小，嘴裡念念有詞：「這，不是個狗洞嗎？」

只見他忽然轉身，略帶疑惑地問一旁正等著笑話的楚國官吏：「如果我到的是狗國，那是該從狗洞進去，而如今我出使到楚國，似乎應該換個門吧？」

這句話有兩層意思：第一層是罵，罵楚國是狗國，滅了對方的威風；第二層是誇，誇楚國是個大國，應當打開大門讓人進去，讓對方無話可說。

就這樣，晏子邁著大步，被人從正門迎進楚國。第一回合完勝。

緊接著，晏子進殿拜見楚王。楚靈王盤著腿坐在地上，繼續拿身高說事：「你們齊國是沒人了嗎？竟然派你這樣的人來做使臣？」意思是你晏嬰站著還沒我坐著高呢！

晏子用堅定的眼神直視楚王，開口說道：「齊國首都臨淄是大都市，有七千多戶人家。我們伸出手，衣袖就可以遮天蔽日；我們揮一揮汗，就像天上下雨一樣；人挨著人，肩並著肩，腳尖碰著腳跟。大王怎麼能說齊國沒有人呢？」

話音未落，楚王追問道：「既然如此，為什麼派你這樣一個人來做使臣呢？」

晏子整了整衣衫，拋出早就準備好的回答：「我們齊國派遣使臣都是分配好的。賢明的使者就去見賢明的君主；不肖的使者就派到不肖的君主那兒。而我是最無能的人，只好出使楚國了。」

楚王聽到這裡，立刻擠出微笑：「來來來，我們喝酒吧！」

好一個晏子，你說我家裡沒人我可不同意，你說我無能，那你也只配見我。齊楚辯論賽，齊國再下一城。

楚王喚人取來酒菜，晏子自然也得體地回應，推杯換盞之間，楚王打算使出最後一招。

當初楚靈王得知晏嬰即將來訪時就問過身邊的謀士：「晏嬰是齊國最會說話的人，腦子轉得很快，快幫本王想個治他的辦法。」

左右謀士答道：「這還不容易，到時候我們綁一個人從你們面前走過。您就問：『這是什麼國家的人？』我們回答說：『是齊國人。』大王再問：『他犯了什麼罪？』我們就說：『犯了偷竊罪。』」

於是，這齣預先排練好的宮廷鬧劇就上演了。兩個官吏押著一個被五花大綁的犯人走到楚王面前。

楚王假裝奇怪地問：「沒看到我正和晏子喝酒嗎？綁著的人是哪個國家來的？」

身旁的人立刻答道：「稟大王！他是齊國人，犯了偷竊罪。」

楚王立刻收起笑容，用斜眼盯著晏子說：「你們齊國人是不是都喜歡偷東西啊？」

晏子並不急著回答，而是從果盤裡拿起一個橘子，端詳了起來。說道：「我聽說，橘子長在淮河以南就是橘子，長在淮河以北就變成了枳，只是葉子的形狀相似，但是吃起來味道卻大不相同。這到底是什麼原因呢？我想是因為水土不同。我們的百姓在齊國安居樂業，但到了楚國就開始偷東西，難道說楚國的水土能讓人學會偷盜嗎？」

「哈哈哈……」楚王連忙舉起酒杯大笑道：「寡人怎麼會想侮辱一位聖人，真是自作自受，自作自受啊！」

被後世稱為暴君的楚靈王，在這一刻心中只有一個字——服！後來他為晏子準備了厚禮，並派人護送他回齊國。

技巧正名

故事一波三折，晏子在說話技巧上其實只用了一招就連破楚王三個回合。這個技巧的名稱叫作「擬定準環境」。

擬定，是指根據自我判斷進行推導，也就是假設；準環境，表示該環境未必就是最終的事實環境。擬定準環境的技巧在於把人和事都放入自己的話語所設定的環境中，以達到改變討論方向的目的。

如果晏子的故事離我們比較遠，有個人你肯定熟悉，就是蘋果公司已故創始人賈伯斯，他常被身邊的人形容有一種叫做「現實扭曲力場」的能力。當年蘋果手機橫空出世，賈伯斯表示這是一款完美的手機，不需要更換電池——以前的手機都要打開後蓋更換電池。他說的沒錯，手機是不需要更換電池了，但所有人都隨身帶了一個和手機一樣重的行動電源。

擬定準環境這種技巧有明確的傳播目的，關於準環境的擬定行為都是朝著有利於自身利益的方向而去，這種擬定不是欺騙或歪曲，而是透過自己的注解把它變得更有說服力。

再看晏嬰，面對楚王接二連三的刁難，他保持良好的口語傳播素養，分別運用大國要開正門迎接使者、出使什麼國家派遣什麼使者、不同的水土生活著不同的百姓三條說辭，重新定義了楚王給的難題。

評跋：★★★★☆

每次與楚王的對話中，晏嬰總能順水推舟，以牙還牙，這種借力使力的能力，邏輯性給九分。

晏嬰的機智在於對話中不急不躁、後發制人，瞬間扭轉局面，策略性給八分。

言語之間，晏嬰對說話的內容和語氣可謂把握得當，不怯懦，不囂張，表達力給九分。

即使晏子能夠預料到楚王會有意刁難，心裡已有準備，但畢竟每次遇到的問題都不同，卻總能反敗為勝，即興度給十分。

晏子使楚的故事之所以在歷史上赫赫有名，正是他的超級口才使然，影響力給九分。

總分四十五分，四星半。

沙盤推演

在與人交流，特別是和懷有敵對立場的對象溝通時，如果可以將對方拉入自己的語言環境，利用對手沒有把環境因素納入討論範疇的弱點，以此做為駁斥對手的策略，達到後發制人的效果，不失為一種極佳手段。

中國地大物博，南北方差異不勝枚舉，酒文化是其中之一。勸酒在有些地方是好客的表現，而在海派酒文化中，更多的是喝酒隨意。來看看下面這段對話。

主人說：「既然來了就得按照我們這兒的規矩喝，入鄉隨俗，客隨主便。」

客人說：「賓至如歸，我早就把這兒當成了自己的家，就按我家的規矩來，除非您想和我分你家、我家。」

你瞧，主人和客人在博弈中都做一件事，即把現實環境擬定成對自己有利的環境。

在國外若遇到有人說：「我們這兒的月亮是不是比你那兒的圓？」你可以回答：「當然是我家的更圓一些，不信，你跟我回去瞧瞧再做定論。」說話得充滿自信，因為正在使用擬定準環境的說話技巧，而對手只在和你談論他的情懷，卻被你說得雲裡霧裡！

惠公點穴・話指弱光區

每一個傳播者都有自己區別於他人的主觀能動性，這種能動性使得我們在交流、溝通中關注的焦點有所不同。相信你我都深有同感，一群人在一起聊天，你說了一段話，有人聽明白了重點，有人聽錯了重點，有人還會誤解你的表達。在人際交流中，找到傳播對象表達中因各種原因而掩藏的重點，對於傳播者而言尤為重要。

惠公的故事告訴我們，口語傳播時關注盲區這項技巧。史料取材於《戰國策・魏策二》。

每件事情都有來龍去脈，事情的開始也都有一個由頭。今天這件事的由頭在哪兒呢？先擺出一個問題：你想勸朋友不要去做一件事，因為後果很嚴重。可是你知道出言相勸，他不會記住你的好，反而會記恨你，一旦勸說不妥當還會招來禍事。這該如何是好？讓我們一起來讀讀下面這段史料。

史料新說

魏惠王在魏國歷史上的名聲不是很好，他和誰打仗都打不贏。他過世後，安葬日期確定了，不巧當天天逢大雪。許多大臣規勸太子：「雪已經下得這麼大了，還要舉行葬禮，老百姓出門送殯一定會叫苦連天。不僅如此，國庫現有的積蓄恐怕也難以維持這筆巨大的開支。請太子三思而行，改期安葬。」

太子聽後答覆：「做為一國的太子和君王的兒子，因為百姓的困苦和國庫資金的不足就不為先王按期舉行葬禮，這不合乎禮法。你們不用再說了。」

一來一回，對話中的博弈開始了。

首先，你覺得大臣們的勸慰有道理嗎？可能覺得挺有道理，但千萬別忘了朝堂之上往往真假難辨，勸可能是真勸，話未必是真話。大臣們可能只是打著百姓困苦和國庫空虛的旗號，從而達到自己的目的。

其次，太子也不是個傻子，他直接用一個冠冕堂皇的理由就拒絕了大臣們的規勸，還留下言外之意：如果你們再勸，後果自負。在朝堂上說錯一句話和在公司裡說錯一句話的後果截然不同。在公司裡說錯話最多丟了工作，在朝堂上說錯話最壞的後果可能是掉腦袋，甚至滿門抄斬。事實上，公眾場合的對話很多時候都鬥智又鬥勇，因為在和人打交道，而人就是最大的不確定因素。

群臣聽罷，不敢多說什麼，只能請惠公出馬。惠公就是惠子，口才了得的辯論家，歷史上合縱抗秦的主要人物，他主張魏國、齊國和楚國聯合起來對抗秦國，並建議齊、魏兩國互尊為王。

惠公來到太子面前，問道：「葬期已定好了嗎？」太子回答：「是的。」

惠公不緊不慢地說：「從前，周文王的父親被安葬在楚山腳下，地下滲透出來的水腐蝕了他的墓穴，以至於棺木的前半部分露了出來。周文王得知此事後表示：『我猜想先父一定是想再見一見群臣和百姓。』於是，周文王把他父親的棺木從泥土中抬了起來，為他設朝，讓大臣們朝拜，也讓百姓前來朝拜，足足等了三天，才將其安葬。」

惠公抬出周文王是很講究的，絕對不是即興發揮。理由有二：第一，被抬出來比較的那個人必須有一定的分量，如果這個人不如太子，太子憑什麼服他？周文王在歷史上的楷模作用顯然夠格。第二，從表面上看，惠公是在壓制太子，事實正好相反，他是在給太子臺階：連文王都這麼做了，你還擔心什麼禮法？當然，語氣的把握很重要。

只不過這樣顯然還不夠，太子還有最後一個絕招叫作「時代不同」，這四個字便足以拒絕效仿周文王。惠公看了看太子的反應，繼續說：「如今雪下得這麼大，葬禮很難舉行。太子卻要按照預定的日期下葬先王，不顧現實的困難，會不會顯得有些急躁呢？先王一定是想再逗留片刻，匡扶社稷，才讓老天下了如此大的雪。」

技巧正名

這是全文亮劍的部分，惠公之所以老辣，就因為這「急躁」兩字說到位了。他的意思是太子你到底在急什麼，自己心裡很清楚。這個看破不說破的道理就是本節要分析的重點，其中深藏的說話技巧，就叫話指弱光區。

什麼叫弱光區呢？喜歡拍照的朋友都知道傻瓜相機。這裡的「傻瓜」不是說相機傻，而是說不會拍照的人拿著它也能用，因為它會自動對焦。不過，傻瓜相機也有缺陷，它最怕進入弱光區域，光線特別暗的地方很難對準焦距。

說話也一樣。我們的語言也有指向的焦點，一旦指向錯誤，表達的意思就完全不同了。舉個最簡單的例子，「今天，是母親節」和「今天是，母親節」，是不是指向的重點完全不同？一個強調「今天」，一個強調「母親節」。但人就是這麼有意思，我們最容易忽略的就是對方表達的弱光區域，因為說話的人最喜歡掩藏祕密，以模糊你的視線。

再看惠公和太子，太子有什麼不能在朝堂上公開說的呢？過去太子要在其父親死後順利登基，需要經歷重重關卡，其嚴峻程度我們很難想像。第一，詔書上要有他的名字，顯然這一關太子已經過了。第二，得等到第二年開春，重新建立自己的元年封號。很多準國君在這個時候就被敵對勢力謀害了。從故事發生的季節來看，大雪紛飛肯定是深冬，離開春已不遠，估計過第二關問題也不大。第三，需要獲得朝中主要政治勢力的鼎力支持。這個問題從文中不得而知。第四，必須等到先王入土為安後，才能正式即位。想想也是，喪事沒辦完，辦什麼喜事呢？

躺在棺木裡的先王一日不下葬，太子就得多承擔一日風險，你說他急不急？太子最擔心的正是夜長夢多，但這種急躁又不能表現得太過外露、太過分。惠公那句「會不會顯得有些急躁呢」就像隔著衣服點中了太子的穴位，宛如烈日般照亮了太子心中的弱光區，讓他看清自己。惠公的分寸拿捏得也很好，沒有繼續刨根問底——說話的藝術畢竟性命關天。

為了不說破，惠公話頭一轉，把所有問題推到先王身上，說是他想多逗留幾日。既然這個理由都被抬了出來，太子還能說什麼？在封建時代，人們沒有那麼開化，尚未下葬的先王還有一定的政治影響力。惠公是變相提醒太子，如果死去的舊君的確有在世間多逗留幾日的願望，這時強行安葬，後果將不堪設想。太子聽了惠公的話，不想答應也只能答應，「那就擇日再行安葬吧」。這就是故事的結局。

評跋：★★★★☆

惠公舉例文王重新安葬先父在前，質問太子是否急躁在後，邏輯性給九分。

既拿楷模文王對待禮儀的態度說理，又拿已故君王想多逗留幾日的想法說事，策略性給十分。

面對即將登基的太子，闡述主旨不卑不亢，話裡話外又點到即止，表達力給九分。

雖然在本段對話前，惠公有一定的準備時間，但現場仍能見機行事，即興度給六分。

前後兩段對白轉變了太子強行安葬先王的想法，既保住太子的整體形象，又避免勞民傷財，影響力給七分。

總分四十一分，四星。

沙盤推演

話指弱光區這個技巧在現實生活中如何運用呢？

每逢開學，多數學生都會準時回到學校，但總有些學生會找各種各樣理由在家多待幾天，比如買不到車票、身體不舒服等。

我的朋友圈教育界居多，其中一位分享了學生給他的留言，稱自己家中有事，需要多待一周才能回學校，希望老師能夠同意。我朋友一頓埋怨，拒絕，怕影響師生關係，學生還會給老師考評打低分；同意，實在不甘心助長這種風氣。

他反問我：「要是你，會怎麼做？」

我說：「這學生話裡話外藏著一個真相：這個假要嘛是假的，要嘛是學校不同意，不然他就直接向校方要假條了，不會來跟你說。你只需要柔和指明這一點就行了。柔和是為了讓他不反感，指明是為了讓他明白你什麼都知道，但不揭穿他。要是我就說：『我很想幫你，但你認為教務處會像我一樣同意嗎？』」

在這種情況下，正常的學生絕不好意思開口要老師陪他一起欺上瞞下。如果真有學生臉皮厚到不依不饒，老師也沒必要顧及他的感受了。

話指弱光區，就是告訴我們，不要只關注別人說話中最敞亮的部分，有時重點往往藏在幽暗的角落，你看不到這個角落，話就永遠說不到對方心裡。

毛遂自薦・明確大前提

日常的人際溝通中，我們很容易忽略一件事——說話是需要熱身的。這裡的「熱身」並非舒活筋骨，準確地講，說話是需要提前熱腦的。這個「熱」字並非表現在時間上，而是表現在態度上。張嘴就來的話看似沒有毛病，但缺少在口語傳播過程中從輸入到輸出環節的預熱時間，會因思考不夠充分而忽視了雙向互動中諸多前提條件。一旦沒有認清楚這些前提條件，緊接著的交流便會出現一系列錯誤。

毛遂的故事告訴我們，說話技巧與口語傳播時對大前提的把握密切相關，史料取自《史記・平原君虞卿列傳》。

本節要講的歷史人物沒有轟轟烈烈的生平，在歷史的長河裡只是閃爍了一瞬間，像一顆易逝的流星。然而，他的瞬間光芒卻不輸任何大人物，而且流傳至今。此人堪稱最能把握機會的人才，他就是「毛遂自薦」典故中的主人公毛遂。

史料新說

毛遂的身分極具時代特色，他是一位門客。門客，又稱食客，盛行於春秋戰國時期。和家奴不一樣，門客擁有更多自由，也不用從事固定的雜役，更多的時候是等待其侍奉的主人下達任務。春秋戰國的歷史中，門客可謂歷史進程的弄潮兒，很多赫赫有名的大臣如李斯、蘇秦、張儀等人，都是從門客階級走上政治舞臺。

毛遂是「戰國四公子」之一的趙國平原君府上的普通門客，約於西元前二八五年出生於趙國雞澤，自幼天資聰慧，文武雙全。二十六歲時，從雞澤前往趙國都城邯鄲，後經虞卿介紹，進入平原君趙勝府內。平原君號稱門下有三千門客，可說是人才濟濟。三千門客分工各不相同，有文武策士、守門人、屠夫、賣酒漢等。

虞卿為文策士，毛遂是武策士，有「南虞北毛」的美稱。虞卿的知名度不小，毛遂與之並稱在當時有點強行蹭熱度的嫌疑。趙勝何許人也？那是趙國的半邊天。毛遂在平原君府裡基本上無用武之地，整整三年默默無聞，一度被眾人遺忘。

毛遂心想，自己身懷一身高強武功卻用不上，不如棄武從文。在被忽視的三年裡，他默默讀書，積累知識，耐心等待展現的機會。

毛遂進入平原君府那一年（西元前二六〇年），趙國剛剛經歷了史上最大一場敗仗——長平之戰。紙上談兵的小兒趙括被秦國的戰神白起打得一敗塗地，趙軍幾乎全軍覆沒。四十五萬好男兒被坑殺，讓趙國推行「胡服騎射」改革以來建立的強勢地位和積累的豐厚家底丟失殆盡，還要整天擔心秦軍的滾滾鐵騎。擔心國事的平原君趙勝心急如焚，急需出使楚國尋求援軍，抵抗已經快要包圍邯鄲城的秦軍。

養兵千日，用兵一時。平原君出使楚國，門客必然要出一分力。平原君本來打算從門客裡選二十位聰明能幹的精英陪同，誰知道三千門客吃起飯來一個不少，真正能承擔這份苦差事的沒幾個。來來回回一折騰只挑得出十九個人，讓趙勝頗為為難：二十個人，每個都可能有大用處，隨便選個人充數可能坑了自己，難道沒有其他能人了嗎？

毛遂本來就不在三千門客的核心圈，第一輪篩選時根本沒入趙勝的法眼。當他聽到還有一個出使空缺時，覺得機會終於來了，趕緊說自己願意陪同出使楚國。平原君心想，門客從來都是聽我的吩咐，這個毛遂倒是推薦起自己，便召見了他，也留下一段名垂青史的對話。

見到毛遂這個年輕人後，平原君發現自己對他完全沒有印象，人看上去倒是氣度不凡，徐徐問道：「你到我門下多少年了？」

毛遂如實回答：「三年了。」

平原君一聽更無語，有點不想理會這名碌碌無為的門客。恰好看到桌上有個囊袋，便說：「你在我門下三年了，什麼大事都沒幹，什麼名聲都沒有，就像這個囊袋，如果是一把錐子放在裡頭，早就扎破袋子凸出來了。」

毛遂當然聽出了話語裡的看不起，不卑不亢地說：「您說的有道理，可是我這把錐子直到今天才主動請求您把我放入囊袋。如果我在這個囊袋裡，早就破袋而出了！」

平原君畢竟閱人無數，聽到此話立刻收起輕視，心想：毛遂用我的話反駁了我的觀點，證明他的思維很清晰；能夠在此刻推薦自己，證明他很有自信。應該是個可用之才。

於是，平原君答應毛遂，讓他成為出使楚國的第二十位陪同人員，一行人浩浩蕩蕩出發。

到了楚國，楚考烈王只答應召見平原君一人，二十名陪同門客只能在外等候。從早上直等到正午，趙勝一個人面對楚國滿朝文武，肯定難以達成目的。毛遂心想，這樣下去事情基本上沒著落了，看來得下一劑猛藥才行。

前文說過，毛遂是個一身勇武沒處使的武夫，再加上其他十九名門客在一旁慫恿，毛遂心一橫，拔出寶劍，一步一步從宮前臺階走進楚國大殿。

毛遂看著平原君大聲說：「這次聯合楚國的事情，只要能把其中的利害關係講明白，三言兩語就能解決，怎麼您從大早上一直談到中午，還沒確定下來？」平原君沒說話，他知道這番話看似對他說，其實是施壓楚王。

楚王問平原君這人是誰，平原君表示是自己的門客。楚王立刻嚷道：「趕緊退下，我和你主人商談，你算什麼身分？」

毛遂在這個過程中已經慢慢接近楚王，此時更一個箭步靠近楚王，厲聲說道：「您之所以這麼有底氣，是因為楚國人馬眾多，占據優勢。不過現在我已經在您十步以內，您的性命可說在我手上了，您願意聽我講講合縱的利弊嗎？」

此時此刻，楚王當然不敢不從，連連稱是。毛遂娓娓道來合縱之計，楚王一聽，說得確實有理，連聲稱好，當場就和平原君歃血為盟，趙楚合縱的事情就這樣談妥了。

出使楚國的成功讓平原君真正認識到毛遂的能力。回到邯鄲後，他對毛遂感嘆：「我自認是個識得天下之才的人，沒想到三年都不識您的大才。毛先生，您在楚國朝堂上唇槍舌劍，豪氣沖天，不僅達成聯合的目標，也沒丟失趙國的威嚴，讓我們氣勢大漲，您的三寸之舌簡直勝於百萬之師！」從此以後，平原君把毛遂奉為上賓，以禮待之。

毛遂此人在歷史上再無其他記載，可就是這樣一件事，給我們留下了毛遂自薦、錐處囊中、脫穎而出、挺身而出、兩言可決、歃血為盟、因人成事、碌碌無為、一言九鼎等多個成語。

技巧正名

毛遂在自我推薦中使用了「明確大前提」這個技巧。

前提是指事物發展的先決條件，也就是在推理過程中得出某一個結論的必備條件。一旦這個條件不成立，原先推理的結論也不再成立。此處的「大前提」不是嚴格意義上三段論的概念，泛指主要的前提條件。

再看毛遂，平原君和毛遂的對話清晰展現了這個技巧的妙用。平原君數落毛遂的話建立在某一種假設上，他的意思是一把錐子放在袋子裡面，一定會扎破袋子，這種邏輯關係的前提條件是錐子放在袋子裡。自認為推導沒有任何問題的平原君恰恰犯了一個不曾明確前提條件的錯誤，毛遂發現這一點，顛覆了平原君的大前提。在毛遂反駁的邏輯關係中，前提條件變成錐子不在袋子裡，如此推導出的結論便是無法扎破袋子了。這就是毛遂與平原君對話博弈中的高明之處。

評跋：★★★★☆

平原君用囊袋和錐子的關係數落毛遂，毛遂用同樣的方法反駁他，思路清晰縝密，邏輯性給九分。

在平原君急需人才的關口，毛遂毫不拐彎抹角，敢於把握機會，值得肯定。但身為一名門客，平時無法展示自己的才華也是一種不足，策略性給七分。

自薦時，毛遂表達清晰，沒有畏首畏尾，與楚王的交鋒更是漂亮完勝，表達力給十分。

兩場對白都突然殺了對方一個措手不及，應對合理，但不能說毫無準備，即興度給七分。

留下那麼多成語，哪怕只有一個故事流傳至今，已經相當了得，影響力當之無愧地評定為十分。鑑於一段史料罕見地留下如此多的成語，破例加一分附加分，影響力為十一分。

總分四十四分，四星。

沙盤推演

在現實生活中，明確大前提的技巧有何妙用呢？

有次我開車時聽見廣播主持人正在評說一些模稜兩可、相互排斥的俗語。比如「男子漢大丈夫能屈能伸」和「男子漢大丈夫寧折不屈」，比如，「亡羊補牢未為遲也」和「亡羊補牢為時已晚」。究竟哪種態度才正確？

暫且不論這些話的出處是否有據可循，好比「亡羊補牢為時已晚」本來就屬於誤傳。實際上，說話時，我們一定要多注意大前提是否已經明確，不要因為大前提的不明確而使得雙方的溝通事倍功半！

有上述疑惑的人都犯了一個基本錯誤，就是忽略了大前提。以上兩對看似相反的俗語，各自的前提條件都不相同。大丈夫採取能屈能伸或寧折不屈的態度時，所面臨的情況一定不一樣；亡羊補牢是否來得及也得視情況而定，說得粗俗點，羊沒死光就來得及，羊死光了就來不及了。

有次我從火車站坐計程車回家花了幾乎平常兩倍的車資，第二天準備向計程車公司投訴時，我在打電話前模擬了好幾遍想陳述的內容。

我想說：「我在交通並不擁塞的時段坐車回家，花了比平時多一倍費用，毫無疑問可以斷定司機故意繞了遠路。」

重複好幾次後，突然發現自己的投訴中忽略了一個大前提，那就是上車的地點究竟是火車站北門或南門。言下之意，假如是從北門，那的確比南門離家更遠，費用自然翻倍。好在我及時自我糾正，明確了大前提，避免造成一次不大不小的誤會。

燭之武退敵・把玩回憶殺

每個人都有自己的回憶，除了有些老年人特別愛講述自己的輝煌歷史，有些成年人也喜歡回憶值得炫耀的過去。常言「好漢不提當年勇」，意思是過去的就讓它過去，沒必要活在回憶裡，應該在現實生活中大踏步地前進。然而，回憶對人而言終究無比重要，也是人們內心世界獨有的事物，每每被人觸碰，都會擦出意想不到的火花。

本節透過燭之武的故事，講述的說話技巧與口語傳播時回憶資訊的使用密切相關。史料取材於《左傳・燭之武退秦師》。

《孫子兵法・謀攻篇》寫道：「是故百戰百勝，非善之善者也；不戰而屈人之兵，善之善者也。」意思是說，打一場勝一場不是最厲害的，不打就讓別人退兵才是真正厲害的。想想也是，打贏對方不算是最高級，不費一兵一卒就讓對方認輸才是。這到底用了什麼本事呢？

本節我們要說的故事正是體現「不戰而屈人之兵」謀略的典型案例。

史料新說

故事背景說來非常驚心動魄，《春秋》中卻寫得很簡單，僅六字，「晉人、秦人圍鄭」。

倘若是現今電影的表現手法，理應先出字幕並搭配老氣橫秋的畫外音，間雜相互碰撞的兵器聲，再來點宏大場面的常用音效。

字幕會這樣寫——西元前六三〇年，在此之前，鄭國有兩件事情得罪了晉國。一是晉文公當年逃亡路過鄭國時，鄭國沒有以禮相待；二是西元前六三二年的晉、楚城濮之戰中，鄭國曾經出兵幫助楚國，城濮之戰卻以楚國的失敗告終。

晉國和秦國大軍決定聯手攻打鄭國，晉軍駐紮在函陵，秦軍駐紮在氾水之南。大軍壓境，鄭國危在旦夕。被圍攻的鄭國到底會不會亡？

此刻，英雄的登場已是眾望所歸，名叫佚之狐的人向鄭文公推薦了燭之武，表示如果能派燭之武去見秦穆公，一定能說服他們撤軍。鄭文公聽取了他的建議。

燭之武究竟是哪位高人呢？據馮夢龍、蔡元放編的《東周列國志》記載，此時的燭之武已經年過七十，頭髮全都白了。但請不要把他想像成《魔戒》裡甘道夫那般瀟灑，實際上他弓著背、走路也不太穩當，聽鄭文公說完後還推脫：「我年輕時尚且不如別人，現在老了，更沒有能力辦事了。」

大家有沒有從燭之武的回答中聽出一股怨氣，憋很久終於可以發洩的那種？燭之武雖說是三朝元老，卻一直得不到賞識，是典型的懷才不遇，在鄭國一直擔任相當於《西遊記》裡所說「弼馬溫」的小官。他歷任三代君王，沒有一位賞識他。究竟是他自己的問題，還是三代君王都有問題，歷史已很難考證。

這個任務燭之武是接，還是不接？

如果你是鄭文公，會怎麼勸說燭之武呢？套路有很多種，深情款款地勸說？許諾高官厚祿？

鄭文公既了解燭之武的性情也明白他的氣節，鄭重道歉：「早先沒有重用您，現在危急之中來求您，這是我的過錯。」接著馬上說：「要是鄭國滅亡了，對您也不利啊！」

這句話牢牢抓住了燭之武的痛點，他畢竟不是七歲而是七十歲，對國家的認同感自然不會少。

果然，鄭文公這番話深深打動了燭之武，或說內心的正義感促使燭之武的行動。他的確滿腹牢騷，嘴上雖然發洩，心中還是深愛鄭國的。

這讓我想到英國首相邱吉爾。他對英國的貢獻不可謂不大，二戰後卻被英國政府無情地踢出了政局。有記者問他如何看待國家的背信棄義。邱吉爾堅定地說：「我的祖國是背棄了我，但哪一個偉大的國家不背棄他的英雄？正是因為對英雄的背棄，國家才會更進步、更文明，這樣的國家才更偉大，而我的祖國是偉大的。」雖然邏輯未必正確，卻能從話中感受到邱吉爾對自己國家的感情。

接下來的故事就像電影《不可能的任務》一樣開展。關於如何「不戰而屈人之兵」，燭之武究竟說了什麼呢？

古稀老人燭之武去見了秦穆公，對他說：「秦、晉兩國圍攻鄭國，鄭國即將滅亡了。如果滅掉鄭國對您有好處，我當然不敢勞煩您手下的人。然而，越過晉國把遠方的鄭國做為秦國的東部邊境，這件事你知道是困難的，何必滅掉鄭國而增加鄰邦晉國的土地呢？鄰邦的國力雄厚了，您的國力就相對削弱。假如放棄滅鄭，讓鄭國做為秦國前往東方道路上的主人，隨時供給秦國使者往來缺乏的東西，對秦國來說也沒有什麼害處。另一方面，您對晉惠公有恩，他曾答應把焦、瑕二邑割讓給您，但他早上渡河歸晉，晚上就築城拒秦，這些您早就知道了。而這讓晉國得到了什麼呢？既然它已經把鄭國當作東部疆界，又想擴張西部疆界，如果不侵犯秦國，晉國從哪裡取得所企求的土地？這是一件會讓秦國受損而使晉國受益的事，請您務必掂量！」

燭之武的說辭並不長，也一點都不囉唆，對大局的影響卻很大。

秦穆公聽完非常高興，與鄭國簽訂盟約，並派杞子、逢孫、楊孫幫助守衛鄭國，自己就率軍回國了。

秦國答應退兵，但圍攻鄭國的除了秦國還有晉國，如今秦國退兵，晉國做何反應？

子犯請求晉文公下令攻擊秦軍。晉文公說：「不行！假如沒有對方的支持，我就不會有今天。

借助了別人的力量又去損害他，這是不仁義的；失掉自己的同盟國，這是不明智的；以軍容整齊的軍隊攻打軍型散亂的軍隊，這是不勇武的。我們還是回去吧！」最終，晉軍同樣撤離了鄭國，燭之武一言退秦。

技巧正名

燭之武深夜造訪並勸退秦軍的過程中，使用了「把玩回憶殺」這個技巧。

「把玩」不是一般的玩，「把玩」的意思是把東西放在手掌心認認真真地邊玩邊欣賞，把手裡的物品當成寶貝，因此玩古董可以叫「把玩」，大家都知道古董貴，不可以隨便瞎玩。

「回憶殺」則是網路流行語，興起於動漫《火影忍者》，意思是有回憶的人必被殺。用在普通人的生活中，指的是回憶起以往尷尬的時刻會讓人特別懊惱。

「把玩」和「回憶殺」放在一起，說明使用回憶殺的人非常認真，絕不是隨口一說，而是像把玩古董一樣，將此技巧非常認真地放在手掌心中玩弄，視其為精心之作，以達到用回憶刺激對方的目的。

看看燭之武，他連續使用了兩次把玩回憶殺。第一次是鄭文公請他出馬時，他拿自己年輕時不被重用說事，逼得鄭文公當面承認曾犯下的錯。第二次是勸諫秦穆公放棄攻打鄭國時，拿晉惠公過去對秦國過河拆橋的事情做文章，讓秦穆公回想起過去，也彷彿看見了未來。針對不同的對象，燭之武將把玩回憶殺用得恰到好處。

評跋：★★★★☆

鄭文公勸說燭之武出師卻被反將一軍，不得不在關鍵時刻認錯。秦穆公擁有穩操勝券的把握，燭之武卻用回憶戳到他的痛處，邏輯性給九分。

燭之武透過向秦穆公描繪晉國、秦國、鄭國三國的地理面貌和彼此依傍的關係，完美回答了秦國為什麼應該放棄攻打鄭國，策略性給九分。

燭之武多年懷才不遇，而今終於可以凝心聚氣，在國家大難臨頭之際展現雄厚的辯才實力。他自信遊說秦穆公必定成功，對話內容又言簡意賅，表達力給九分。

燭之武的發言是在國家生死存亡之際的獻詞，急中生智是必需的，但又不至於完全沒有時間思考，即興度給七分。

燭之武靠著一段話就勸退了秦國，不傷一兵一卒，充分體現那個時代擁有口才的重要性，同時讓晉國放棄了又一輪的進攻，影響力給八分。

總分四十二分，四星。

沙盤推演

現實生活中，回憶殺的使用有用得好的也有用得壞的。為了讓大家鮮明體會好壞的對比，以下列舉兩對夫妻之間的對話為例。

首先是壞示範。夫妻天天在同一屋簷下相處，時間久了難免產生一些不愉快。夫妻之間吵架，最怕說出什麼呢？除了不應該說大是大非的話，最害怕的是翻舊帳。啥叫翻舊帳？就是把玩回憶殺。

比如妻子對丈夫惡狠狠地說：「結婚時你爸媽連聘禮都沒給，當時我中意你，沒有計較。現在看來你們真是一家人，那麼小氣。」這種話基本上只會激化矛盾。

再來是好示範。我朋友說，他在結婚當天問妻子知不知道自己為什麼會和她結婚？妻子正在各種猜測，他說：「二十年前，你在路邊撿回一個棄嬰，那麼多年過去了，你頂著大家的猜忌把小孩撫養長大，這需要極大的勇氣和愛心。我相信這樣的女人對待婚姻再差也差不到哪兒去，因為你有強大的責任心。」這件真人實事雖然比較戲劇性，同樣展示了把玩回憶殺若用得巧妙，瞬間就能變成把玩回憶情。

愛恨情仇，都在你我的言語之中。

第二章

語勢驅動

明明白白我的心，得靠展現真性情

談論語勢驅動，首先要了解語勢的範疇，語勢一般包括氣息運用的深淺度、飽滿度、速度，聲音傳送的遠近、高低、強弱、長短，以及因吐字歸音形成口腔狀態的整體變化趨勢。

雖然本章集中談論語勢驅動口語傳播的說話技巧，但必須說明的是，我們很難在說話過程中孤立地運用語勢，而不涉及包括語流、語氣、語頓在內的其他聲音形式。人類思想情感的運動狀態和語句表達的發展態勢的呈現方式必然由多種聲音形式共同完成，日常生活中的口語傳播更要避免為用技巧而用技巧，導致人際交流變得機械化。

吳起練兵・並用同心句

日常生活中，傳播者大多會認真審視自己傳播的內容，認真關注口語傳播形式並積極學習和訓練的人卻很少。

吳起的故事將告訴我們，說話技巧與口語傳播時的句型密切相關。史料取材於《史記・孫子吳起列傳》。

提到中國歷史上的「孫吳」二人，指的是春秋戰國時代的兩大軍事家。「孫」指孫武，著有《孫子兵法》；「吳」指吳起，著有《吳子》。這兩本書被合稱為「孫吳」，是中國古代軍事典籍中的不朽名著。

史料新說

歷史上的吳子，名叫吳起，衛國人。青年時期的吳起在曾子門下求學，之後在魯國效力。恰逢齊國起兵攻打魯國，吳起希望當上將軍，他的妻子是齊國人，很容易受到魯國君臣的懷疑。於是，他殺了妻子以表忠誠，順利成為魯國將領，擊潰來犯的齊國軍隊。

後來，魯國有人詆毀吳起，說吳起為了求官花光家產。同鄉也有人嘲笑他，他因此殺了很多人，並逃出家鄉，來到魯國拜曾子為師。求學期間，母親病故他沒有回去盡孝，導致注重孝道的曾子開除了他的學籍。

這段詆毀之詞可謂費盡心思。分析一下就知道其下手之狠毒。殺害妻子代表不仁，傾家蕩產代表不義，叛國離鄉代表不忠，丟棄老母代表不孝。這麼一個不仁、不義、不忠、不孝之徒，放在哪個國家都是人人得而誅之。從說話技巧上看，這段傳言無論真假，殺傷力都極強。

更何況魯國戰勝齊國，一定會惹來周圍諸侯的注意。魯國和衛國是兄弟國家，同為姬姓，重用一個衛國人不等於變相拋棄了兄弟衛國嗎？魯國國君聽了這番話，果然疏遠了吳起。

不得志的吳起聽說魏文侯賢明，想去魏國做官。魏文侯詢問手下，吳起的能耐如何？

有人回答說：「領兵打仗的本事，就連齊國的田穰苴都比不上他。」田穰苴是當時了不起的軍事家。魏文侯於是錄用吳起，讓他擔任大將。吳起率軍攻打秦國，大獲全勝。

吳起做為大將軍，愛護士兵，和下級同甘共苦，不騎馬，不坐車，不耍特權。有士兵得了惡瘡，他甚至親自用嘴吸膿。吳起深受士兵愛戴，人人以命相報，他的軍隊戰鬥力因此極其強大。魏文侯後來升他為封疆大吏，以抵禦秦國和韓國的進攻。

魏文侯去世後，魏武侯繼承君主之位。某次黃河泛舟，魏武侯在船上對吳起說：「你看這山川壯美，是我們的天然屏障，簡直就是魏國的財富啊！」

吳起卻回答：「國家是否穩固和有沒有天險沒什麼關係，而在於能否施行仁政。你看古代三苗氏，西有洞庭湖，東有彭蠡澤（今鄱陽湖），卻因不守信譽，被夏禹滅了；夏桀的領地，東有黃河、濟水，西有華山，南有伊闕山，北有太行山的羊腸阪，由於不施仁政，被商湯滅了；商紂王的領地，東有孟門山，西有太行山，北有恆山，南有黃河，但是不施仁政，被周武王滅了。不給百姓施恩德，再怎麼有天險也沒用！如果您不施行仁政，這條船上的人都會變成您的敵人。」

魏武侯聽完回答：「你說得很對。」

吳起的膽量讓人佩服，畢竟這番話等於把魏王當成小孩般教育了一番。如果魏王生性多疑，吳起所言可能會被理解成：「你若不好好治國，我就要謀反！」所幸魏武侯此時還是個聽得進勸的人，沒有直接吩咐左右把吳起「斬立決」。

技巧正名

今天再來看這段被收錄在《史記》中的對話，除了能感受到吳起勇氣可嘉，還會發現一個非常有意思的說話技巧——並用同心句。

所謂並用同心句，就是反覆提及類似的、相同核心思想的論據，以體現其不容辯駁的真實性和權威性。

「並用」是說話這個傳播行為的一種運動方法，主要表現為在說話過程中並列、不分主次地使用相關內容，其中的每一句話就像大小不一的同心圓。

以吳起教育魏武侯之例，三苗氏被夏禹所滅，夏桀被商湯所滅，商紂王被周武王所滅，三件事旨在闡明同一個核心觀點：如果君王不施仁政，就會被推翻。

評跋：★★★★☆

吳起為了否定魏武侯依賴天險保國的想法，舉遍歷史上的反例，威懾力很強，邏輯上給九分。

吳起歸納歷代的亡國理由，以此佐證自己的觀點，策略性給八分。

他交代了不施仁政的後果，講明哪怕最親密的戰友也會背叛的道理，表達力給八分。

吳起的理論早就被他歸納在自己的著作中，這段對話並非臨時起意，即興度給五分。

魏武侯雖然肯定吳起的說法，魏國卻沒有貫徹吳起的理念，影響力給六分。

總分三十六分，三星半。

沙盤推演

現實生活中，使用並用同心句最多的場合就是吉祥話了。不論是逢年過節還是婚慶典禮等特殊的日子，人與人見面都會說：「祝您大吉大利、諸事如意、幸福美滿、快樂安康……」

仔細想想，都是用一種同義或近義的方式給予對方祝福，羅列的吉祥話愈多，聽起來愈豐富、愈熱鬧，祝福的氣勢也愈強。回過頭來看，這些祝福雖然短小精幹、琅琅上口，一句道來彷彿說了很多內容，本質上都只有一個核心，就是祝對方一切都好。除此以外，其他的都是隨便一說，你沒過心，他也沒入心。

值得注意的是，並用同心句並不見得只能由一個人一口氣說出來，多人合作完成的情況也不少。

比如，你在會議上提了個方案，與會所有人看過後紛紛表示「沒問題」、「我贊成」、「挺好的」、「很可靠」，這些回答是不是會讓人的自信度增加不少呢？

反之，若大家紛紛表示「什麼嘛？」、「瞎鬧」、「再想想」、「不同意」，相信這時很多人都會懷疑自己真的出了問題。

至於吳起在黃河泛舟時說的那段話，還得補充幾句。吳起之所以敢這麼大義凜然地對魏武侯說話：一來他是魏文侯時期的老臣，有一定的權威；二來魏武侯得仰仗吳起建功立業，留著他還有用。吳起對這兩點心知肚明，要不然對君王說話，語氣必須拿捏準確。

同樣地，使用並用同心句時，得考慮清楚聽者的角色和地位，當一連串的道理一股腦砸向對方時，多少表明你的表達正處於高位。如果真的處於高位，自然順理成章。要是對方具有一定的社會地位或影響力，就得自問這樣會不會讓對方沒面子。

即便你是吳起，對方也不見得是魏武侯，千萬別讓他人對你心存芥蒂，如果破壞了彼此之間的信任感，就得不償失了。

不過吳起的結局並不好。魏武侯聽信別人的讒言而不再信任吳起，他只好逃去楚國做國相。後來在楚國推行改革，雷厲風行，損害了一些皇室成員的利益。楚悼王去世後，反對改革的敵對勢力合力殺死吳起。《史記》對吳起的評價是：「明知不推行仁政沒有好下場，但其在楚國推行改革時仍然殘暴，缺少仁愛，導致命喪楚國，可悲。」

歷史上對吳起的評價以貶斥居多，本書不是為了斷人是非、定人好壞，口才的優劣與人性的善惡也沒有直接關係。我在選擇史料時，首先觀察的是對話的技術含量，客觀地分析口語傳播的內容，不會在分析技巧時帶入對人物的主觀評價，但當然希望大家能將口才用在正道上，積極地發揮正能量。

在未來的溝通中，你將漸漸熟悉並用同心句這個技巧，請記住多點正著說，少點反著駁，沒有人喜歡別人對自己指指點點，評頭論足。

弦高犒師・表態銘我心

都說世界上沒有兩片相同的葉子，按照這個邏輯，世界上肯定不會有兩個完全相同的人。在口語傳播中，有些人向外輸出的欲望較強，有些人在人際交往時顯得較為內向。要他毛遂自薦，覺得沒自信；要他表達內心情感，覺得有些羞澀。

需要強調的是，個性沒有優劣之分，要看人的個性是否在對的時候用上對的部分。如果一個人能夠在說話時明確內心的想法，並適時向外界表達自己的願景，那麼他很可能會有美好的收穫。

弦高的故事將告訴我們表明態度這個說話技巧。史料取材於《左傳・僖公三十三年》。

史料新說

這個故事發生在春秋時期。西元前六二八年，鄭文公去世，公子蘭繼承君位，即鄭穆公。

國家政權交替之際，往往也是其他國家虎視眈眈的時刻。一心想要東擴的秦穆公決定利用這個機會，消滅晉國的盟國鄭國。秦穆公更大的野心是想占據中原，取代晉國的霸主地位。晉文公這時也去世了，晉國都沒工夫管好自己，更不可能顧得上別人。

秦穆公命令大將孟明視等人帶領四百輛兵車，偷襲鄭國。

隔年二月（西元前六二七年），秦軍主力來到滑國境內（今河南省偃師市、鞏義市一帶）。滑國是鄭國的附屬國之一。

秦軍在此碰到鄭國商人弦高。弦高趕了十二頭牛要到外面去賣，碰見遠程奔襲的秦軍，一下子就慌了。

從第一節看到此處的讀者一定會發現，之前故事中的主人公都是官員、謀士，都是政治圈的人物，對於各國的形勢、軍事相對比較熟悉。但弦高不同，他就是一名普通的商人。普通商人遇到來犯的士兵，就像電影中擋道惹眼的跑龍套，通常都會直接被殺掉，所以被叫作「墊背」。

弦高除了擔心自己被秦軍所殺，更害怕國家滅亡。人的一生往往會有一些重要時刻，這些時刻決定一個人會在短短幾分鐘內被一刀殺死還是永遠被載入史冊。而這些關鍵時刻做出的決定很難用理性解釋，情感的分量格外重要。

弦高抓住這個可以為國效力的機會，主動上前說：「我們的國君聽說你們要來，除了加強防守，還派我帶著十二頭牛來犒賞你們。」

這當然是弦高編出來的謊話。雖說是撒謊，編的倒是邏輯通順。防守是害怕秦軍的攻打，犒賞是想拉攏關係，看看是不是有機會通融。

弦高把十二頭牛獻給秦軍。

秦軍主帥一聽，心想人家早有準備，還派人來送禮，這仗不能打了，鄭國也不能去了。

另一方面，弦高偷偷派人告訴鄭穆公秦軍偷襲的消息。鄭穆公聽聞消息，一面傳令軍隊進入戰備狀態，一面派人去派駐在鄭國的秦國使者處打聽。看到秦國使者和隨從裝束停當，手持武器，鄭國大臣皇武子客氣地說：「聽說各位要回國了，我們沒時間為你們餞行，但鄭國的原野上到處都有麋鹿出沒，請你們自己去獵取吧。」

秦軍見此情景，知道鄭國早有準備，被迫放棄偷襲計畫，只好在回國路上順道消滅了滑國，也算不虛此行。

故事講到這裡，你是不是對弦高在國家利益面前的抉擇肅然起敬？不過你可能也會想，一個人身在春秋時期的諸侯國，愛國理所應當，畢竟利益相綁。做為對比，我再講一個小故事。

衛國的衛懿公既不抽菸喝酒，又不打架殺人，唯獨喜歡養仙鶴，而且他喜歡仙鶴的方式很特別，他把那些鶴全部封了「大夫」。那時「大夫」這個稱謂可不是鬧著玩，這個級別是有隨從、田產和車馬的。

衛國老百姓相當嫉妒這些鶴卻又無可奈何。後來敵人攻打衛國，衛懿公慌了，要在太廟授兵，命令老百姓抵抗敵軍。老百姓不幹，說應該讓有職銜的鶴去打仗。結果衛懿公兵敗被殺，因為飼養的寵物而毀掉了一個國家。

弦高為什麼如此愛國？鄭國雖然國土面積不大，國家還挺富有的。史料中經常可以看到鄭國商人在各國之間奔走做生意，河南地勢平坦、交通發達，鄭國的商業也得益於此。

鄭國有多愛護商人呢？晉國的上卿韓宣子前往鄭國拜訪時，由於晉國是春秋兩百多年的霸主，韓宣子的身分自然尊貴非凡，由鄭國國君親自會見。可有一件事，鄭國國君卻沒有滿足韓宣子。原來韓宣子有個玉環，原是一對，韓宣子只有其中一個，另一個在鄭國某富商手裡。他來鄭國的目的之一就是把另一個玉環弄到手。

韓宣子以為鄭國肯定會老老實實地送上玉環。誰知鄭國的執政子產卻不買帳，解釋道：「您老人家要的那個玉環不是官府的東西，我們國君恐怕愛莫能助。」

韓宣子在國君那裡要不到玉環，只好親自去找那個商人買，商人含蓄地表示不想賣給他，說這件事一定要讓子產知道。

子產知道後解釋：「當年先君桓公和一幫商人共同開闢了這個地方，而且訂下世世代代不能違背的盟誓。盟誓辭裡說：『你不要背叛我，我也不強買你的貨物，更不會強搶你的貨物。你有什麼財寶，我也不會染指。』就是靠著這樣的盟誓，我們和商人們才能互保以至今天。現在您老人家來訪問，卻想叫我們政府強搶商人的東西，嚴重違背了政府和商人之間的盟誓，會遭天譴！如果我們開了這個惡例，商人將不再覺得鄭國是安全的，很快就會跑得一乾二淨。鄭國的商業如果衰落了，就沒了稅收來源。今後你們再來要錢，我們恐怕也拿不出來了。」

韓宣子一聽，訥訥表示不要那個玉環了。也讓我們明白了弦高愛國愛到骨子裡的真正原因。

然而，弦高愛國的故事還沒有結束。

鄭國因為弦高的機智愛國和見義勇為而得救，國君和百姓都很感激。鄭穆公以高官厚祿賞賜他，他卻堅不接受，婉言謝絕：「身為商人，忠於國家是理所當然的，如果您賞賜於我，豈不是把我當作外人了嗎？」

技巧正名

上述弦高簡簡單單幾句話中的鮮明技巧，就叫表態銘我心。

「表態」是表達自己的態度，可以是對某一件事，也可以對某一個人。為什麼要表態？因為不表態，別人就不明白，或不太能確定你的真實想法，或以為你有別的想法。不表態，別人可能會歪曲你的想法。

表態銘我心的「銘」字，是銘記的「銘」，意思是在某些東西上刻一些重要的文字，用來時刻提醒自己。

一方面，「銘我心」是為了透過表態，讓別人明白自己內心的想法。另一方面，表態不只能讓別人明白自己的意思，有時也是一種宣言，這種宣言既是說給別人聽，也是說給自己聽。

換言之，表態銘我心除了讓別人明白，還讓自己銘記，時刻用自己的宣言來提醒，一直照著這樣去做。

再看弦高。他用自己的財產犒賞秦軍，用這種方式拯救處於危難之中的鄭國。這肯定是一件讓後世稱頌的事情，但若仔細分析，其中難免有些讓人疑惑之處，好比說，弦高送財產去犒賞秦軍到底是出於主動還是被動？而這是有區別的。

好在，國家要賞賜弦高時，他明確表態：「愛國之舉，理所應當。」這句話為他的行為大大加了分，甚至堵住可能會出現的各種羨慕、忌妒、憤恨。尤其弦高既然喊出這句話，他也會用這句話時刻警示自己，這就是宣言的力量。

評跋：★★★★☆

弦高遇到敵軍進犯時，形勢雖然緊張，但他在慌亂之中編造的謊言倒是假而不破，說得通，道得明，即使經不起反覆推敲，也算是思路清晰，邏輯性給七分。

一面穩住敵軍，一面設法通知我軍，讓秦軍誤以為偷襲早有防備的鄭國未必能成功，策略性給七分。

雖然弦高話不多，但兩次發言都為自己留下青史垂名的可能性，而且一次說得比一次慷慨激昂，表達力給八分。

面對偶遇的秦軍，面對生死，也面對國家的存亡，弦高表現得十分完美，他肯定沒有事先準備，即興度給十分。

弦高犒師的故事千古傳誦，做為一個人行為，他已盡善盡美，影響力給八分。

總分四十分，四星。

沙盤推演

表態銘我心這個技巧的美妙之處在於不僅可以透過說話這種形式，更能透過各種藝術表達形式來進行，比如典型的朗誦和歌唱。

每年全中國的青少年朗誦大賽中，出現頻率最高的當屬梁啟超的《少年中國說》。最後幾句這樣寫道：「天戴其蒼，地履其黃。縱有千古，橫有八荒。前途似海，來日方長。美哉我少年中國，與天不老！壯哉我中國少年，與國無疆！」

這不正是最好的少年自我表態與宣言嗎？

公孫弘巧辯・火候需得當

說話技巧很多，取之不盡，用之不竭，每個人都能從口語傳播中總結出適合自己風格的表達方式。必須承認的是，有些技巧學之即用，從老師那裡學到手後，立刻便能運用於實踐。但有些技巧就像學騎腳踏車，原理聽上去很簡單，腳踩上去卻依然不會。這種一時之間的不會不是你的能力出問題，而是需要不斷練習，等積累一定經驗後才能運用自如。拿捏言語中的分寸感就屬於這一類。

公孫弘的故事就和掌握尺度這個說話技巧密切相關。史料取材於《史記・平津侯主父列傳》。

中國歷史人物中有不少年少成名的人，比如甘羅、曹沖，也有一種直到晚年才被重用的人，比如項羽的亞父范增。大澤鄉陳勝、吳廣起義時，范增已經七十歲，他出山時肯定在七十歲之後。比范增出道還晚的是姜尚，他藉釣魚求見姬昌時高齡已經七十有二。本節故事的主人公同樣大器晚成，不過沒有上述兩位那麼老，他就是漢代丞相公孫弘。

史料新說

公孫弘出生菑川國薛縣（今山東滕州）。他年輕時沒有特別的出息，在薛縣的監獄當差，後來因為犯罪而被開除。丟了差事後，公孫弘在海邊養豬。

直到四十歲後，公孫弘才開始學習《春秋》。為了讀懂它，他看了很多解釋《春秋》的書。公孫弘不但努力學習，也非常孝順母親。看到這裡，讀者們可能會想，對自己的母親好也值得說嗎？如果你知道那是公孫弘的繼母，還會這麼想嗎？

漢武帝建元元年（西元前一四〇年），終於登上帝王之位的劉徹立即招選賢良名士進京輔佐。

那時公孫弘已經六十歲了，被薛縣官員以賢良者的身分推舉，進京做了博士。後來以使者身分出使匈奴，回朝彙報出使結果時，漢武帝因結果和預期相差太遠而惱怒不已，認定公孫弘無能，要求他以病為由退休。

十年後，皇帝再次要求各地選舉賢才進京效命，薛縣地方官再次推舉公孫弘。公孫弘說：「十年前我已去過京城，皇帝不喜歡我，嫌棄我沒能耐才退休的。如今我已經七十多歲了，不能讓我安享晚年嗎？」

地方官乾脆地回答：「不能。」

公孫弘就這樣再次到了京城。所有被推薦的人都要寫一篇關於治國的方略和對策。考慮到公孫弘的年紀，他的文章被排在最後一篇，往後放畢竟不容易被選中。

沒想到漢武帝看過所有文章後，直接欽點公孫弘為第一名。召見時發現還是當初那個老頭，二話不說，立馬讓他官復原職，繼續做博士。

後來為了開通通往西南的道路，朝廷想在西南巴蜀設置郡縣，當地人民不情願，皇帝便派公孫弘去視察。公孫弘視察結束後向皇帝彙報說那裡很偏僻，設置郡縣沒意義。皇帝不滿意，沒有採納他的建議，不過考慮到他老家的地方官那麼執著地舉薦他，沒再開除他。

公孫弘見聞廣博，經常表示做皇帝最大的錯誤是心胸狹窄，做臣子最大的錯誤是不節儉。他冬天睡覺不用錦被，只蓋布被；獨自吃飯時，不會有兩道以上的葷菜；繼母去世後，他按照對待親生母親的禮儀，守喪三年；每次上朝時，他談論朝政只陳述事實，從不直接提出解決方案，而是引導皇帝自己做出決定。他從不當面駁斥別人，也不和別人臉紅脖子粗地爭論，和其他故事中很多辯士大不相同。

皇帝經過長時間觀察，認為公孫弘品行忠厚，善於言談，熟悉法令，擅長官場事務，還能用儒學的觀點加以佐證，日漸青睞這位超過退休年齡的老人家，他的地位漸漸顯貴起來。僅僅兩年就官至左內史，每當他向皇帝提出的建議不被採納時，從不在朝廷上進行辯白。

公孫弘並非完美無缺，為了保護自己在皇帝心中的地位，他不惜背叛同僚也是事實確鑿。有一次，所有大臣約好一起在朝堂上說服皇帝接受他們的意見，到了皇帝面前，公孫弘卻違背約定，改為支持皇帝，大家都很氣憤，最憋不住火氣的同僚汲黯直接訓斥他。

不明究裡的皇帝很疑惑，向公孫弘求證事情真相，公孫弘只回答：「沒辦法，了解的人都知道我足夠忠誠，只有不了解的人才認為我不忠誠。」皇帝想了想覺得有道理。每當有大臣詆毀公孫弘，皇帝就愈發厚待他。

四年後，公孫弘升職為御史大夫。他多次反對漢武帝開發邊疆地區，尤其反對開發西南邊疆，反對在東邊設置滄海郡，反對在北邊開發朔方郡。他認為開發這些不毛之地是花費中原地區的財富做些沒有意義的事情，只會拖垮中央政府。

漢武帝說不過他，把朱買臣叫來說明設置朔方郡的意義，試圖藉此說服公孫弘。朱買臣連續提了十個問題，公孫弘完全答不上來，最後道歉：「我是個山東粗鄙之人，認知上有巨大空白，不知道設置朔方郡有這麼多好處。既然好處多，不如停止開發西南，停止建設滄海郡，專心經營朔方郡吧！」皇帝後來同意了公孫弘的看法。

這明明就是以退為進！皇帝本來打算開發西南邊疆、在東邊設置滄海郡，結果統統叫停了。

受到皇帝厚待的公孫弘讓很多人不服氣，汲黯就是其中最不開心的那一個。汲黯向皇帝舉報公孫弘蓋布被是作秀。皇帝向公孫弘求證，公孫弘謝罪道：「九卿中和我關係最好的就是汲黯，他卻在朝堂上吐槽我，不過他確實說得很對，我的薪水和地位這麼高還這麼裝節儉，真是沽名釣譽。」

隨後他話鋒一轉，繼續說：「我聽說管仲當初在齊國做國相時有三間豪宅，非常奢侈，連齊王都不見得比得過。雖然齊桓公依靠管仲才成為春秋一霸，但這種奢侈難道不是一種超越禮儀的行為嗎？晏嬰是齊景公的國相，他一餐飯最多吃兩道葷菜，不准妻妾穿絲綢做的衣服。當時的齊國很強盛，晏嬰是向百姓看齊，與國民不分彼此。現在我做了高官，薪水也高，蓋布被是想貼近基層官員，讓他們體會不到貴賤差別而已。要是我接受了汲黯的說法，吃香喝辣，奢侈無比，再加上我的赤膽忠心比不上汲黯……我在朝廷裡，估計早就沒有活路了。」

聽完這段話，漢武帝更加覺得公孫弘謙讓有禮，提拔他做丞相，封他為平津侯。奇怪了，每被投訴一次就官升一級，這是什麼招數？

正當朝廷追究淮南王、衡山王的黨羽時，公孫弘得了重病，自覺可能過不了這一關。考慮自己沒啥攻城掠地的大功勞卻封侯拜相，本該幫助皇帝管理國家，讓大家都按照臣子的禮節侍奉皇帝，現在卻有人謀反，一定是做得不夠好。萬一真的病死了，汲黯等人必下狠手，詆毀自己的名譽，兒孫該如何是好？

想到這裡，公孫弘寫了一封信給皇帝，信裡說道：「我聽說天下的綱常道理有五種，分別是君臣、父子、兄弟、夫妻、長幼。用來踐行五個綱常道理的美德有三個，分別是智慧、仁愛、勇敢。孔子說，喜歡詢問近乎智，努力實踐近乎仁，懂得羞恥近乎勇。按照孔子說的做，就知道如何提升自我修養了，提升自我修養後就知道如何治理別人了，這是亙古不變的道理。

「如今皇帝您效仿古代明君，建立和周朝一樣的盛世，兼備文王、武王的仁德，鼓勵人才，唯才是舉。卻讓我這個沒啥才能的老頭子位列三公，我的品德實在不足以得到這個官職。我的身體又差，估計連您的寵物都會比我命長。我要是死了，既無法報答您的知遇之恩，又無法抵禦別人的汙蔑，我希望趁還活著時辭官回家，把丞相的位子讓給其他有才能的人。」

皇帝回答：「古代君王會獎勵有功之人，表彰有德之人，守住江山要崇尚文德教化，遭遇禍患要崇尚武功，這是必需的。我幸運地繼承皇位，害怕能力不足，一心想和諸位大臣一同治理天下，你應該能懂我的想法。君子都是善良的人，同時憎恨邪惡，你行事很謹慎，留在我身邊無可厚非。如今生了病就要我允許你告老還鄉，這是打算顯示我沒有仁德嗎？現在沒發生什麼大事，你安心養病，病好了趕緊回來做事。」

漢武帝還賜了酒肉布帛給公孫弘。幾個月後，沒有心理負擔的公孫弘病癒，又回朝做事了。西元前一二一年，公孫弘第二次被舉薦入朝的九年後，死於丞相任上。

技巧正名

這段篇幅不短的故事中，公孫弘展示了火候需得當的說話技巧。

什麼叫火候？直接解釋就是烹調時火力的大小和時間長短。經常下廚的朋友都知道，做菜到了最高級，除了其他手藝，火候的掌控非常重要，因為直接關係到菜餚最後的口感和品相。

說話亦然。一句話火候過了，聽起來言辭太衝；火候不到，聽起來不明不白。日常生活中，年輕人很容易因血氣方剛而說話很衝，他們缺乏歷練，火候掌握常不到位。人不輕狂枉少年，衝一點能換來一時的舒爽，但若考慮到傳播效果，說話時還是必須好好掌握火候。無論你說對方城府頗深也好，說對方態度圓滑也罷，不得不承認火候不是想學就學得好，需要不斷歷練。適當的火候有時是一種良好的修養和自我情緒管理得當的表現。

看看公孫弘，他的對手汲黯就屬於言辭過激型。公孫弘卻每次都能根據對話現場調整語氣、語勢，甚至是內容。為了順從皇帝，他不惜違反與他人的約定，其精髓就在於火候的掌握。

評跋：★★★★☆

公孫弘說話最大的原則就是順從皇帝的心意，這條原則聽起來不怎麼高級，但他一直牢牢堅守，只用了九年就位居丞相，邏輯性給七分。

在同時開發西南邊疆、設置滄海郡、開發朔方郡這件事情上，公孫弘發現已經無法改變皇帝的想法便立刻改變計畫，四兩撥千斤地只留下建設朔方郡這部分，策略性給十分。

司馬遷說，公孫弘說話時喜歡把前因後果講清楚，喜歡用儒家思想佐證自己的觀點，為了達到目的，甚至把恨得要死的汲黯都說成好友，表達力給八分。

公孫弘幾句話就保留了開發朔方郡的專案，面對汲黯的吐槽立馬即興辯解，即興度給八分。

說實話，我並不推崇公孫弘的所作所為，但他的說話方式確實能讓聽話的人心情愉悅。心情好了就事半功倍，不是嗎？最起碼讓人知道了「沽名釣譽」這個成語，影響力給七分。

總分四十分，四星。

沙盤推演

臨近歲末，很多企業都會舉辦年會，一位朋友邀請我參加他們公司那年十二月二十八日和二十九日的年會，但我不知道自己上臺的時間，發了一則訊息問他：「你好，我想確認這兩天的年會中，什麼時候輪到我上臺，好安排一下時間表。」

對方回覆：「林老師好，年會中二十八日下午您需要登臺，其他時間歡迎參加。」

這就是口才。「其他時間歡迎參加」這句話的火候把握得極好，意思是如果你有時間可以來，如果沒有時間也無須全程參加。這種積極主動的表達為我做好了參加與不參加的各種鋪墊，讓我感受到他的關心，這就是火候。人與人的溝通畢竟需要以彼此關心為基礎。

孫武斬妃・簡易口語殺

成語「言簡意賅」意思是說話時簡明扼要，內容不過於繁複和拖泥帶水。但這樣的注解只講清楚了「言簡意賅」的傳播方式，既然是一個褒義詞，必然會帶來良好的傳播效果。因此想做到言簡意賅除了說得簡單，還不能因其內容的精練而損失了傳播者本該表達的東西。言簡意賅的優勢就在於說得既簡單又清楚。不過，口語內容的密度沒有硬性規定，只要能達到傳播目的，長短皆宜。

我們將從孫武的故事中了解和說話技巧息息相關的言語密度。史料取材於《史記・孫子吳起列傳》。

這一節的主人公是中國歷史上最知名的軍事專家，靠著一部兵法寶典成為流傳千古的兵家至聖孫武。他寫的《孫子兵法》被譽為「古代第一兵書」。

《孫子兵法》中有很多耳熟能詳的成語，比如：攻其不備，出其不意；知己知彼，百戰不殆等。這部軍事著作不但深入人心，更在古代的軍事研究和戰爭中發揮過極重要的指導作用，書中歸納的戰爭原理原則、策略運用、作戰部署、敵情研判等，至今仍極具意義。

到底是什麼故事在這位軍事專家的一生中占據了相當重要的位置呢？又和說話技巧有什麼關係？

史料新說

孫武出生於春秋時期齊國著名的將軍世家，祖父孫書、父親孫憑都是齊國非常有名的大將。從小耳濡目染，孫武對用兵之道頗有心得，渴望將來有一天能子承父業，沙場建功。

孫武年紀稍長時，南方的吳國發生政變，公子光在伍子胥的幫助下奪取王位，當上吳王，就是闔閭。吳王闔閭和伍子胥，一個想讓吳國飛黃騰達，一個想讓楚國灰飛煙滅，兩人為此求賢若渴，廣發英雄帖，尤其亟待招聘軍事人才。

此時的孫武已完成著名的《孫子兵法》，吳王從伍子胥那裡聽聞他出身軍人世家，寫過兵書，對兵法頗有見解，但誰也不知道他究竟是否真能打仗。

吳王對孫武說：「閣下的十三篇兵法我都讀過了，挺好。能不能請你擺個陣勢出來讓我見識見識呢？」

孫武說：「行，沒問題。」

吳王又問：「用女子來列陣，可以嗎？」

孫武說：「行，沒問題。」

吳王再問：「除了這四個字，你能不能回答點別的？」

孫武回答：「行，沒問題。」

吳王為什麼要求孫武用後宮美女排兵布陣，《史記》沒寫，可能是想故意為難他，考考他的帶兵能力；也可能是宮中宮女、妃子眾多，召集起來方便快速。總之，吳王叫來宮中美女一百八十人，要孫武立刻練兵帶出隊形。

孫武快速將宮女分為左右兩隊並讓吳王的兩位寵妃擔任隊長，再要求這些「新兵」手上拿好戰戟，然後問她們：「你們知道心口、左手、右手與背部的不同朝向嗎？」

美人們感覺像在玩遊戲，笑嘻嘻答道：「知道呀，知道呀！」

孫武說：「好。等一會兒當我說『前』，你們就正視心口的方向；說『左』，就看向左手的方向；說『右』，就看向右手的方向；說『後』，就轉身正視背後的方向。明白了嗎？」

美人們七嘴八舌：「好呀，好呀！」

命令宣布完畢，孫武在一旁設好斧鉞執法臺，把要求重複了好幾遍後——「三令五申」的成語就是從這裡來的——便擊鼓下令：「各就各位，向右看齊！」

沒想到美人們只覺得好玩，聽到指令後沒有一個人遵從，只顧著相互打鬧。

孫武說：「好吧，可能我剛才沒說清楚，指令不明，是我的錯。」他又把規則解釋了幾遍。說完後再次擊鼓下令：「各就各位，向左看齊！」

然而，美人們還是和剛才一樣嬉笑玩鬧，沒有一個服從命令。

操練至此可說是完全失敗，畢竟操練的對象是一群嬌滴滴的美人，更別說還是大王的後宮家眷，換了誰都沒轍，只能認栽。

不過孫武不以為懼，面無表情地開口：「剛才我說過，指令不明，士兵無法執行，自然是將軍的過錯。但已向你們三令五申地解釋清楚，卻仍不按照命令操作，那就是兵長的罪過了。」

他邊說邊拉出左右兩隊的隊長，準備將她們斬首以正軍紀。

這次所有人都嚇傻了，不但宮中美人瑟瑟發抖，就連臺上的吳王也趕緊派人向孫武傳話：「寡人已經知道將軍能用兵了。若沒了這兩位妃子，寡人將食不甘、寢不寐，請網開一面，不要斬首！」

孫武只回：「將在軍中，君命有所不受。」便把兩名寵妃斬殺示眾了。

接著，他重新任命兩位新隊長，並再次擊鼓操練。這下子，不用發出第二遍指令，向左、向右、向前、向後、跪坐、起立，所有美人都立刻完成得整整齊齊、規規矩矩，隊伍裡再沒有一人敢發出任何聲響。

於是，孫武派遣使者稟告吳王：「士兵已操練齊整，大王可下臺觀閱。只要大王下令，哪怕赴湯蹈火，她們也不會有所遲疑。」

吳王還沒從失去愛妃的震驚和悲痛中回過神，

呆若木雞地回答：「可以了，請將軍回去休息，寡人不想下去看了。」

面試過的人都知道，聽到這一句，吳王對孫武的考驗已經徹底結束，趕緊起身走人，大王沒要你一命還一命已經算是便宜你了，更何況是兩條性命。但孫武的反應是什麼呢？

孫武對著吳王冷冰冰地說：「王徒好其言，不能用其實。」意思是大王只喜歡講得好聽的，卻用不了真的能打仗的。一句話就點醒了吳王，面前的孫武確實是真正的大將之才，可堪重用。於是吳王正式任命孫武為大將，和伍子胥一內一外，共理大事。後來孫武果然率領吳軍西破強楚，攻入楚國國都，威懾齊國和晉國。

孫武的故事雖然簡單，可圈可點的地方比比皆是，既反映了《孫子兵法》強調的兵道內容——治軍嚴明，軍令如山，令行禁止；又清晰展現了孫武的為人處世之道，以及在這場和吳王小小「戰爭」中的用兵之道。

以話術來說，這個故事中用到的說話技巧叫作簡易口語殺。

技巧正名

連說話技巧的名稱都那麼霸氣，在孫武的故事中，可以總結的技巧其實不只這一項，比如故事中也展現了「理由給充分」這個技巧，但為了能夠更好地闡述孫武表現的口語傳播特點，所以只選擇「簡易口語殺」。如此忍痛割愛，足以說明這個技巧的重要性。

第一，為什麼要簡易？

因為口頭語言不是書面語言，闡述過程可謂稍縱即逝，無法反覆閱讀。在口語傳播時如果闡述繁複、篇幅過長，聽眾必然無法靠記憶力全盤接收所說的內容，記了後面，忘了前面，說了等於白說。

第二，如何做到簡易？

做到簡易的方法不少，歸納起來無非兩種：要嘛把話說簡單；要嘛突出邏輯性且向聽眾提供視覺化文本，比如法庭上的律師會有代理詞，透過邏輯梳理和提供文本讓大家都能聽明白。

再看孫武，故事中他的話並不多，但說得乾淨俐落、簡單易懂、殺氣逼人。

評跋：★★★★☆

孫武操練時下令準確、傳達清晰，斬妃時有理有據，邏輯性給十分。

孫武斬殺寵妃並非一時衝動，而是遵循事前已定下的鐵律，既展示了治軍嚴明、言出必行的一面，也展現了準確的判斷——吳王必將以國事為重，並非昏君，他才敢於如此行事，策略性給十分。

孫武面對君王不卑不亢，冷靜果決，人狠話不多，表達力給九分。

身為兵家至聖，自然從不打無準備的仗，知己知彼，百戰不殆，即便見招拆招，想必孫武對吳王也有深刻的了解，即興度給八分。

經此一役，孫武從一名軍事理論家變成吳國大將，正式登上歷史舞臺。此後他立下卓著戰功，不但改變了吳國的走向，也讓《孫子兵法》廣為人知，使其成為兵家典範，影響力給十分。

總分四十七分，四星半。

沙盤推演

日常生活中，口語傳播的機會遠大於文字，但嚴謹度卻稍稍遜色。

拿中文裡最簡單的一個字「一」來說，除非剛參加過中文檢定或就是考官，不然很少有人會認真學習這個字的口語傳播規範。「一」在不同的情況下有不同的發音，總共有四種。如果沒有簡易化的記憶方法其實很難區分，只能憑習慣念誦。

這裡提供一首四句口訣，讓大家能輕鬆掌握「一」在各種情況下的發音。我可不是在教中文，只是藉此展示簡易口語殺的說話技巧。口訣是：

一字本調讀一聲，陰陽上前念四聲，去聲之前變二聲，夾在中間是輕聲。言下之意：一字本身音調讀一聲：一（ㄧ）；陰陽上聲前念四聲：一天（ㄧˋ ㄊㄧㄢ）、一回（ㄧˋ ㄏㄨㄟˊ）、一點（ㄧˋ ㄉㄧㄢˇ）；去聲之前變二聲：一次（ㄧˊ ㄘˋ）；夾在中間是輕聲：看一看（ㄎㄢˋ ˙ㄧ ㄎㄢˋ）、聽一聽（ㄊㄧㄥ ˙ㄧ ㄊㄧㄥ）。記住這首口訣，就記住了所有「一」字的讀法。

謝安護國・雲淡配風輕

口語傳播的學習中，時常會聽見一句督促式的話：「說話要內緊外鬆。」這句話想表達的意思是，傳播者需要保持內在狀態的積極，甚至略帶緊張感也不為過。這種緊張感並不是能力上的缺陷，而是讓自己的傳播處於興奮狀態的前提，但是傳播者不應輕易流露內心的緊張，更不能影響其他傳播者和整個傳播氛圍。他需要用緊張感驅動自身的傳播狀態，讓自己變得更積極，但外在狀態要保持鬆弛，說話語勢要保持穩定。

謝安的故事將講述口語傳播時如何掌握口吻這個說話技巧。史料取材於《晉書・謝安列傳》。

很多人希望過高品質的生活，「高品質」不僅意謂物質生活的豐富，也表明精神生活的高品味。在社交網路上，很多人希望擁有高格調的朋友圈，「高格調」不僅意謂朋友圈裡有好吃的、好玩的，還能展示自己既有遠方又有詩。當然，還不能太做作。

本節故事的男主角就是個有高格調的人，名叫謝安。讓我們一起來看看，古代的高格調是怎麼養成的。

史料新說

出身名門的謝安少年時才華橫溢，衣食無憂，喜歡做些富二代喜歡做的事，比如吃喝玩樂，正好匹配有些人談及的「大俗即大雅」。當時的宰相王導一直想讓謝安當官，被他淡定地拒絕了。謝安寄情山水，和王羲之等名流縱情於山水之間，遊走於文藝圈，瀟灑地玩到四十歲。古人的平均壽命並不長，四十歲相當於過了大半生。

此時東晉王朝早已腐朽不堪，搖搖欲墜，急需能人，謝安突然想通了，國破家亡、覆巢之下安有完卵？答應出來當官。他一當官就以其獨特的淡定氣質、高超的謀略，給世人留下難以磨滅的印象。

有一次，謝安和朋友乘船出海遊玩，大夥喝著小酒，吟詩作對，玩得正高興。突然海上風起雲湧，驚濤駭浪隨之而來，眼看隨時都有翻船的危險，眾人驚恐萬分，謝安卻在吟詩。

大夥問：「你不怕嗎？」

謝安淡淡一笑：「要是你們都這樣驚慌的話，恐怕就真的回不去嘍！」大家一聽，覺得謝安是真瀟灑、真淡定，像服了定心丸似地鎮定下來。船夫一直將船往前划，等到風浪愈來愈大時，謝安才緩緩徵求大家的意見：「要不，我們返航吧？」

大家立刻說：「對對對！返航，返航。」船夫調頭返航，最後平安駛抵岸邊。

面對大自然的險象環生，謝安無比淡定；面對政治的暗流洶湧，他又何嘗不是如此？

此時的東晉，政治內部和外部早已矛盾重重。對內，謝安主張穩定政局，加強中央集權。當簡文帝憂憤而崩，孝武帝年幼即位時，桓溫「大陳兵衛」，欲誅殺王坦之、謝安，進駐晉室，還設下鴻門宴。王坦之和謝安赴宴，王坦之嚇得渾身冷汗，謝安得知帳後都是埋伏的士兵時，淡定一笑：「都說諸侯應該鎮守四方，怎麼在幕後藏人呢？」

桓溫一聽哈哈大笑，折服於謝安不凡的氣度和膽識，立刻說不過是出於自衛罷了。一場劍拔弩張的會面、一次有可能拔刀相向的局勢，就這樣被謝安在談笑間解除了警報。

對外，謝安淡定指揮，化解外敵，著名的淝水之戰更讓他徹底站穩了歷史舞臺。東晉北面一直有個強勁的王國，史稱前秦。前秦君王苻堅想一統天下，命令前秦百萬大軍逼向東晉。京師震恐，臨危受命的謝安被委任為大都督。只見他十分淡定，甚至頗有江湖情懷和閒情逸致，竟把親朋好友們全部叫來，組團到此前蓋的鄉村農舍裡擺了一個賭局。他們不玩骰子這種俗氣的東西，而是對賭圍棋，賭注則是農舍。

當晉軍在淝水之戰大敗前秦的捷報送到時，謝安正與客人下棋，面無喜色，下棋如故。所有人都急著詢問戰況，他淡淡地說：「沒什麼，孩子們已經打敗敵人了。」一直到客人都告辭後，謝安才抑制不住心頭喜悅，跳起只有自己才懂的舞蹈，甚至弄斷了木屐的屐齒。文人騷客每每談起此役，無不舉冠驚嘆。

仔細想想，淝水之戰中晉軍取得大勝的原因何在？謝安淡定的氣質只是表象，他到底做了些什麼？

第一，重建北府軍。腐敗不堪的東晉承受著空前的軍事壓力，北府軍經歷過北方戰亂，有一定戰鬥經驗，又經過七年訓練，成了一支戰鬥力極強的軍隊，也是淝水之戰的戰力來源。

第二，努力發展經濟。原本的東晉世家貴族經常拖欠稅金，謝安改變稅收制度，改按人口納稅，服役者免稅。此舉一方面減輕百姓的負擔，一方面逼迫皇親國戚繳稅，使東晉的經濟穩步發展。

第三，軍事部署得當。謝安知道面對前秦的百萬大軍，東晉將領的內心近乎崩潰。但東晉擁有長江天險，優勢明顯，他不急不躁，從容地派兵遣將。一方面讓桓沖率領的十萬精兵牽制秦軍，使其無法全力以赴；一方面以謝玄為將，趁前秦主力尚未抵達時，一舉擊潰前秦的前鋒，後來又在淝水河畔用計大敗前秦大軍。

從謝安的例子可以發現，淡定還是要靠超強實力的加持。他的淡定雖寄情於山水上，但又有政治家的遠見卓識；既有憂國憂民、心繫天下的情懷，又有強大的心理素質，善於運籌帷幄。而歷史上的最高格調，便是贏得世人的愛戴。

技巧正名

謝安為我們留下了一個名如其人的說話技巧：雲淡配風輕。

這個技巧聽上去很寫意，解釋起來卻需要具體些。什麼是「雲淡」？就是天上飄過一朵淡淡的雲彩，其單薄的程度很難形容，不能是多雲的天氣，也不能是萬里無雲。

「雲淡」不難理解，但為何一定要「配風輕」呢？不能配風大或無風嗎？答案顯然是「不能」。這就叫「配套」。猛烈的大風會把天空的雲吹散；一點風也沒有的話，雲會厚厚堆積在那裡，達不到雲淡的效果。因此，雲淡必須要風輕。

那麼，這個技巧該如何運用？

傳播者必須意識到，想要達到滿意的傳播效果，就要配合相應的傳播方式。在氣氛非常緊張的情況下，若想透過表達來緩解高壓的溝通氛圍，只有先讓說話方式輕鬆起來。即便你同樣深感壓力，切莫火上澆油。

看看謝安，身邊夥伴慌不擇路時，他不動聲色地下棋，淡淡說上幾句話，等到四下無人才盡情釋放內心的壓力，手舞足蹈起來。

評跋：★★★★☆

謝安本不願意涉足政壇，卻以東晉大局為重，識得大體，明白有大家才有小家的道理，邏輯性給九分。

淝水之戰中，謝安以淡定穩定了軍心，設下棋局只是幌子，分散大家的注意力才是重點，策略性給九分。

謝安的表達瀟灑、飄逸、靈動，簡簡單單幾句話效果卻非常好，表達力給九分。

淡定之下的不緊不慢抹殺不了他臨陣指揮的機智言行，在危難時還能保持清晰的頭腦，即興度給八分。

謝安穩定了複雜的王朝戰局，又留下了經典的戰役史記，同時還讓自己的淡定流傳後世，影響力給九分。

總分四十四分，四星。

沙盤推演

現實生活中，我們一定要記得，雲淡配風輕不是鼓勵裝腔作勢，而是要做好充分的準備。該努力的都努力了，剩下的就是保持好心情。

好比大考，已經發憤圖強三年了，考試前一天還拚什麼呢？一天也拚不出個什麼，不如適當放鬆一下。

一位朋友邀我參加她的職場周年答謝會，並再三要求我提前到場幫她看看會場的安排。我抵達那時現場仍然混亂，她在後臺化妝，前臺各個部門都在四處找她，要她做各種決定。

我來到後臺，她問我現場怎麼樣。

我說：「還可以，基本都弄得差不多，就等本尊出場。但我覺得你這副耳環不太好，你穿的是中式服裝，耳環卻偏歐美風，還是換那副點翠的墜子吧。」

這時她的助手說：「林老師，之前了解過您的專業，所以我才沒有吱聲。不然我會覺得你就是來混吃混喝的。」

的確如此。我心裡非常清楚，還有半小時就登臺了，該調整的都應調整完畢，現在完成不了的也無須再糾結，應該做的就是釋放那份登臺前的焦慮和緊張。

最後多說一句，能做到雲淡配風輕的人，一定是經歷過暴風驟雨的人。

第三章

材料變通

光天化日變戲法，套路條條通羅馬

這裡所說的材料不是人類為了製造物品而使用的物質，而是指傳播者想傳播的內容。傳播內容雖然無法製造出某種物品，但對傳播內容的不同處理方法卻能夠產出不同的資訊和效果。

材料變通就是傳播者根據各自的傳播目的，將相同的傳播內容經過自己的傳播方式進行口語輸出，讓接收者在接收資訊的過程中達到傳播效果的最大化。變通是一種經驗更是一種手段，絕非隨性而為。當然，依據具體情況做出的改變不應該影響傳播目的的實現。

李泌阻焚・舉證最大化

每個人的經歷不同，記憶中儲存的資訊也就不盡相同。當我們為了佐證自己的觀點時，選擇的論據必然有所區別。本節並非要求大家在選擇論據時，每次都挑殺傷力最強的，而是希望啟發大家，在事關緊要的關鍵時刻，尤其是沒多少時間娓娓道來時，出示論據證明自己的觀點就顯得尤為重要。而選擇什麼樣的論據，則考驗著傳播者的智慧。

李泌的故事告訴我們，說話技巧與口語傳播時論據的佐證密切相關。史料取材於《新唐書・李泌列傳》和《舊唐書・李泌列傳》。

衣白山人再造唐，謀家議國慮深長。
功成拂袖還歸去，高節依稀漢子房。

這首定場詩出自宋朝文人徐鈞，大意是說，身穿白衣的隱士有著宛如再造大唐般的功勞，為帝王的家事、百姓的福祉殫精竭慮，精心謀劃。等到功成名就之後，卻沒有在朝堂之上身居高位，反而歸隱了山林，這樣的氣節讓人彷彿看到大漢的開國元勳張良。此處引用這首詩文不是為了講張良，而是借用該詩讚揚唐代中期的著名政治家、學者、謀士——李泌。

史料新說

如果當年有名片，李泌名片上的頭銜一定密密麻麻，他總共侍奉了唐玄宗、唐肅宗、唐代宗、唐德宗四任皇帝。正所謂伴君如伴虎，可見李泌的智商和EQ之高。

李泌，字長源，京兆（今西安）人。如果往上追溯幾代，李泌也算得上是家世顯赫的知識分子家庭。不僅如此，他從小天資聰慧，深得唐玄宗賞識。

《三字經》：「瑩八歲，能詠詩；泌七歲，能賦棋。彼穎悟，人稱奇；爾幼學，當效之。」前半句便是說北魏有個叫祖瑩的人，八歲就能誦讀詩書；唐朝有個叫李泌的人，七歲就能以下棋為題而作詩賦，他就是本節故事的主人公，叫他天才也不為過。李泌不僅智商和ＥＱ俱高，還有難能可貴的語商（即說話的才能）。

天寶十四年（西元七五五年）十一月，安史之亂爆發，節度使安祿山聯合周邊遊牧民族約十五萬大軍進攻大唐。

天寶十五年（西元七五六年）六月，叛軍攻破長安。城破前，唐玄宗倉皇出逃蜀地成都。太子李亨亡命至朔方，重整旗鼓，在靈武稱帝，為唐肅宗，並從今寧夏銀川打回長安，平定了叛亂。唐肅宗是唐朝第七位皇帝，也是第一個在京師以外登基的皇帝。

西元七五七年，李亨從成都接回流亡的父親唐玄宗，並尊為太上皇。

平定安史之亂後，李亨打算挖出前朝宰相李林甫的屍骨，焚燒洩憤。他還是太子時，李林甫沒少在他爹面前說他的壞話，陷害年少的李亨。得知這個消息後，李泌很快站出來表明自己的態度，展現了超人的勇氣。

他說：「臣李泌以為，您貴為天子卻被過去的仇恨左右自己的情緒，實在是太不明智了。如果當朝天子都無法向天下人展示寬廣的胸懷，那些曾經得罪您的人一定會擔驚受怕從而釀出禍端。我擔心這會讓您的敵人打消臣服的想法，頑抗到底。」

李泌在唐玄宗時就位列朝堂老臣並曾多次維護當時的太子李亨，所有人都覺得這件事情會不了了之。

沒想到唐肅宗聽後惡狠狠地說：「這賊人當初千方百計陷害朕，朕的命可說是朝不保夕。我能活到今天稱帝是老天保佑，像他這樣邪惡的官員，幸虧還沒有得逞就死了。你怎能對這樣的人有所憐憫？」

唐肅宗的話中透露了兩條資訊：一是對李林甫的仇恨，一是對李泌的質疑。兩種情緒疊加，很可能會讓事態變得非常嚴重。

面對怒不可遏的皇帝，李泌本應識相閉嘴，他卻極具智慧地說：「我怎麼可能不知道李林甫的行為。您的父親統治天下五十年，一個失誤就被迫亡命西南巴蜀，那裡的天氣與關中不同，如果他老人家知道您如此記恨前朝舊臣，而且還要掘墓焚骨，他該如何看待自己過往做下的決定呢？難道您希望看到他老人家悔恨交加，從而得病，然後讓所有人都知道您坐擁天下卻不懂得體恤親人嗎？」

聽完李泌的陳述，唐肅宗內心震動，走下臺階，抱住李泌哭著說：「朕真的沒有想這麼多，我被仇恨沖昏了頭腦，我不會這麼做了。」

能把在氣頭上的皇帝說到哭，不得不讓人佩服李泌是個天才，也一定得好好分析一下他話中的奧祕。

技巧正名

強行正面勸諫失敗後，面對即將暴怒的皇帝，話鋒一轉就讓天子懸崖勒馬，痛哭認錯，關鍵就在於李泌使用了「舉證最大化」的說話技巧。

什麼叫作舉證最大化？面對即將失去理智的人，縱使你有千萬條道理，估計他也聽不進去，留給你的只剩下幾句話的時間。一旦對方情緒失控，不僅誰勸都沒有用，還有可能陷入誰在風口說話他就把誰當作敵人的境地。何況對方還是擁有生殺大權的皇帝，後果更難想像。這種時候，素養和情懷沒多大用處，反而會斷送你的性命，能夠依靠的只有技巧和勇氣。

你必須在對方僅有的傾聽時間裡，快速找出最有力的一條做為證明自己觀點的論據，擲地有聲地闡述，讓對方用所剩不多的理性判斷你的觀點是正確的。

梳理一下李泌挑選出來這條威力最大的論據，其邏輯是：

第一，這些行徑我都知道，但人是你父親任命的。第二，你父親年紀大了，身體也不怎麼樣。第三，如果他知道你打算焚屍，還讓不讓他活了？第四，天下人知道後會怎麼看你，又豈能信任你？

再看李泌，正是這種涵蓋了家事、國事、天下事的絕頂理由，把陷入私憤的唐肅宗從狂怒中拉了回來，讓他重新審視自己的情緒，從而恢復理智。

試問，要是李泌陳述的理由不具此等殺傷力，能讓皇帝懸崖勒馬嗎？掘墓焚屍放在任何年代都極端惡劣，必定會引起各方非議，更何況還是當朝天子所為。

評跋：★★★⯪☆

勸說唐肅宗時，李泌逐一拋出美德中的忠與孝，邏輯性給九分。

建議受阻後，李泌將話題轉到家庭關係，讓唐肅宗恢復了理智，但沒有一擊即中，策略性給六分。

面對已經被私怨沖昏頭腦的唐肅宗，李泌曉之以理、動之以情，讓他回心轉意，表達力給八分。

差一點就讓皇帝翻臉不認人後，李泌逆襲自救，簡直就是急中生智的典範，即興度給十分。

李泌挽救了唐肅宗，沒有讓他成為「焚屍狂魔」，但對歷史和朝野的影響不大，影響力給五分。

總分三十八分，三星半。

沙盤推演

今時今日，我們幾乎不會碰到因為說錯話而被對方奪走性命的情況，但是舉證最大化這種說話技巧卻被頻繁地使用。

比如，舉證最大化是優秀律師的看家本領。到了結辯陳詞時，他們往往會列舉殺傷力最強的證據，說出類似下面這段話：「我想提請法官和檢察官注意，我的當事人從小生長在農村，憑藉著夜以繼日的刻苦學習，翻越千山萬水來到這座城市，考上自己夢想中的大學，他是全村孩子的榜樣。當他為這個社會扶起一名倒在車下的老人時，這個社會卻讓他重重地摔在殘酷的現實面前，沒有扶他一把。面對這樣的事實，我可以失望，我的當事人可以失望，今天在場的所有人可以失望，但國家數以百萬計的農村孩子不可以失望。」

你發現了嗎？當把個人利益放大到社會利益時，談話的重心就會出現巨大的偏轉或說傾斜，氣氛也會發生明顯的變化。只要我們能夠在對話的局面上控制話題的走向，導引聽眾的情緒，掌控對話的最終局勢並非難事。

劉邦平叛‧把話說清楚

本節故事中展現的說話技巧印證了「看人挑擔不吃力」這句話。口語傳播在內容輸出時是否能夠讓傳播對象真正聽懂，向來是件不受傳播者重視的事。傳播者體內都有一顆驕傲的心，習慣告訴傳播者，如果對方聽不懂你的話，是他們的理解能力有問題，畢竟你已經講得很清楚了。但事實並非如此，把話說清楚實在不是一件容易的事。

劉邦的故事會告訴我們，說話技巧與口語傳播時資訊輸出的清晰度密切相關。史料取材於《史記‧韓信盧綰列傳》。

有些字的使用頻率很高，但我們往往沒有認真體會它的含義。如果問歷朝歷代哪個朝代的稱呼最特殊？你的答案是什麼？在我心中，答案無疑是漢朝。每當講到中國文化總離不開「漢」字，它幾乎是中國歷史上享受最高待遇的王朝稱號。

然而，漢朝開國皇帝劉邦卻是個極具痞氣的人。他曾為了保住自己的命，把親生兒子和女兒踢下馬車以減輕重量；也在別人支起大鍋要煮死他爹時，大笑道「分我一碗肉嘗嘗」，也不知道是演戲還是心裡真的這麼想。

另一方面，劉邦能夠一統天下，大漢王朝歷經西漢和東漢，享國四百零七年，絕非偶然，接下來要說的故事將展現劉邦非常獨特的政治魅力和智慧。

史料新說

西元前兩百年，韓王韓信——不是「漢初三傑」的韓信，而是另一個同名者——起兵叛漢，因不敵漢軍被迫外逃匈奴，打算和匈奴一同合謀進攻漢朝。

消息傳來，劉邦決定御駕親征。

漢軍節節勝利，忘乎所以地孤軍深入，結果遭遇白登山之圍，情況十分危急。於是，劉邦送了很多禮物給匈奴冒頓單于的老婆，讓她吹枕邊風說：「我們攻占漢朝的土地沒啥用，又住不下來，更何況兩國交戰不能互相圍困對方的君主。」

我老覺得這句話是狠狠打臉「擒賊先擒王」這道名策，匈奴單于怎麼會聽信這種沒有道理的話呢？絕無可能！

但是……他聽了，理由可能是「因為愛情」。幾天後，匈奴大軍陸續撤走，解了白登山之圍。臨回都城之前，劉邦封手下大臣陳豨為列侯，命他統領監督趙國、代國的邊防，抵禦匈奴進犯，自己就回家休息壓驚去了。

北拒匈奴算是中國歷史上著名的「造星工廠」，那批留名青史的人都是與匈奴打過戰的將領。戰事雖然凶險，但真能出人才。那麼，陳豨到底有什麼過人之處呢？

陳豨是宛朐（今山東菏澤）人。歷史並沒有記載他從何時開始跟隨劉邦，也不知道他因為什麼本事被劉邦錄用，反正他就這麼突然出現了。

抵禦匈奴是個體力活，終於輪到休假時，陳豨回到過去趙國的都城邯鄲。

趙地的相國是一個叫周昌的人，他發現陳豨休假時，和他一起回邯鄲休假的賓客和隨從陣仗極大，一共動用了一千多輛「豪車」，把邯鄲的旅社都住滿了。他還發現陳豨和這些人的交往不是上對下的禮儀規範，而是和普通人之間的交往方式相同。看起來陳豨雖然身為將領，卻非常尊敬賓客和隨從。

表面上看不是什麼壞事，但這種特性終究太惹眼了，讓周昌幻想起自己「懲奸除惡」的光輝形象。

陳豨離開邯鄲前往代國後，周昌立即出發前往京城覲見劉邦。他說：「陳豨在邯鄲時身邊的賓客眾多，而且交往十分親密。所謂禮遇有加皆死黨，掌兵在外不受制，怕有二心恐生變。望陛下早做打算！」

什麼意思呢？就是指陳豨私下結黨。劉邦聽了有些擔心，私下探查陳豨與賓客間的經濟往來、公私帳目，一查果然發現不少問題，而且幾乎都指向陳豨。陳豨聽說此事後非常驚慌，暗中和匈奴互通資訊，打點自己的退路。

漢高祖十年（西元前一九七年）七月，劉邦的父親去世，劉邦派人召陳豨進京，這是朝廷政要必須出席的場合。陳豨非常擔心其中有詐，推脫自己重病，不便動身。

同年九月，陳豨夥同相關人等起兵叛漢，自立為代國國君，並洗劫了代、趙兩地的國庫。劉邦聽聞，親自前往邯鄲，先赦免了被迫服從陳豨而執行劫掠的官吏，隨後看起來很開心地說：「陳豨這傢伙南不占漳水，北不守邯鄲，這種行為足以說明他不會有什麼大出息。」

周昌向劉邦進言：「常山地區一共有二十五座城堡，陳豨反叛後占據了其中二十座，皇帝應該把疏於防備的郡守、郡尉統統斬首，懲罰他們丟失城堡的罪責。」

劉邦聽後追問：「那些郡守和郡尉都投靠陳豨了嗎？」

周昌回答：「雖然沒有投降叛軍，丟棄陣地同樣是罪過。」

劉邦搖搖手：「這是他們沒有足夠實力與之對抗導致的，並非擅離職守。」他下令赦免官吏，並且恢復他們原來的職務。

事畢，劉邦再問周昌：「如今的趙地還有能領軍打仗的壯士或勇士嗎？叫他們來見我。」

周昌召來僅有的四位武官。他們見到劉邦，跪下行禮。劉邦掃了一眼，破口大罵：「你們這些無能鼠輩也能領軍打仗？」

四位武官雖不明白劉邦意在何為，絕對聽得出他在罵人，紛紛慚愧得不敢抬頭。哪知劉邦出人意料地封賞他們每人一千戶領地，並任命為將。

左右近臣紛紛勸阻：「陛下，您手下很多人追隨多年，進蜀郡、入漢中、伐西楚，勞苦功高，都沒有得到這樣的封賞。如今這四個人又有何能耐能拿到封賞？要是傳到老臣耳中，不會引發嫉妒和矛盾嗎？」

劉邦說道：「陳豨領軍反叛，邯鄲以北的地區現已落入他的控制，我來之前就發布了緊急文書徵集軍隊。可是截至目前，我都到了，軍隊還沒有到，說明現在能用的只有邯鄲本地的部隊。如果我捨不得這四千戶領地，又如何撫慰和激勵邯鄲的年輕人報效國家呢？」近臣們個個點頭稱是，不敢再多嘴。

劉邦詢問陳豨身邊將領的情報，官員回答：「主要是王黃、曼丘臣，以前都是商人出身。」劉邦隨後發布了王、曼兩人的「千金首級懸賞令」。

漢高祖十一年（西元前一九六年）冬天，漢軍在曲逆城一戰獲得勝利，斬殺了王黃和侯敞；在聊城擊潰守將張春，斬首一萬多人；漢將周勃則平定太原城和代郡。

同年十二月，劉邦親征東垣，未能攻克，叛軍得意地大罵劉邦。但是，東垣沒有抵抗太久，最終被迫投降，罵過劉邦的叛軍全數斬首，沒有罵的統統施以黥刑，也就是用尖銳物在臉上刺字或記號，再用墨汁染色，簡單說就是紋身。東垣改名真定，王黃、曼丘臣的部下統統被懸賞捉拿，叛軍被徹底擊潰，陳豨逃亡在外。

劉邦回到洛陽後，考慮到代郡地處偏遠，從趙地控制並不方便，設立代國，把自己的兒子劉恆封為代王。

漢高祖十二年（西元前一九五年）冬，劉邦派遣樊噲一路追殺陳豨到靈丘，最終將其斬首。

技巧正名

劉邦親自平定陳豨叛亂的故事到這裡結束，在跌宕起伏的情節裡，劉邦展現了精彩的說話技巧——把話說清楚。

這技巧不僅聽上去簡單，更重要的是，它似乎應是所有說話技巧的基礎，甚至算不上是什麼技巧。

的確，把話說清楚是說話的根本。話都說不清楚還說什麼，還能有什麼可說的。

令人失望的是，並非所有人都做得到這一點，可能一半的人都做不到，這也是為什麼人人都得學說話，不斷地終身學習、反思、再學習。

說話說不清楚通常有以下幾種原因：

第一，商值原因。什麼是商值？就是智商、EQ等。不得不承認在商值上，人和人絕對是不平等的，生來就不平等，有些人學習相對較省力，有些人即使方法對了、態度正確了，學起來還是累。

第二，能力原因。商值和先天關係很大，能力則和後天訓練關係密切。也就是說有些人智商沒問題，就是後天不學習，從而導致能力缺失。

第三，態度原因。這點相對複雜。比如有些人自認地位較高，說話總是居高臨下，有把話說清楚的能力卻故意不說清楚，經常以發布命令的方式要求別人，卻從來不解釋為什麼這麼做。

看看劉邦，需要把話說清楚的時候，他絕不含糊，做得很好。身為皇帝，他完全有權力只命令不解釋，但不僅下達了命令，也詳細解釋了為什麼這麼做，他明白只有這樣才能讓人口服心也服。

評跋：★★★★☆

為了抵抗陳豨叛亂，劉邦不惜賞賜趙地的年輕軍官，以此鼓舞士氣、增加他們的信心，為擊敗陳豨做好動員準備，邏輯性給八分。

劉邦借助匈奴王冒頓單于的老婆，使大軍脫離白登山之圍的計畫獲得巨大成功，取得遠遠超過常規外交戰術的效果，策略性給九分。

周昌建議斬殺常山地區二十座城的失職官員，但劉邦不僅沒有這樣做，反而赦免了他們且官復原職，為之後籠絡民心做好鋪墊，也為後續計畫的實施提供了便利，表達力給七分。

劉邦來到邯鄲之後，從陳豨的軍事部署上看穿他的胸無大志，並根據這個判斷制定後續的處理方案和應對之策，即興度給七分。

接連面對不同層級的下屬叛亂，對於新生的漢朝來說簡直就是步步驚心，危如累卵，每走錯一步都有可能滿盤皆輸。劉邦在這段時間的決策，體現了高超的智慧。正是憑藉著這樣的智慧，締造了中國歷史上的偉大王朝，影響力給十分。

總分四十一分，四星。

沙盤推演

現實生活中，話只說一半，甚至一半都不說的人，數不勝數。

這件事情不僅當事人有責任，聽他說話的人也有責任。說話者以為自己說清楚了，你卻有各種原因忍住不問，也不要求對方說清楚，雖然有時候的確應該維持現場的氛圍，不用打破砂鍋問到底，但若碰到自己並不明白且無法操作時，該問還是得問。

比如，我總會碰到家長來諮詢孩子的語言啟蒙，他們的問題通常是如何培養孩子的口才。

我總是說：「負責任地講，年齡太小的孩子只能培養廣義上的口才，能把話說清楚已經很不錯了。但別小看這一點，做家長的一定要鼓勵孩子表達內心的想法，激發他們的表達欲望，讓他們知道嘴是可以用來說話的。」

家長往往因為本能的反應，不假思索地在孩子哭鬧時，火氣一上來，衝著孩子吼：「不要哭，我告訴你，馬上給我停下來。」

這句話的意思是，你給我憋回去。於是，孩子真的憋回去了，可憋回去的不僅是眼淚，還有內心的語言。

成年人的世界呢？上一次你和別人相處不愉快時，有把話說清楚嗎？真的給別人機會把話說清楚了嗎？

陳軫就任・學會編故事

陪伴一個人童年生活的事物很多，也許是動畫，也許是玩具，也許是遊樂場，也許還少不了兒時聽到或親身經歷的事。成人為孩子講故事時，很可能是一邊翻閱繪本，一邊聚精會神演繹故事中的角色，也可能是憑記憶創作出一半取材於自己童年，一半即興編創的故事，而這種情況同樣會發生在成人之間的互動式口語傳播中。

陳軫的故事將告訴我們，說話技巧與口語傳播時內容的編創密切相關。史料取材於《史記．張儀列傳》和《史記．陳杞世家》。

史料新說

陳軫是戰國時期的齊國人，最早在齊國為齊王效命，齊王交給他一個非常棘手的任務。楚國的大將昭陽率領楚國大軍進攻魏國，殺死了魏國的將軍，擊潰魏國的部隊，並占領魏國八座重要的城池，獲得巨大的戰果。趁著兵鋒銳利，昭陽又率領楚軍調轉方向，開始進攻齊國。齊王希望陳軫說服楚國退兵。

一隻已經咬到肥肉的餓狼豈有鬆口的道理？陳軫獨自前往協商這種幾乎必敗的談判，是連命都有可能丟掉的。

陳軫以齊王使臣的身分抵達楚軍大將昭陽的軍營後，立刻行兩拜大禮祝賀楚國大軍的輝煌勝利，然後詢問道：「在楚國，擊殺敵軍將領，按照律令有什麼好處？」

昭陽回答：「官位可以升到上柱國，爵位可以到上執。」

陳軫若有所思地點點頭，繼續問：「比它更尊貴的級別是什麼呢？」昭陽繼續回答：「那就只有令尹了！」

在楚國，令尹基本上等於是宰相再加上大將軍，總領軍事和行政大權，可謂一人之下萬人之上，只有少數非常尊貴的楚國貴族才能擔任。

陳軫聽完，語重心長地對昭陽說：「令尹確實是楚國最顯貴的官位，可惜楚國無法同時存在兩個令尹。我來講個故事吧！楚國有個貴族祭拜完祖先後，把一壺貢酒賞給了自己的門客。門客表示只有一壺酒，大家一起喝根本不夠，一個人喝倒是綽綽有餘，不如大家來比賽畫蛇，誰最先畫完就可獨享此酒。

有位門客先畫完了，覺得穩操勝券，拿起酒壺，表示自己不但第一個畫完，還有足夠的時間為蛇添上幾條腿。哪知蛇腿還沒畫完，另一個畫完蛇的門客一把奪過酒壺，大聲說：『蛇沒有腳，你畫得雖快，但那可不是蛇，所以我贏了。』說完大口喝掉了那壺貢酒。」

「昭陽將軍，你輔佐楚王攻打魏國，殺將奪城，還進攻齊國，令齊國人恐懼不已，已經足夠威震天下了，可是卻沒辦法再升官了。你雖戰無不勝，卻不明白適可而止的道理，小心招來殺身之禍，最後連本該享受的爵位都得不到，那和畫蛇添足的門客有什麼分別？」

昭陽恍然大悟，果真撤兵回國，齊國轉危為安。

一個蛇變成娃娃魚的故事解除了齊國可能亡國的危險，也是著名成語「畫蛇添足」的由來，並引申出另外兩個成語，「適可而止」和「過猶不及」。

然而，陳軫雖然立下大功，卻沒有獲得齊王的器重。由於在齊國無法安身，不得不前往秦國效力於秦惠文王。

才華橫溢的陳軫本來應該幹得不錯，但同在秦國為官的人中還有一位高手，叫作張儀。兩人為了奪得秦惠文王的絕對信任，紛紛使出渾身解數，相互拆臺，相互擠對。

有一次，張儀找機會詆毀陳軫，對秦惠文王說：「陳軫雖然在秦國做事，身為秦王的臣子，卻經常打算投奔楚國。我不願意和他一起共事，希望您把他趕走。要是您擔心他投靠楚國的話，不如殺掉他。」

秦惠文王聽後大怒，找陳軫來問話。陳軫聽完秦惠文王的責問沒有反駁，說：「不僅張儀這麼說，滿街的老百姓都這麼說。」然後悠悠說起一個故事。

「一個楚國人有三個老婆，一妻兩妾。有個好色之徒去勾引兩個妾中稍微年長點的卻被大罵了一頓，只好逃走。但他不死心，去勾引兩個妾中稍微年幼點的，結果得手了。

「後來那個楚國人去世了，有人問那個好色之徒，現在你可以娶這兩個妾了，你會娶誰呢？好色之徒回答要娶年長的。大家都很疑惑，年長的妾曾經拒絕他，年輕的妾喜歡並接納他，為什麼要娶罵自己的女人？

「好色之徒表示，年長的女子不接受自己的勾引，說明她對丈夫忠誠，自己也希望未來的妻子忠誠，能把有非分之想的男子大罵回去。

「秦王啊，您想想看，如果我身為秦國的臣子卻經常暗地私通楚國，出賣機密，即使我去了楚國，楚王會重用我嗎？會收留我嗎？我看只會防備我吧？大家都希望得到伍子胥這樣忠於吳國的臣子，每個人都希望子女和曾子一樣孝順。如果楚國真想拉攏我，不正好說明我足夠忠於秦國嗎？不過，即使我這麼忠於秦國，還是被您懷疑啊……」

秦惠文王聽完，立即說道：「我明白了，是我錯怪你了！」

這件事就此落幕，陳軫不著急辯解的做法則為後世留下了成語「將計就計」。

最終，陳軫還是在和張儀爭奪秦惠文王的信任鬥爭中敗下陣來，張儀官拜為相。既然不受秦惠文王的器重，陳軫的日子也不好過，便義無反顧地去了楚國。倒楣的是，楚王似乎也不怎麼器重他，竟然派他以使臣身分出訪秦國。

陳軫再次見到秦惠文王，秦惠文王話裡有話地說：「你離開我去了楚國以後，有沒有想念我呢？」

陳軫毫不遲疑，再一次講起故事：「大王，您聽說過越國人莊舄的故事嗎？他做為一個越國人，在楚國做了大官，楚王也很想知道莊舄會不會思念越國。有人就給楚王出謀劃策，說這太簡單了。聽說莊舄生了重病，病人在神志不清時最容易洩露祕密，派人去聽聽他說的是楚國話還是越國話，就知道他的真實想法了。楚王覺得非常有道理，派人前往，果然聽到莊舄說的是越國話。今天秦王您也這麼問我，您有沒有發現我至今說的還是秦國話呢？」

秦惠文王聽到這樣的回答，心裡十分舒坦，原諒了陳軫投靠楚國的行為，還向他提到一個最近遇到的大麻煩。秦國周邊的魏國和韓國老打仗，互鬥了一年，秦惠文王想勸解一下，希望他們不要總是在自己家門口動刀動槍，但是朝中大臣有的支持，有的反對，讓秦惠文王拿不定主意。

陳軫又講了一個故事：「從前有個叫作卞莊子的人想殺死兩隻老虎，有人對他說：『我教你一招，你用一頭牛當誘餌，勾引兩隻老虎吃牛，因為肉不夠分，兩隻老虎一定會打起來，你相準時機，就能一次幹掉兩隻老虎。』

卞莊子開心地接受了這個建議。不出所料，兩隻老虎果然大打出手，比較強大的老虎受了重傷，相對弱小的老虎被咬死了。卞莊子乘虛而入，不費吹灰之力收拾了重傷的老虎，不僅得到兩張虎皮，還贏得一次殺死兩隻老虎的名聲。」

故事講完後，陳軫對秦惠文王使了使眼色，秦惠文王立刻明白了弦外之音，趁韓魏之爭、兩敗俱傷之際，出兵撈個大便宜。這兩個故事便是「莊舄越吟」和「卞莊刺虎」兩個成語的出處。

技巧正名

雖然「故事大王」陳軫總是不受器重，卻展示了一個重要的說話技巧——學會編故事。

這個技巧的名稱一定會引起很多誤會，大家對於「編」這個字很敏感。以往碰到別人吹牛、說謊時，為了揭穿對方，我們會說：「你再往下編呀。」

編，看來可能就是胡扯。但你想一想，如果「編」字那麼不中用，我為什麼要把這個技巧歸納為「學會編故事」，為什不索性改成「學會講故事」？

其實，「編」這個字本身很辯證，它的確有「捏造」的意思，比如「編謊話」，但它也有「創作」的意思，比如「編劇」。我們一直強調講故事的能力，但如果講故事只是背誦或複述別人講過的故事，哪需要什麼過人的智慧？講故事的真正能力就在於編故事，在於講述故事時的再創作。

為什麼要再創作呢？因為別人講過的故事不一定適合你的現實需求，得因地制宜改編一下，這就是能力的顯現。一方面尊重故事中屬於事實的部分，畢竟不是什麼都能改編；一方面想真正講好故事，肯定少不了編好故事的能力。

再看陳軫，從畫蛇添足到大妾小妾，再到莊舄夢話以及最後的兩隻老虎，這些故事很可能都是他原創的，即使不是原創，誰又能保證是真人實事？陳軫講的故事之所以每次都讓人覺得貼切，就在他的編創能力十分強大。

評跋：★★★★☆

應對三次危機，陳軫講的每個故事不僅對應著一個應景的局面，故事的結局還暗指正確的處理方法，寓教於樂，邏輯性給八分。

著名的《一千零一夜》中，既聰明又會講故事的王后用好聽的故事讓國王捨不得殺掉自己，不但保住了性命，也慢慢改變了國王的偏執。陳軫的故事講述的是同樣道理，相信你也已經明白了，策略性給十分。

面對不同的局面，陳軫使用不同的故事來化解，不僅效果好，也不會讓對方產生逆反心理，表達力給十分。

能讓單一的表達方式展現出千變萬化的內容，最重要的因素在於即興選編故事的能力，即興度給八分。

陳軫不僅是個會講故事的知識分子，還為後世留下了好幾個成語和典故，影響力給八分。

總分四十四分，四星。

沙盤推演

在現實生活中，學會編故事不僅離每個人都不遙遠，也是大家需要不斷學習的口語傳播能力之一。

以本書的有聲節目編輯團隊來說，就算查好史料、我加上技巧分析以及編輯加工後的口播稿，湊合一下也能講，但團隊夥伴可是將他們的創作能力在文稿中展現得淋漓盡致。

拿卞莊子刺虎的故事做示範，前面講到卞莊子等到兩隻老虎一死一傷後，乘虛而入，坐收漁翁之利。若我來改編，你看看能得出什麼結論。

卞莊子想殺老虎，有人勸他，說兩隻老虎吃一頭牛，必然會爭起來。等到牠們打得不可開交時，你再上去，一定能把兩隻老虎都拿下。於是，卞莊子就在一旁坐山觀虎鬥。沒想到，兩隻老虎打著打著發現了卞莊子，瞬間停了下來，可能覺得人比牛更好吃，至少又多了一餐食物。隨後，兩隻老虎對視了一下，同時撲向卞莊子，牠們不僅餵飽了自己，還解除了為一頭牛而互相爭鬥的困境。

司馬光執意・有理伴有據

從小到大，我們被不少人教育過，最初有父母和長輩，後來有老師和主管。有些教育說辭過耳就忘，甚至還記得當時的不服氣，有些說辭卻讓人記憶深刻，並在不同階段發揮作用。若仔細分析就會發現，這種刻骨銘心的言語必然具有鮮明的觀點與延伸的意義，也一定少不了道理和事實的結伴同行。

司馬光的故事將告訴我們，說話技巧與口語傳播時論據的配置密切相關。史料取材於《宋史・司馬光列傳》。

不知大家是否聽過「千古兩司馬」，一位是指太史公司馬遷，另一位便是本節故事的主人公司馬光。

提起司馬光，大家肯定會想到「司馬光砸缸」的故事。他和曹沖、孔融一樣是年少成名的神童，一生也以勤奮好學、刻苦努力而著稱，在史學和文學上的成就可說是閃耀千古。然而，司馬光在政治上的保守和頑固也讓很多人非議，明、清之際的大儒王夫之甚至稱他是大宋王朝的「掘墓人」。

史料新說

司馬光，字君實，出生於光州光山（今河南省信陽市光山縣）。當時在光山擔任縣令的司馬池為兒子起名為「光」。司馬光的一生也無愧於這個名字。

司馬光從小深受父親影響，聰敏好學，表現出極佳的文史天賦。據《宋史》記載，司馬光七歲時就展露成熟氣質，非常喜歡讀《左傳》，甚至到了愛不釋手以至於忘記饑渴炎寒的地步。

有天，他和其他孩子一起玩耍，其中一個孩子失足掉進水缸。大多數孩子見狀嚇得跑走，只有司馬光沒有驚慌失措。他靈機一動，找到一塊大石頭，對著水缸砸下去，水缸裡的水流了出來，失足的小孩也得救了。

這事不知如何傳了出去，還有畫師特意畫了一幅《小兒擊甕圖》，一砸成名的司馬光在洛陽一帶有了小小的名氣。

司馬池從小就注重全面培養司馬光，不想讓他變成書呆子。十二歲時，司馬光跟著父親從東京出發，一路經洛陽、潼關、寶雞，過秦嶺，前往四川廣元，可以說早早就行了萬里路。當然，讀書的事他也沒忘。

自小打下的良好基礎讓成年後的司馬光博學多才。二十歲時，他已有「書無所不通，文詞醇深」的評價，科舉考試宛如小菜一碟。

司馬光的仕途起點得從他擔任華州（今陝西省渭南市華州區）判官開始。那時司馬池在附近的同州（今陝西省渭南市大荔縣）擔任知州，兩地距離很近。一年後，司馬池調任到杭州，他沾了父親的光，調到蘇州做判官。

好景不長，本來一帆風順的日子卻突然遭遇父母親的接連去世，不僅讓司馬光的情緒跌入谷底，更嚴重影響了仕途。按照封建禮數，他需要辭官服喪。

雖然仕途停滯，司馬光卻化悲痛為治學的力量，在治喪期間閱讀大量書籍，寫下許多有價值的文章，比如〈十哲論〉和〈四豪論〉。

服喪期滿後，司馬光重回官場，中規中矩地做出一些政績。再加上父親好友龐籍當時權勢正盛，多次舉薦他入朝，司馬光開始進入京城官場，並在那裡結識了王安石、呂公著、韓維等好友。尤其是王安石，兩位富有才華的青年人可說是一見如故、相談甚歡，可惜後來兩人終因政見不同而漸行漸遠。

嘉祐六年（西元一〇六一年），宋仁宗想提拔司馬光修起居注。這個職位的工作內容是記錄帝王的言行，接近皇帝的機會多，是個熱門的美差，不知道有多少人擠破了頭想擔任，但司馬光連續拒絕五次，自認能力不足以勝任。

當然，皇帝本人知道他是謙虛，始終沒有放棄提拔他的念頭。不久，宋仁宗下詔，遷司馬光為起居舍人，從此開始了他的諫官生涯。

多年諫官生涯裡，司馬光不僅關注社會上層，也把注意力放在老百姓身上。他一直有關心人民疾苦、減輕人民負擔的念頭，並把這些想法貫穿在所有的奏章裡，多次建議朝廷切實採取一些利民措施。正是由於這樣想，才激烈反對過往好友王安石的變法思想。

宋仁宗病逝後，宋英宗趙曙、宋神宗趙頊先後繼位，司馬光也在歐陽修的推薦下得到宋神宗的重用。宋神宗是個年輕氣盛的君主，對思想比較傳統的司馬光若即若離，更看重主張變法的王安石。

王安石主張開源，司馬光主張節流，兩個人關於底層社會的不同想法導致從好友逐漸變成政敵，常常針對某些問題激烈爭辯，即使在皇帝主持的議政會議上也毫不相讓。王安石頒發青苗法後，司馬光表現出強烈的不滿，覺得這是嚴重剝削底層人民，不利於社會的穩定。

向皇帝講讀時，司馬光講到曹參代替蕭何做宰相一事。皇帝說：「漢朝常守蕭何所定的法令不變，行得通嗎？」

司馬光回答：「豈止漢朝，假使三代的君主常守禹、湯、文、武的法令至今，依然可以。漢武帝把高帝的規章加以更改，使半個天下都是盜賊；元帝更改孝宣帝的治政法令，漢朝從此衰落。從這些來看，祖宗的法令是不可以變的。」

大臣呂惠卿說：「先王的法令，有一年一變的，比如正月天氣剛暖和，在樓闕上公布法令就是這樣；有五年一變的，巡守考察制度就是這樣；有三十年一變的，刑罰一世輕一世重就是這樣。司馬光的話不對，他不過是藉此諷刺朝廷。」

司馬光回答：「在樓闕上公布法令，是公布舊法。諸侯變動了禮樂，王的巡守就會誅殺他。國家新建時對犯錯的人會使用輕的刑罰，國家發生動亂時會使用重的刑罰，這是一世輕一世重，不是變更。更何況治理天下好比住房子，破了就修理，沒有重大破壞就不要重新建造。」

呂惠卿一時語塞，無法回答，改用別的話詆毀司馬光。

談到變法的核心青苗法時，司馬光說：「平民放債取利息，尚且以此蠶食貧困戶，更何況官府催督討債的威風，這是侵害百姓！」

呂惠卿說：「青苗法，願意借就貸，不願的不強迫。」

司馬光對峙道：「百姓只知道借債時的好處，不知道還債時的害處，不光是官府不強迫，就是富戶也不強迫。從前太宗平定河東，設立糴法。當時米價一斗十錢，百姓樂意和官府交易。之後，物價貴而不取消糴法，就成了河東世代的災難。臣恐怕將來的青苗法，也會像這樣。」

皇帝問：「那建立糧倉買米如何？」眾人都起身回應，司馬光說不可。

呂惠卿說：「如果能從百姓手裡買米一百萬斛，就可省去東南的水道運糧，可以用這錢供給京城。」

司馬光說：「東南錢很缺而米很多，現在不去那裡買進米糧，卻用水路運錢來，放棄那裡有的，取那裡所沒有的，農民和商人都會受到傷害。」

熙寧四年（西元一〇七一年），司馬光看到好友范鎮因上書批判王安石而被罷官，憤然上疏為范鎮鳴不平並請求離開京城。他退居洛陽，絕口不論政事，專心編撰《資治通鑑》。這部「上起戰國，下迄五代」的皇皇巨著，絕非憑他一己之力能夠完成，除了司馬光，劉恕、劉攽、范祖禹三位鴻儒帶領著幾十位文人，夜以繼日，費盡心力，劉恕甚至在書未完成時就因過度勞累而去世。

春去秋來，這部涵蓋十六朝、囊括上下一千三百多年的史書，終於在元豐七年（西元一〇八四年）完成。司馬光將所有文卷一起奏進給宋神宗，皇帝十分重視，將這部書的每編首尾都蓋上了自己的圖章，賜書名《資治通鑑》，並親自為之寫序。司馬光的暫時蟄伏換來一部史學巨著，正如開篇所說，這一著作給司馬光帶來與司馬遷齊名的盛譽——「千古兩司馬」。

所謂三十年河東，三十年河西，王安石的變法雖然有很多可取之處，但也得罪了不少人。元豐八年（西元一〇八五年）宋神宗病逝後，王安石少了最有力的政治支持，再加上掌權的高太后向來反對變法，王安石的變法無法繼續。司馬光被召回京城，再次獲得重用。據說，他在回京路上受到百姓的夾道歡迎，畢竟他一直非常關心民生。

重新掌權後，司馬光壓抑十幾年的心情獲得徹底釋放，展開最為後人詬病的廢除各項變法的舉措。他還大規模重新啟用反對變法的官員，並打壓變法派官員，被視為宋朝後來黨派紛爭不斷的開端。

變法的舉措遭到全面廢除，王安石無法接受，不久後鬱鬱而終。面對「政壇之敵」的離去，司馬光痛哭流涕、悲傷不已，幫忙厚葬了王安石，他也在短短不到半年後就追隨老友而去，臨終交代了不少關心的天下之事。司馬光諡號文正，也是他一生最恰當的寫照。

技巧正名

圍繞著法令制度的變與不變，司馬光的說話技巧與其為人處世之道息息相關，叫作有理伴有據。

「理」和「據」同步出現才能發揮良好的傳播效果。「理」就是講道理，「據」就是擺事實。只有做到既講道理又擺事實，才能讓人聽得懂和聽進去。

如果說服別人時把道理和事實分開使用，將造成怎樣的效果呢？

僅僅講道理會讓道理顯得空洞、枯燥、無趣，僅僅擺事實雖然會覺得生動有趣、活靈活現，但是到底想表達什麼就讓人摸不著頭腦了。所以說，道理是對事實的總結和提煉，事實是對道理的說明和補充，兩者相輔相成，缺一不可。

再看司馬光，無論面對高高在上的皇帝還是朝堂中的同僚，他都善於在講清楚道理的同時也呈現一定的事實。每次類比都相當到位，臨危不亂、侃侃而談，正是司馬光在口語傳播的最大特點。

評跋：★★★★☆

想做到有理有據，邏輯必須嚴謹，條理必須清晰，邏輯不通難以服眾。司馬光的思路從砸缸開始一路清晰到底，邏輯性給八分。

對話時，司馬光習慣採用擺事實、講道理的表達方式。這種方式雖然攻擊性不強，但能夠有力地說服和打動別人，策略性給九分。

司馬光從做人到說話都中正剛直，朝堂上的對話是政見之爭，並不是吵架。他在爭論中侃侃而談，不失氣度，表達力給九分。

在朝堂上，變法派和保守派的爭論當然是隨機發生的，所用的話語應該是即興的，但兩派爭端已久，很多想法在司馬光腦中已存在多時，即興度給六分。

這場對話只是宋朝變法派和保守派之間的縮影，算不上影響重大，但兩派相爭卻影響了整個北宋，更別說《資治通鑑》巨著，影響力給九分。

總分四十一分，四星。

沙盤推演

有理伴有據在各行各業的講師隊伍中被使用的頻率最高，如今想講好一堂課，僅有其中一項遠遠不夠。

某研究生有次向我吐槽另一位老師時說：「我發現我們校內的老師，講課遠遠沒有校外請來的業內人士講得出色。」

我回答：「先別下定論，你聽到學期末再來和我討論。」

結果還沒到期末他就告訴我：「一開始我覺得校內的老師講課太平淡了，聽了十幾周還是覺得平淡，可是每周講課的水準保持得倒很穩定。從業界請來的老師一開始講得特別好，但不知道為什麼，最近發現他愈來愈不會講。」

這就是道理和事實之間出現的失衡。業界的老師通常實戰經驗豐富，但缺乏理論的總結，單場講座往往很出色，但未必適合長期站在講臺上。學界的老師精於理論總結，但往往缺乏鮮活的事實案例做支撐，使得講課過程平淡無奇，穩定性卻很高。

人生正如烹飪，味重了鹹，味寡了淡，口味就在於平衡之間。

馮唐易老・確保真信源

你有沒有遇到這樣的情境：一個人口中念叨著一條自以為「驚世駭俗」的消息，興致盎然地告訴你，他卻不知道消息來源。換言之，他根本無法確保消息是真還是假。你覺得這種傳播行為極其不負責任，甚至有些荒唐，可在他眼裡，所謂的荒唐完全抵擋不住他的津津樂道。在傳播過程中，這種傳播行為涉及傳播內容的真實性和有效性。

馮唐的故事會告訴我們，說話技巧與口語傳播時資訊的源頭密切相關。史料取材於《史記・張釋之馮唐列傳》。

以為人處世來看，嘴上不討喜的人大多沒有什麼好果子吃。唐代大詩人王勃的名篇〈滕王閣序〉寫道：「時運不齊，命運多舛。馮唐易老，李廣難封。」本節這位不討喜的主人公就是馮唐。

史料新說

馮唐的祖父是戰國時期的趙國人，他的父親遷居到代地。代地是趙武靈王時期建立的郡縣，秦代三十六郡中也有它，治所的代縣就是今河北省蔚縣西南。漢朝初年，馮唐一家子遷徙去安陵（今陝西省咸陽市）。

馮唐因非常孝順而為人所知，也因這個美德被推舉為中郎署長。秦漢時期，中郎就是宮廷護衛、侍從。朝廷分為三個中郎署，每個署的長官就是中郎署長，即常說的「中郎將」。馮唐身為中郎將，侍奉的皇帝是漢文帝。

有一天，漢文帝坐馬車經過馮唐當差的地方。此時的馮唐年紀已經很大了，漢文帝看到兩鬢斑白的侍衛長相當驚奇：「您這年紀還能做侍衛長嗎？您家是哪裡啊？」馮唐一五一十地回答。

漢文帝聽說馮唐一家曾經住在代地，隨口說道：「我在代郡時，有位官員經常和我說一位叫作李齊的將軍很有能力，並向我描述了他在巨鹿的英勇表現。直到現在我還經常想起李齊將軍的作戰情況，您知道這個人嗎？」

馮唐直截了當地回答：「他與廉頗、李牧完全無法相比。我爺爺就是趙國的武官，和李牧交情不錯。我父親在代國時做過代國的相國，與李齊更是交情深厚，所以我知道他們這些人的為人秉性。」

漢文帝聽後興致勃勃：「只可惜我得不到李牧、廉頗這樣的將軍輔佐，要是我有這樣的將軍，哪還會怕匈奴！」

馮唐冷冷回答：「身為老臣，我覺得很惶恐。我認為陛下您即使得到廉頗、李牧，也不可能讓他們做將軍，談這些根本沒有意義。」

氣氛瞬間降到冰點，漢文帝強忍怒火轉身回宮。後來實在憋不住，把馮唐叫來數落他：「你這老頭兒居然敢直接反駁我。就算你說得對，難道不能私下說嗎？非要當面反駁我？」

馮唐鞠躬道歉：「我這種粗鄙的下人哪懂得忌諱？平時專門挑刺、一語致死才是我的拿手好戲。」

不久，匈奴大軍大舉入侵朝那（今寧夏固原市東南地區），殺死當地的都尉孫印。漢文帝為此十分擔憂，耳邊再次響起老侍衛的話。他再次召見馮唐，打算問個清楚。

面對這個掛著宮廷侍衛頭銜的老人，漢文帝問道：「我一直想不通，為什麼你說我不會任用廉頗、李牧這樣的人才？」

馮唐立刻回答：「古代的君王派遣將軍出征時，得跪下來扶著戰車的車輪對將軍說，國門之內的事情，我來處理，國門之外的事情，由將軍決斷。所有軍隊中的決策，將軍您可以在外直接決定，回來再彙報即可。

「這可不是吹牛！我爺爺曾和我說，李牧在趙國邊境帶兵打仗時，直接把徵收的稅金拿來犒賞三軍，朝廷沒有任何干預。君王交代將軍的重任只要求能夠完成，從不計較過程，李牧才能夠充分發揮才智。他派遣精選戰車一千三百輛，熟練弓手一萬三千名，普通士兵十萬人，驅逐了匈奴，大破東胡，西據秦國，南救韓魏，這時的趙國幾乎宛如霸主。

「可惜趙王遷這品行不端的傢伙登基了。他聽信郭開的讒言，殺掉李牧，趙國自此軍潰兵敗，他也被秦人俘虜，趙國隨後被滅。

「如今，我聽說魏尚將軍做雲中郡太守時，抽調稅金犒賞士兵，還拿出個人財產購置糧草，五六天就殺一頭牛宴請賓客和下級軍官，對左右副官十分親近，部隊戰鬥力很強，匈奴人都遠遠地避開雲中郡。匈奴嘗試入侵過一次，卻被魏尚率領的虎狼之師打得丟盔棄甲，死傷無數。

「雲中郡這些善戰的士兵都是普通人家的孩子，從鄉下前來參軍，哪可能明瞭尺籍這種書寫軍令，又怎麼會懂伍符這種證明出身的文件？

「這種一腔熱血，只知道拚死力戰、保家衛國、殺敵俘虜就能獲得賞賜的戰士，要是說的話稍微有一點不合實際情況，就會受到法律制裁。該賞賜給他們的好處總是無法兌現，按照嚴格的條例追究他們倒是一點也不含糊。

「我雖然愚笨，也認為陛下的法令是不是太嚴厲了。獎賞太輕，懲罰過重？說起來，雲中郡守將魏尚不就是多報了六個殺敵數，陛下為此將他移交法辦，削除爵位，處罰服勞役。如此看來，陛下您就算有了廉頗、李牧，也不會重用他們。」

漢文帝聽後，立刻決定讓馮唐手持符節去赦免魏尚，並讓魏尚重新就任雲中郡太守。另一方面，他任命馮唐為車騎都尉，掌管中尉和各個郡國的車戰之士。

漢文帝死後，漢景帝即位，馮唐被派去楚國當丞相，不過不久後就被免職了。到了漢武帝時，漢武帝向天下發布招賢榜，很多人推舉馮唐，可是那時他已經九十多歲，無法再任職，朝廷就任命他的兒子做了郎官。

技巧正名

說話特別直來直去的馮唐向我們展示了「確保真信源」這種說話技巧。

「信源」一詞來自傳播學，意思是資訊的源頭，說得通俗易懂些就是資訊的發布者。在日常生活的對話中，幾乎少有人願意花時間尋找資訊發布的真正源頭。

傳播的內容經過無數次傳播後往往會發生極大的變化。發生變化的原因既有客觀原因，也有主觀原因。每個傳播者對於傳播的內容都有不同的理解，使得傳播出去的內容很難完全再現上一個傳播者口述資訊的原貌。如果能夠找到真正的信源，就能最大限度地確保資訊傳播的可靠性。

再看馮唐，他之所以敢於大膽地比較李齊和李牧，主因就是他祖父和李牧打過交道、他父親和李齊交往甚密，他從祖輩和父輩那裡得到第一手消息。當然，世事難料，正因為馮唐經常說實話，而且是大白話，導致到老了也沒謀得什麼好的職位，這就是「馮唐易老，李廣難封」中前者的由來。

評跋：★★★★☆

馮唐透過親身和家族經歷得出自己的判斷，並用第一手資料衡量所見所聞，可謂實踐出真知，邏輯性給十分。

漢文帝屈尊和年邁的馮唐聊天，本來打算套套關係，卻被馮唐趁機指出用人不當的缺點，估計是馮唐看準漢文帝還聽得進意見的緣故，不過這個手段確實太冒險，基本上是提著腦袋談話，策略性給五分。

不了解一個人就去看看他結交的朋友，這種側面的印證往往非常有效，馮唐對於廉頗、李牧、李齊的認知全部來自其家族成員，可信度極高，說起話自然擲地有聲，不容反駁，表達力給九分。

關於漢文帝在任命將軍一事上的弊病，以及漢初軍隊中的繁冗文書和法規等制度問題，馮唐應該早有不滿，借著漢文帝詢問的機會一吐而快，最多說話的語序是現場組織而已，即興度給六分。

「馮唐易老，李廣難封」八個字出自王勃，天下皆知。中國歷史上只有在君主不偏私、臣子不結黨的時代，王道才能平坦寬廣，君王才能明辨是非，可惜馮唐一語致死的說話習性，導致他終老一生都沒有獲得太多出人頭地的機會，畢竟並非人人都是漢文帝，影響力給八分。

總分三十八分，三星半。

沙盤推演

現實生活中，尤其是網路時代，普通人幾乎很難找到或核實真正的資訊發布者，或許大多數人也無暇顧及這一點。有時傳播些沒人發過的消息更能讓人感到新鮮和刺激，但這種心理也往往導致謠言四起。

「我告訴你一個祕密，你千萬不要告訴別人。」這句話大家都聽過，也是一句很有趣的話。是誰告訴你的？誰又是別人？很有可能告訴你的那個人就被告訴他的人這麼叮囑過，更有可能你就是那位傳播者口中的別人。

這也是為什麼祕密永遠不是祕密的緣故。

確保真信源的說話技巧對於你手上正在讀的這本書影響也非常深遠。想從幾千年前的史料中找到某一段話的真信源幾乎不可能，所謂正史，也只不過是後人在遵守遊戲規則的前提下確定下來的部分資料。

那該如何是好？我並沒有萬全之策，這也是為什麼你經常從我筆下看到一個關鍵字——據說。

第四章

辭藻修飾

修辭何必要硬背，靈活運用好搭配

順其自然吐露心聲是人際交流中一種不錯的傳播形式，它能夠較為順暢地表達一個人的內心世界，也能讓傳播者的傳播過程變得舒坦自在。

值得一提的是，這種傳播形式只是諸多口語傳播的形式之一，為了達到不同的傳播目的，產生不同的傳播效果，尤其是在傳播內容無法肆意更改的前提下，傳播者必須在內容的呈現形式上下功夫。對固定的傳播內容進行形式上具有針對性的編創和修潤能夠更妥善說明我們有效地完成了資訊傳遞，這些傳播手段也為口語傳播創造不少的說話技巧。

江乙暗諷・引喻出真意

一談到修辭，很多人第一個想到的就是比喻。比喻的確是修辭中最常用的手法，但修辭遠不止這些，比擬、誇張、對比、對偶、排比、反問、設問、反語、雙關、借代、頂真等，都屬於口語傳播中的修辭手法。另一方面，若能將修辭用得恰到好處，完全能夠借力使力，隔山打牛。

江乙的故事告訴我們，說話技巧與口語傳播時修辭的使用密切相關。史料取材於《戰國策・楚策一》。

「狐假虎威」的故事相信大家都耳熟能詳，說的是老虎捉到一隻狐狸，想吃掉牠，狐狸卻說自己是天帝派來管理百獸的首領，要老虎跟在自己身後一起出去遛遛。老虎與狐狸同行途中見到野獸們紛紛逃跑，相信了狐狸的話，放過了牠。「狐假虎威」通常用來比喻倚仗他人的權勢來欺壓、恐嚇別人。

不過，這個成語背後卻有個鮮為人知的故事，一個利用精妙的暗諷打壓政敵、忠良賢臣慘遭詆毀的故事，是個在職場上將話術運用得爐火純青的反例，且聽我慢慢道來。

史料新說

本節故事的主人公有三位：一位是楚宣王，一位是在楚國當官的魏國人江乙，還有一位是成語「狐假虎威」中的狐狸——楚國令尹昭奚恤。

首先稍微解釋何謂令尹，這是歷史上常見的官職之一，但在不同時期代表的職位截然不同。明、清時的令尹就是縣長、縣令；戰國時期的令尹則是楚國的最高官職，也就是常說的丞相、相國。

昭奚恤和江乙一直不對盤，恩怨由來無可考。

史料裡，江乙提過，楚國攻打魏國都城大梁時，他看到昭奚恤拿了魏國不少寶貝，就此開始在楚宣王面前無休止地暗中嘲諷昭奚恤。

楚宣王準備任命昭奚恤為令尹時，江乙在背地裡勸阻楚王。他沒有直接說昭奚恤的壞話，而是講了個看似風馬牛不相及的故事。

江乙說：「有個特別愛狗的人，對自家的狗好得不得了。一天，狗向水井裡撒尿，汙染了大家的水源，鄰居看見準備向狗主人告狀。沒想到狗卻把鄰居擋在門口還咬傷了他。鄰居怕了，既進不去，也告不了狀。」

楚王不傻，知道江乙在暗諷昭奚恤像狗一樣攔著宮門專權獨大。昭奚恤是楚國三大貴族昭、屈、景之中昭氏的優秀代表，出身貴族，口碑也不壞。楚宣王沒有聽信江乙的話，但心裡難免對昭奚恤有了芥蒂。

後來，昭奚恤當上令尹，掌握楚國的軍政大權，位高權重又敢於直言，在諸侯間頗有聲望。江乙在明裡無法與之抗衡，又想出一個黑他的辦法。

某次，江乙向楚王請求為山陽君封一塊地。山陽君是誰？歷史上壓根沒這個人的記載，推測就是個普通到不能再普通的小封君。江乙主動出頭做好人，想幫他求點福利。昭奚恤聽說此事後，忍不住上書諫言，大意是山陽君對楚國沒什麼貢獻，怎麼能給他封地？這事自然就被擱置下來了。

如此一來，昭奚恤得罪了人，立馬「收穫」政敵一名，江乙則是空手套白狼，動動嘴皮子就得到一位與他同仇敵愾且能一起說昭奚恤壞話的同黨。可想而知，日積月累下來，楚王對昭奚恤的看法漸漸發生微妙的變化。

這時候發生了一件大事。根據西漢劉向《新序．雜事》記載，此時秦欲伐楚。秦王想了個攻打楚國的理由，就是派使者去楚國要求看他們的國寶，如果給看，說明楚國怕了，可打；如果不給看，秦國就有了藉口，一樣開打。

楚宣王這回愁死了，問大臣們：「我那些寶貝，像和氏璧啊，寶珠啊，到底要不要給秦國使者看呢？」

大臣們哪敢隨便出主意，紛紛說道：「這個真不好說，您別問我們，我們也沒法決定。」

楚宣王去問昭奚恤，他一口答應：「給看，我來安排。」

昭奚恤安排了一個大陣仗，帶著秦國使者來到一座高臺，四周全是楚國高官。昭奚恤為使者一一介紹：這是誰，得了什麼功績；那是誰，如何守衛邊疆，一口氣介紹了一堆人。

使者暈頭轉向：「你不是說給我看國寶嗎？國寶呢？」

昭奚恤坦然地說道：「客人想看楚國的國寶，楚國的賢臣就是國寶。我們楚國之所以能安居樂業，享有太平盛世，全靠這些官員盡心盡力，他們當然是國寶。」

秦國使者無言以對，回國彙報：「楚國有許多賢臣，不可以打它的主意。」

昭奚恤四兩撥千斤，靠機智和忠勇化解了一場危機，這等膽識有幾人能輕易做到？不料卻換來江乙再一次落井下石，以及楚宣王對他更深的誤會。

楚宣王天天聽著不知從哪裡來的傳聞，忍不住問群臣：「聽說北邊那些諸侯都很忌憚昭奚恤，有沒有這回事呢？」

群臣面面相覷，不知如何回答。江乙跳了出來，講了一個同樣看似不相關的小寓言。沒錯，就是此節開頭提及的「狐假虎威」，最後還補充：「虎不知獸畏己而走也，以為畏狐也。今王之地，方五千里，帶甲百萬，而專屬之昭奚恤。故北方之畏昭奚恤也，其實畏王之甲兵也，猶百獸之畏虎也。」

意思是說，老虎不知道百獸怕的是它自己，還以為是怕狐狸。如今，大王擁有五千里國土，百萬披甲士兵，還不是被昭奚恤拿去顯擺。北方諸侯看似是怕昭奚恤，實則是像百獸怕老虎一樣怕您。

昭奚恤的結局，歷史上沒有記載，卻不難想像江乙幾次潛移默化的暗諷為他帶來多大的政治危機，以至於讓人口口相傳、流傳千年的不是他本人，而是以他為原型的成語典故「狐假虎威」。不誇張，昭奚恤真是當了一回史上最冤的狐狸。

技巧正名

江乙的小故事為什麼有這麼大的殺傷力，甚至得以廣泛傳播讓人記憶深刻呢？因為他在話術中添加了「引喻出真意」這個說話技巧。

「引喻」指的是透過對某一事物的修辭表達，來說明另一件事。這裡我們必須知道為什麼會有「引喻」這種表達方式，原因在於如果不借用這種修辭手法，我們可能無法簡單地闡述另一件事的本質。從數學角度觀察「引喻」，不難讓人想起等量代換的概念——使用一種量值來替代等式另一邊的量值。

「出真意」指的是透過引喻的修辭手法，把想表達的真實意思講清楚。「引喻」是傳播手段，「出真意」是傳播目的。

再看江乙，無論是用惡狗把守大門比喻昭奚恤獨攬大權，還是用狐狸耀武揚威比喻昭奚恤假借楚王威名提升自己的聲望，都是簡單地用常見的動物來嘲諷和詆毀敵對勢力。

評跋：★★★★☆

江乙藉故事暗諷昭奚恤時，既做到情節上的關聯，批判意味又十足，邏輯性給七分。

他不直接指名道姓，而是借用故事傳播來打壓政敵，發揮想要的效果，策略性給九分。

江乙說的故事既有能引人入勝的生動情節，又有豐富的內涵，乃至於成為流傳千古的成語，表達力給十分。

做為昭奚恤的對手，每個故事、每次嘲諷，江乙都早有準備，即興度給五分。

從史書記載來看，江乙諷刺昭奚恤並未造成特別深遠的影響，但流傳下來的成語為他的影響力加了幾分，影響力給七分。

總分三十八分，三星半。

沙盤推演

話術其實只是一種工具，本身沒有對錯，關鍵要看被誰使用。我們可以不認同江乙暗地裡說人壞話的做法，卻不能說他的說話技巧無效。恰恰相反，運用故事引喻來形象化地揭示事物的內在道理，特別容易被人接受。

國文課本中經常有寓言故事，並在故事結尾補充說明寓意。為什麼課本不直接講道理而要多此一舉呢？正是因為人們都不喜歡聽說教，更何況純粹的理性分析未必能夠征服人類這種情緒化的動物，講故事就變得格外重要了。

對於小孩子而言，沒有寓言故事，道理不容易聽懂；對於成人而言，沒有故事只有說教，他們不想聽。

當然，使用引喻出真意這種說話技巧需要前提，那就是擁有足夠的時間。如果闡述時間原本就很短暫，引喻還沒完成可能就失去了繼續表達的機會。辯論比賽和法庭答辯這些極其理性、時間如金的場合，可能就不適合使用。

許多主管都遇過以下情況：團隊內的成員產生隔閡，紛紛向你告狀。事實上也沒多大的事，就是人與人之間的處世方式和性格差異造成的不合拍。這時你可以這樣說：「我們都是健全的人，五官誰都有。眼睛覺得自己能替主人看見方向，最了不起；鼻子覺得自己能讓主人自由呼吸，最了不起；

耳朵覺得自己能為主人辨聽是非，最了不起；嘴巴覺得自己能叫主人順暢表達，最了不起；眉毛認為自己能使主人貌美如花，最了不起。事實上，少了哪一個，人都會落下殘疾。」

這就是典型的引喻出真意，這種說話技巧能讓你透過簡單的引喻，將一件難以說清楚的事輕鬆直抵人心，還能顧及對方的顏面，讓對方全身而退。

智瑤水逆・說話積口德

無論在職場或學校，如今的社會比以往更加強調人的個性化表達，這顯然是一件好事。但我們也需要正確理解何為個性化表達，它不是任由你的個性想說什麼就說什麼，那叫口無遮攔。人際交流的概念已經表明這個過程必然涉及傳播雙方，交流與溝通中，一切言語的表達除了滿足自己的個性，還需要關注對方的感受，所以需要妥善掌握自己的傳播姿態。

智瑤的故事告訴我們，說話技巧與口語傳播時態度的把握密切相關。史料取材於《資治通鑑・周紀一》。

本書到目前為止講了許多主人公展示好口才的故事，部分讀者一定會對我有疑問：「你每次都能伶牙俐齒嗎？」當然不是，我也是人，人無完人，這句話基本上是真理。只是在口語傳播的技術層面，我一直往一個目標努力而已。假如偶爾哪裡做得不妥當，事後會引以為戒，好好反省。本節故事要說的就是歷史上一個不好好說話的知名反例。讓我們一起來看看這個不顧及說話技巧，迅速遭遇眾叛親離乃至國破家亡的案例。

史料新說

春秋中後期，各諸侯國的國主猶如周天子一樣被架空，權力慢慢下移到貴族大夫集團。這一時期，諸侯國之間的戰爭開始減少，各國國內士大夫之間的鬥爭卻愈演愈烈，尤以中原第一大國晉國為代表。

把控晉國的四個家族分別是趙、韓、魏、智，其中智氏執掌正卿之位，是「晉國四卿」中勢力最大的家族。智氏的家主智瑤就名正言順地成了晉國最有權勢的執政大臣。

據《資治通鑑》記載，智瑤高大帥氣，儀表堂堂，有一頭飄逸的長髮，而且才藝雙全，能言善辯，精通騎射，堅毅果敢，很有理想抱負。聽起來簡直堪稱春秋時期的偶像實力派，唯一美中不足的是他不夠厚道，而一個能言善辯又不夠厚道的人，往往就會惹出大禍。

智瑤究竟怎麼不厚道呢？舉個小例子。智瑤剛剛上任時，約了另外幾位國卿韓康子、魏桓子一起喝酒，喝著喝著就開始戲弄起韓家的家臣段規，說了些難聽的話羞辱對方。當時，對方憋著什麼也沒說，反而是智瑤的下屬看不下去，勸他謹言慎行，以免未來惹上災禍。

智瑤不屑一顧：「開什麼玩笑，向來只有我給別人發難，我不讓別人倒楣就不錯了，誰敢動我。」無論下屬怎麼勸他不要廣泛結怨，他都揮揮手置之不理。

張揚跋扈的智瑤上臺後，準備重振超級大國晉國的霸業。那時晉國的土地早已被四家卿族瓜分得差不多，怎樣才能讓大家重新把土地交還給晉國呢？對於這個相當棘手的難題，智瑤做了個既簡單又粗暴的決定——削藩，打算把其他卿族的土地硬討過來。

他先向韓康子要地，韓康子不想給。那位曾在宴席上被羞辱過的家臣段規勸韓康子：「智瑤這個人既貪心又剛愎自用，如果不把地給他，他一定會討伐我們。不如先給了，他拿到地後會更狂妄，必然會向其他人要地；他人若不給，則必定會向其動武。那麼我們就可以免於禍患，待事之變，相機而動。」

韓康子同意了，送了上萬戶的領地給智瑤。

隨後，智瑤又向魏桓子要地，魏桓子也不想給。他的家臣同樣勸他：「這姓智的無故討要土地，諸大夫肯定都怕他。要是我們給了土地，智瑤肯定忘乎所以，驕傲則輕敵，而我們這些懼怕他的各家就可以相互親善。以聯合軍隊對付輕敵的人，智氏的命一定長不了。」

桓子一聽，連連說好，也送了智瑤上萬戶領地。

智瑤一再嘗到甜頭，便向趙家索取最好的土地，沒想到這回碰到了釘子。趙襄子鐵了心不給，智瑤大怒，叫上韓氏和魏氏一起圍攻趙氏。趙襄子帶著家臣和士兵一路逃到晉陽（今山西省太原市晉源區一帶），智瑤則帶領三家的士兵團團包圍晉陽。

說到打仗，智瑤的確心狠手辣，他不顧全城百姓安危，引入汾河之水漫灌晉陽。大水直漫到和城頭差不多高，遍地都能蹦出青蛙來。即便如此，全晉陽百姓依然忠於趙氏，堅決不投降。

智瑤得意洋洋地帶著韓康子和魏桓子去巡視晉陽的水勢。他派魏桓子駕車，讓韓康子在一旁護衛，看著滿城水勢眉開眼笑地說：「今天我才知道，原來水也可以滅亡一個國家啊。」

聽到這話，魏桓子用手肘輕輕碰了碰韓康子，韓康子也默默踩了一下魏桓子的腳。兩人心裡想的都是同一件事——汾河之水可以滅了晉陽，一樣可以漫灌魏氏、韓氏的城邑。

智氏的謀臣看在眼裡，憂心忡忡，私下對智瑤說「韓、魏必反」，智瑤不以為然：「你怎麼知道？」

謀臣回答：「以人之常情而知。我們挾韓、魏之兵攻趙，趙亡。他們會想，下次災難就輪到韓、魏了。主公之前和他們約好一起瓜分趙家的城邑，現在晉陽破城指日可待。韓、魏兩位並無高興的神色，反而面有憂色，這不是要反叛，又是什麼呢？」

這番在情在理的勸告如果能被智瑤聽進去，歷史必將改寫。萬萬沒想到，智瑤居然將謀臣的話原封不動地拿去質問韓、魏兩人。

韓、魏連忙澄清：「這一定是小人的離間計，想為趙家遊說，讓主公您懷疑我們而放鬆對趙家的進攻。不然，我們兩家豈不是放著早晚都能分到手的趙家田地不要，得去幹既危險又必不可成的事？」

韓、魏兩人一番大表忠心，智瑤覺得言之有理，坦然接受。等他們出去後，謀臣立刻進來問智瑤：「主上怎麼把我的話告訴他們了？」

智瑤十分驚訝：「你怎麼知道？」

謀臣很是無奈：「他們兩人離開時朝我仔細凝視了一番，然後就快步走了，肯定是知道我看穿了他們的心思。」

智瑤哈哈一笑，根本不把謀臣的話放在心上。忠心耿耿的謀臣知道此地待不下去，離開了晉國。

韓、魏那邊，正如謀臣所擔心的一樣，他們和趙襄子取得聯繫。趙襄子的使臣祕密會見了兩人，說：「大家都知道唇亡齒寒的道理，今天智瑤帶著韓、魏攻趙，等趙亡後，就輪到你們了。」

想到智瑤上任後的一連串行為，韓、魏與趙氏一拍即合，祕密策劃反攻。到了約定時間，趙襄子派人殺了智氏守堤的士兵，反過來放水漫灌智瑤大軍。智氏因救水而大亂，韓、魏的士兵早已埋伏在兩翼，趁機向智氏發動突襲。三家聯手大敗智瑤。為了免除後患，他們不僅屠殺了智瑤家族兩百餘人，還瓜分了智氏的封邑。

晉陽之戰是一個具有劃時代意義的歷史事件。春秋時期最大的霸主晉國被趙、韓、魏三家悉數瓜分，意謂兩百多年春秋時期的落幕，秦、齊、楚、燕、趙、魏、韓戰國七雄的時代，就此拉開帷幕。

技巧正名

霸道的智瑤究竟如何硬生生打爛了一手好牌？從口才的角度仔細分析，會發現他沒有做到的說話技巧叫作「說話積口德」。

說到積德，很多人會以為是宗教詞語，其實太史公司馬遷在《史記》裡也用過。現今對於「積德」一詞的解釋，是一種為了換來一個好結果而多做一些好事的行為。說話積口德的意思就是從這裡來的，指的是為了在不可預測的未來能夠有一個讓人可以接受的結果，要多說一些善意的話。

解構這個技巧時，我們反其道而行之，舉了反例。為什麼會有人說話不積口德呢？如果我們心裡有這樣的疑問，說明對自己的表達太過自信，或反思得不夠徹底。

回首過往，你說過事後讓你後悔的狠話嗎？如果有，問問自己當時為什麼會說。人終究是情緒化的動物，不可能因為學習了理性就完全沒有情緒。即使你再理性，也不過是壓抑自己的情緒而已。如果這說法你難以接受，我換一種說法，也就是你在用你的理性管理著你的情緒。

可是，情緒管理總有失控的時候，有些人失控的次數比較少，有些人卻老管不住自己的嘴。尤其是春風得意時，更容易口無遮攔。

再看智瑤，無論是公開羞辱他人，還是看到敵人受難時的冷嘲熱諷，這種只有我損別人，哪有別人在我面前撒潑的跋扈態度，當然讓他得罪很多人。

對智瑤而言，不積口德至少給他帶來以下三個不良後果：

第一，讓人看到他的虛榮心和野心。韓、魏兩家看到智瑤不可一世的霸道模樣，知道他日後對人還會變本加厲，絲毫不講情面。

第二，如果他分享的勝利經驗是利用某些事或人的弱點，有相同情況的人聽了會從此疏遠他、防備他。晉陽如果可以用水攻，那韓、魏兩家的城池也可以用水灌。韓、魏兩家的弱點和趙氏一模一樣，見智瑤這麼說，才對他起了防備之心。

第三，在荷爾蒙的刺激下，人很容易將自己珍藏的經驗無償地、毫無保留地告訴別人，這樣會失去競爭優勢。智瑤在晉陽城頭那番話讓韓、魏兩家也長了知識：你可以淹我，我也做好隨時淹你的準備。

不積口德的人不管多聰明，一旦膨脹起來，說話就會得意忘形，失去理智，該說的、不該說的都會說出去。此刻，說話的人是心裡痛快了、獲得掌聲了，虛榮心也得到滿足，卻無從得知別人以後對他會有什麼不同的看法。如果智瑤說話積口德，不在得勢時胡說八道，晉國的歷史很可能就改寫了。

評跋：★☆☆☆☆

智瑤在毫無必要的情況下在公開場合侮辱他人，說話經常自以為是、不帶善意，最終自作自受，邏輯性給零分。

身為用兵高手，智瑤水淹晉陽，戰術上確實值得高分，然而在面對韓、魏兩家「盟友」時卻言多必失，最後導致自食其果，策略性給零分。

智瑤說話只圖自己一時爽快，不管不顧他人感受——得罪合夥人與下屬的效果上倒十分出色，對於正面效果的表達力而言，一分。

嘴上不把門雖放飛了自我卻害人害己，這種隨性在即興度上沒有貢獻，一分。

智瑤說話不積口德導致功敗垂成，乃至影響了歷史走向，也給後世留下一個經典的反面教材，影響力給十分。

總分十二分，一星。

沙盤推演

現實生活中，說話積口德這個技巧明確告訴我們：說話這件事不僅能夠展現你的表達能力，同時也能展現你的素養。

我有個學生文武雙全，功課好，自小習武多

年，他說有次課前熱身時，有些同學到了，有些還沒來，秩序有點混亂。他同學和一個新來的同學擦身而過，對方可能不小心踩了他同學一腳，甚至有可能是對方正常走路，而他同學占了走道，結果他同學自以為學了幾天功夫、一身能耐，張口就說：「你走路不長眼睛啊！要是去別人的武館還不就等著挨揍！」霸氣模樣和智瑤差不多，新同學只能不停道歉：「對不起，對不起，實在不好意思！」

等大家換好訓練服，上場一集合，才發現剛才那個低頭道歉的同學站第一排，原來他是新來的指導員。後來發生的事大家可以自行想像。當然，也可能什麼都沒發生。

可是，你能想到剛才說話不積口德的那位同學，看著站在第一排的高手，內心該有多麼複雜嗎？說話積口德就是一種修行。

樊噲救主・千古傳金句

過去的叫典故，活在當下的是金句。如今的金句愈來愈多出自網路，倒不是生活語言的魅力盡失，而是傳播速度和廣度實在趕不上網路語言的威力。與此同時，網路科技的發展也讓普羅大眾有了參與傳播經典甚至創造經典的機會。當然，做為一名傳播者，我們也得明瞭網路帶來的利弊，它既能迅速傳播優秀的內容，也能在不經意間傳播負面資訊。

樊噲的故事會告訴我們，說話技巧與口語傳播時經典內容的留存密切相關。史料取材於《史記．樊酈滕灌列傳》。

許多人家中都有毛孩子，不論是貓或狗，都被當成家庭成員一樣對待。考慮到這一點，本節故事的主人公估計會讓一些人無法喜歡，因為他被奉為屠宰業祖師爺，而且是殺狗、賣狗肉的商人出身，那就是樊噲。

史料新說

扮演樊噲的演員大多是絡腮鬍、粗獷漢子，和張飛的藝術造型有異曲同工之處。樊噲的戰績確實了得，配得上武力值爆表的形象。看看《史記》中樊噲跟隨漢高祖劉邦作戰數十年的戰績：斬首一百七十六人，俘虜兩百八十八人；獨自領軍作戰時擊敗過七支軍隊，攻占五座城邑，平定六個郡，五十二個縣；俘虜過丞相一名，將軍十二名，將官十一名。說樊噲是漢朝從開創階段到穩定時期非常重要的將領，一點都不為過。

不過樊噲可不是只有匹夫之勇！漢高祖元年（西元前二〇六年）十月，劉邦的軍隊在各路諸侯中最先抵達霸上。秦王子嬰駕著白車白馬，用絲繩纏住脖子表示臣服，封好了皇帝的御璽和符節，在軹道旁向劉邦投降。

軹道不是某條街道而是地名，位於今西安市東北，行政級別是「亭」。秦時十里為一亭，十亭為一鄉。亭裡只有兩個人，一個負責開門打掃，一個負責抓賊。劉邦就是泗上亭長出身。秦王子嬰在此投降後，軹道的意思就被引申為「亡國投降」的地方。

面對投降的秦王子嬰，劉邦手下將領紛紛表示要宰了他。劉邦卻說：「楚懷王派我進攻關中，不就是以為我能夠寬厚容人嗎？濫殺投降之人，太不吉利。」

劉邦安排秦王子嬰擔任當地的官吏，自己隨後領軍向西進入咸陽。進到秦王宮後，大家都為眼前的宮殿、裝飾、寵物、駿馬、寶物、美女著迷，劉邦也打算入住秦宮。

此時樊噲立即勸阻劉邦，堅決不讓他入住。劉邦正打算發脾氣，張良趕緊補充道：「秦朝因暴虐無道，主公才能來到這秦朝的宮殿之中。既然您是來替天下剷除暴政的，更應清廉為本。才進咸陽就打算享用美女、寶物，這是助桀為虐。忠言雖然不好聽，但對約束行為有好處；良藥雖然味道苦，但是對治病有好處。您還是聽聽樊噲的意見吧！」

劉邦這才封了秦王宮的大門並留下衛兵看守，率軍回到駐地霸上。故事到這裡，已經出現「忠言逆耳利於行，良藥苦口利於病」和「助桀為虐」這兩個知名典故。「助桀為虐」與「助紂為虐」是同一個意思。

劉邦還軍霸上之前，召集四里八鄉有才能、有名望的人說：「大家都被秦朝的法律欺負得太久了，批評政策要被滅族，聚會聊天要被判死刑，太可怕了！當初諸侯們約定，先入咸陽者為王。既然是我先到了，現在就和大家約定，我的法律只有三條：殺人者死刑，傷人者治罪，搶劫者治罪。其他秦朝法律全部廢除。大家不管是官吏還是平民，都放心生活，安居樂業。」也就是典故「約法三章」的由來。

劉邦繼續說：「我來到這裡，就是打算為民除害，不會侵犯你們，不用害怕。我退回霸上駐軍，是要等其他諸侯都到了再一起商議治理的規範。」

隨後，劉邦派人把這些話同秦朝官吏一起前往各地宣傳，大家聽了都很高興，紛紛殺豬、宰羊想犒勞軍隊。劉邦統統拒絕了，理由是：「倉庫裡還有糧食，並非缺糧，大家不用破費。」這下子，關中的百姓都很愛戴劉邦，生怕劉邦不在關中做王。

項羽的大軍來到函谷關，發現劉邦的士兵在守衛，無法通過，心裡非常生氣。

後來項羽的大軍駐紮在新豐鴻門，劉邦身邊的大臣曹無傷神祕兮兮地派人通知項羽：「劉邦打算在關中稱王，還打算把秦王子嬰封為宰相，把珍寶都歸了自己！」

項羽這回怒了，宣稱今日犒軍，明日出兵攻打劉邦。此時項羽有士兵四十萬，劉邦只有十萬。項羽手下大臣項伯和張良有交情，偷偷會見了張良，希望張良和他一起逃走，不要陪著劉邦送死。

張良拒絕了項伯，並立即引薦項伯與劉邦見面。劉邦像對待老師一樣對待項伯，說道：「我進駐函谷關之後，連細小諸如秋毫那樣的東西都不敢擅自亂動，只登記了官民的人數，查封了倉庫，等待項羽將軍到來，我怎麼敢反叛呢？」——這是「秋毫無犯」成語的由來。

項伯叮囑劉邦隔天一定要記得去鴻門向項羽道歉，便獨自回到項羽的軍營幫劉邦說好話去了。

第二天清早，劉邦帶了一百多名隨從來到鴻門向項羽賠罪：「我和將軍一起攻秦，您在黃河以北，我在黃河以南，我先進入咸陽是個意外。如今我在這裡見您，想必是有小人說了什麼壞話吧？」

項羽回答：「是你的手下曹無傷派人告訴我

的，不然我怎麼會生氣？」

項羽安排酒宴招待劉邦，目的是按照范增的計畫，在席間刺殺劉邦。酒席間，范增多次用遞眼色、摸玉佩的方式暗示項羽下手，項羽卻沒有反應。范增直接起身出門，叫來項莊。

項莊按照范增的命令，進入席間要求舞劍助興，箇中意圖卻很快就被項伯識破了。他也起身持劍與項莊對舞，以此掩護劉邦。眼見局面如此凶險，張良叫來樊噲說：「情況危急，項莊在舞劍，就是想找劉邦的麻煩！」這就是典故「項莊舞劍，意在沛公」的由來。

樊噲何許人，毫不猶豫地回答：「讓我進去，我要與主公同生共死！」說罷就闖入大帳，直面項羽，怒目圓睜，頭髮倒豎，眼角看上去都要裂開了。

項羽見到這麼一個莽漢闖進來也是一驚，按住寶劍站起來問道：「這位來賓，有何貴幹？」

張良回答：「這是劉邦的貼身護衛樊噲。」

項羽打量了一下，讚嘆：「真是一位壯士，賜酒！」

樊噲接過侍從遞上來的一大杯酒，拜謝之後，站著一飲而盡。項王緊接著說：「再賜一隻豬腿。」原文中寫作「彘肩」，「彘」就是豬的意思。這也是成語「彘肩斗酒」的由來。

只見樊噲把豬肘子放在盾牌上，用佩劍邊切邊吃，非常豪邁。項羽再次讚嘆說：「壯士，還能再喝酒嗎？」

樊噲回答：「我連死都不怕，怎麼會推辭一杯酒？當初秦王內心如虎狼一般，殺人如麻，就好像人殺都殺不完一樣；給人施加刑罰，就好像刑罰手段用都用不完一樣。導致天下人紛紛叛離。楚懷王曾說，先入咸陽者為王，這次可是我家主公劉邦先打進咸陽城的，但他連毫毛一樣細小的東西都不敢動，而是封閉王宮，撤軍霸上，等待您抵達咸陽。

出兵把守函谷關，是害怕別有用心的盜賊蜂擁而至。我家主公勞苦功高，沒有封侯賞賜就算了，您卻因為小人的讒言要加害於他，這不是秦朝的做派嗎？我覺得大王您最好不要這麼做。」

項羽聽後，無言以對。

劉邦坐了一會兒，借著上廁所的機會，叫出樊噲商量對策。劉邦著急地表示：「我借上廁所之故才出了大廳，這個時候偷溜沒有告別，是不是不太好？」

樊噲爽快地回答：「幹大事的人不要被小禮節所束縛，做大義之事不用回避小苛責，人家現在是砧板和菜刀，我們如同魚肉一般，這種情況還去告別？」沒錯，這就是典故「謀大事者不拘小節」、「人為刀俎，我為魚肉」的由來！

劉邦聽了樊噲的意見，打算在隨身侍衛的保護下離開鴻門，讓張良留下來收拾局面。

張良詢問劉邦帶了什麼禮物，劉邦回答：「我帶了一對玉璧想送給項羽，一對玉斗想送給范增。」而後，劉邦便單人騎馬飛奔回了霸上，樊噲、夏侯嬰、靳強、紀信四人拿著劍和盾徒步跟隨其後，抄小道狂奔回了駐地。

張良推測劉邦已經回到霸上後，返回酒局現場送上玉璧和玉斗。項羽連忙問：「劉邦現在何處？」

張良不緊不慢地說道：「聽說大王有意責備，他便獨自脫身離開了，應該快到軍營了吧！」

項羽接過玉璧放在桌上，范增接到玉斗後卻直接扔在地上，用劍斬碎，罵道：「根本不足以與你們這群渾小子謀天下大事，奪取你天下的一定是劉邦了，我們都等著被抓吧！」這便是典故「豎子不足與謀」的出處。

劉邦回到駐地後，立即殺了曹無傷。

幾天後，項羽率軍進駐咸陽，一路燒殺，不但砍了已經投降的秦王子嬰，還燒毀秦王宮，大火三月不滅。項羽打開劉邦封閉的府庫，將之洗劫一空。當然，他也沒有忘記把宮殿裡的美女統統帶走。

有人勸項羽：「關中地區有山河做為屏障，四周有要塞，土地又肥沃，足以建立霸業。」

項羽看了看被燒成灰燼的殘垣斷壁，感嘆道：「富貴了不回故鄉，就等於穿著錦繡衣裳在深夜裡走山路，誰看得見！」

對方搖頭嘆息：「都說楚國人就是獼猴戴了帽子裝人樣，如今一看，果然如此。」項羽一怒之下把他殺了。這便是成語「沐猴而冠」的由來。

技巧正名

現在你知道鴻門宴為什麼那麼有名了吧？從這個經典中的經典裡，讓我們了解一下「千古傳金句」這種技巧。

這個說話技巧有三個關鍵字：千古、傳、金句。

「千古」是虛指，沒有明確告訴我們究竟是多少年，但說明了這個句子被人傳來傳去講了很久，是個經過時代洗禮、經得起推敲的句子。

「傳」這個動詞則說明了句子是你說的，但它不斷被傳播開來就是別人的事，表達了傳播者對於這個句子的認可。

「金句」可以是名言，但不僅限於名言，它可以是任何人的言論，只要有一定的傳播價值就行。

值得一提的是，時代不同，金句傳播的時限也會發生變化。古代的生活節奏慢、傳播效率不高，有些話可以一傳幾千年，當然前提是它們本身得非常優秀。但在現今的網路時代，傳播速度之不可思議，我們不能再只用時限來判斷這句話是不是金句。換言之，只要這句話傳播範圍夠廣，被人知曉程度夠深，哪怕沒有綿延千年，也能算作金句。在今天，千古傳金句甚至可以變成千里傳金句。

再看樊噲，他在劉邦身邊眾多有影響力的人物中說輕不輕，說重不重，在鴻門宴中也許頂多只算得上男三、男四號，但短短一段表達就呈現了兩句千古傳頌的金句：「謀大事者不拘小節」、「人為刀俎，我為魚肉」。

很多人都不知道這兩句話是樊噲講的，一口氣連說兩句金句，即便是張良也未必做得到。

評跋：★★★★☆

一個五大三粗的屠夫，勸阻劉邦、駁斥項羽的所有對話完全符合道理，而且全部都是非常適宜的見解，邏輯性給九分。

建議劉邦做大事不拘小節，以及人為刀俎，我為魚肉時，樊噲言簡意賅，用屠夫和廚子給予經典比喻，直接打消劉邦磨蹭下去的念頭，相當符合實用主義精神，策略性給十分。

樊噲在駁斥項羽的過程中，借助神態、表情、髮型以及吃肉的架勢，再加上那段精彩的論據，直接罵了項羽。當時敢於直面楚霸王並指著項羽鼻子大罵的人，也只有樊噲了吧！表達力給十分。

不論是建議劉邦封金撤出咸陽，還是直面項羽，抑或勸說劉邦盡快撤退，性質上屬於突發式，樊噲可謂有勇有謀，即興度給八分。

沒有樊噲，劉邦有可能死於鴻門宴，也就沒了大漢天子，沒有光武中興，沒有西漢、東漢，沒有三國，沒有……沒有的東西太多，影響力給十分。

總分四十七分，四星半。

沙盤推演

現實生活中，我們對金句的判斷沒有對名人名言的判斷那樣有如此多的條條框框，只要這句話能深深影響一個人，那就是不錯的金句。

我大學一年級剛入校時，系主任請了一位剛畢業的學姐為大家講開學第一課。學姐是系主任的得意門生，也是當時電視臺的當紅主持人。

近一堂課的講座中，學姐講得很誠懇，但現在我幾乎忘了內容，唯獨記住了最後一段話。

她說：「我們這個系比大多數其他專業面臨的誘惑更多，隨隨便便一次活動的報酬就比其他專業打工一年的實習費更豐厚。但請大家記住我送給你們的這句忠告：大學四年一定要耐得住寂寞。」

這五個字深深影響了我，影響了我的大學四年。直到今天，我也每每會把這五個字送給我的學生，希望它也能夠深深影響他們。

王翦求賞・一語埋乾坤

在相聲表演藝術中，逗哏與捧哏合作的默契度非常重要，兩人合作時間一久，不太能輕易更換。人與人的資訊交互中存在著表達與傾聽的對應關係，一個人對於另一個人言語資訊的解讀是需要磨合的。你需要熟悉對方的表達方式，才能更準確地聽懂別人的言內之意和言外之意，掌握傳播資訊的多層含義。

王翦的故事告訴我們，說話技巧與口語傳播時言語的兩面性密切相關。史料取材於《史記・白起王翦列傳》。

戰國時期有四大名將，分別是趙國的廉頗和李牧，以及秦國的白起和王翦。本節故事的主人公，便是王翦。提到王翦，我想提一下「王」這個姓氏。王姓在中國幾乎可以算是第一大姓，而王姓中一個主要的源流便是著名的古代姓氏——姬。黃帝，姓公孫，叫軒轅，出生於壽丘，成長在姬水，所以改姓姬。東周第十一代君王叫姬泄心，就是周靈王。周靈王有一個兒子，名叫晉，他因為對父親的治水方針提出異議而受到責罰，被廢除太子的身分變成平民，由於他出身王族，所以改姓為「王」。

史料新說

王翦就是這一支王姓源流的第十八代子孫。王翦的兒子王賁、孫子王離都是秦國的大將，孫子王離在和項羽的交戰中死去。

王離的兩個兒子在戰亂中形成最大的兩個王姓分支：太原王氏和琅琊王氏。太原王氏中，大家比較熟悉的是《三國演義》裡獻貂蟬的司徒王允。琅琊王氏的名人更是多，比如二十四孝中「臥冰求鯉」的王祥、二十四悌中「王覽爭鴆」的王覽、「竹林七賢」之一的王戎、寫下〈蘭亭集序〉的王羲之等。而劉禹錫名詩〈烏衣巷〉的「舊時王謝堂前燕，飛入尋常百姓家」中提到的王謝，指的就是兩晉南北朝時期的頂級名門琅琊王氏和陳郡謝氏。

王翦，頻陽東鄉（今陝西省渭南市富平縣）人。少年時期喜好軍事，後來去了秦國侍奉秦始皇。他打仗非常厲害，在秦滅六國一統天下的戰爭中，除了韓國，其他五國都由王翦父子親手攻滅。

西元前二二九年，王翦領兵攻趙。經過一年多征戰，趙王投降，趙國滅亡。

西元前二二七年，燕太子丹派遣刺客荊軻刺殺秦始皇，失敗。秦軍攻燕，燕王逃往遼東。秦始皇派遣王翦和他的兒子王賁進攻楚國，打了勝仗後，他們又攻擊魏國，魏王投降，魏國滅亡。

秦國有位年輕氣盛的將軍叫李信，作戰英勇，曾帶領幾千士兵進攻派遣刺客的燕太子丹，窮追猛打，最後俘虜了他。有一天，秦始皇問李信：「我打算進攻楚國，徹底殲滅他們，你覺得要用多少兵力？」

李信自信地回答：「最多二十萬即可！」

秦始皇轉身再問王翦：「王將軍覺得多少合適？」王翦冷冷回答：「非要六十萬不可。」

秦始皇哈哈大笑：「王將軍啊，你年紀大了，膽子卻變小了，真是怕死啊！李信才是果斷勇敢，我覺得他說得很有道理！」

於是，秦始皇派遣李信和蒙恬領軍二十萬南下攻楚。王翦覺得自己的建議既然不被採納，推脫身體有病，回頻陽老家療養去了。

李信與蒙恬兵分兩路進攻楚國，李信攻占平與，蒙恬攻下寢丘。得意的李信希望和蒙恬在城父一地會師，因此加緊進攻步伐。然而，楚軍主力部隊早已盯上李信，他們急行軍三天三夜，徹底擊潰李信的部隊，殺死李信身邊的七個都尉，秦軍大敗。

輕敵的秦始皇非常憤怒，親自前往頻陽向王翦道歉：「我沒有聽取你的建議，李信果真導致秦軍遭受大敗，真是恥辱之極。我聽說楚國大軍正在逼近秦國，將軍雖然染病，難道真打算拋棄我和秦國了嗎？」

王翦推辭，表示身體病弱、昏聵無能、膽小怕死，希望秦始皇另派其他人。

秦始皇再次道歉：「好啦，好啦，不要生氣啦！你就別推辭了，我什麼都聽你的！」

王翦才回答：「那我還是要求六十萬大軍。」

秦始皇滿口答應：「都依你！都依你！六十萬大軍全都聽你的安排！」

於是，王翦領軍六十萬出發了，秦始皇親自到霸上送行。

王翦出發前，向秦始皇說：「我出去打仗可以，不過我要您送我良田千頃、豪宅百棟，還有一間湖邊園林豪宅。」

秦始皇有些不舒服，回答：「王將軍外出打仗，這時急著要這些東西有啥用？專心打仗去吧！難道你覺得我會虧待你的家人？」

王翦答道：「我替您領軍打仗，打贏後，您不見得一定會封侯賜爵，我得趁您器重我時，趕緊把該拿的都拿到，為子孫後代攢點家產。」

秦始皇哈哈大笑，居然點頭答應了。

王翦領兵到達函谷關後，又派了使者回咸陽五次，都是為了向朝廷討要更多田地。手下終於有人忍不住了，吐槽：「將軍為國出力，要點報酬無可厚非，但您不覺得這吃相有點太難看了嗎？」

王翦聽後也不生氣，解釋道：「這只表示你根本不了解秦王。秦王性情粗暴，對人多疑，如今我領軍六十萬攻楚，這可是秦國全部的兵力。你覺得按照秦王的德性，他會一點都不懷疑我有謀反之心嗎？我不停索要好處，正是為了表達我不僅有必勝的把握，而且願意讓自己的子孫在秦國享福，以此表明沒有謀反的打算。如果不這麼做，只會造成秦始皇的懷疑。」

最終，王翦來到前線替換了李信，執掌軍權，親自負責與楚國的交戰。楚王聽說秦國大將王翦領軍增援，不敢怠慢，同樣派出全國所有的兵力應戰。王翦在前線構築了嚴密的防禦工事，採取堅固到不能再堅固的守勢，而且下令堅決不交戰，不論楚軍如何挑釁，絕不出兵。

據守期間，秦軍大營吃好吃飽，王翦經常與下屬和士兵飲宴，隔三岔五還安排大家洗澡泡湯、休閒足浴。

有天，王翦問副官：「軍中士兵平常都聚在一起玩什麼遊戲？」

副官表示士兵常常玩一種丟石頭比距離的遊戲。此時，王翦終於宣布：「現在可以打仗了！」

再看楚軍，由於多次挑釁秦軍未果，他們決定向東轉移，離開前線。趁楚軍拔營東去之際，王翦命令全軍出擊，同時派遣健碩強壯的士兵當敢死隊突擊，一舉擊潰楚軍。

秦軍追擊到蘄縣城南，殺死項燕，摧枯拉朽般占領楚國的領土，俘虜楚王，楚國隨即滅亡。王翦也順手滅了百越，王翦的兒子王賁和李信則攻陷燕國和齊國的其餘領地。

西元前二二一年，秦始皇終於兼併了所有的諸侯國，一統天下。

技巧正名

王翦讓人捉摸不透的說話方式展現了一個非常經典的說話技巧——一語埋乾坤。

《易經》六十四卦象中，乾卦代表天，坤卦代表地，一語埋乾坤首先說明了一件事：這個說話技巧隱藏著天地兩層含義。

一個簡簡單單的技巧，有必要搞得那麼玄乎

嗎？不就是一語雙關、一箭雙雕、一舉兩得？聽上去好像是，也就是說一句話卻傳達了兩層意思，達到兩個目的。

然而，一語埋乾坤的說話技巧更深奧，執行難度更大。

因為乾坤為天地，天地在古人的意識中是相互對立的兩大方位。換言之，一語埋乾坤不僅是一語雙關，其中兩層意思還要相互對立，這正是此技巧困難之處，要說出對立的效果非常不容易。

再看王翦，表面上是為自己及子孫後代向秦始皇討要良田、美宅、園林、池苑等，表現得十分貪圖物質利益，看上去不怎麼有品，實際上卻有更深層的目的——表示自己出征的堅定意志，打消秦始皇交出兵權後的猜忌之心，是一種很高級的自保招數。

評跋：★★★★★

王翦極其聰明又善於體察人心，一得知自己的建議不被採納，立即申請病退以保全自己，邏輯性給十分。

王翦不斷地討要賞賜，只是為了保證「將在外」時，秦始皇不會因為朝堂上可能出現的負面言論而影響自己的軍事安排，策略性給十分。

面對秦始皇屈尊要求自己復出帶兵，王翦死纏爛打逼迫對方不斷退讓，以獲取六十萬大軍的絕對指揮權。刁蠻傲嬌的演技高人一等，表達力給十分。

從王翦最初突然被提問，得出需要六十萬大軍的判斷，到戰場上臨敵時的決策，再到滅楚後順手牽羊滅亡百越，在在顯示其臨機應變的能力。雖然他不是瞬間做出抉擇，同樣有思考的時間，但處處體現即興之作的特性，即興度給九分。而劇情隨之瞬間翻轉，讓故事又多了一份驚喜，即興度再加一分附加分，評定為十分。

秦滅六國，其中五國的滅亡與王翦家族有關，他們為歷史上第一個大一統王朝的建立做出巨大貢獻，家族的身分和地位綿延千年，影響力給十分。

總分五十分，五星！

相信很多人都不明白，為什麼王翦消極應戰的心態和休閒式治軍方式能一瞬間擊潰楚國呢？事實上他不得不這麼做：

第一，楚軍臨時徵集大軍，自衛方居然連番求戰，說明楚軍的補給和楚國的內政都不樂觀，無法持久作戰。

第二，王翦領軍的六十萬是秦國從各地抽調而來，士兵沒有集合演練過，相互之間不夠熟悉，倉促上戰場只會各自為戰，一旦出現問題，大軍必然瓦解。

基於上述判斷，王翦只能在前線駐守。一方面加強秦軍各級人員的熟悉度和親密度，一方面避開楚國的銳氣，拖垮敵人的士氣。等到聽說士兵一起玩投石遊戲時，王翦知道他們已經打成一片，形成依靠關係了。在與楚軍長久的對峙中，他們不再懼怕戰爭，已經適應了時局。

《史記》作者司馬遷用著名成語「尺有所短、寸有所長」來評價白起和王翦這兩位秦國名將。白起算計敵人時隨機應變，計策千變萬化，名震天下，卻無法應對來自朝野的猜忌。王翦父子攻滅五國，平定疆土，戰功卓著，連秦始皇都尊王翦為師。王翦工於心計，苟且逢迎，取悅他人，雖得善終卻沒有幫助秦朝建立德政。最終，項羽俘虜了王翦的孫子並將其殺害。

沙盤推演

一語埋乾坤的說話技巧在場面上可大可小，有時候極具戲劇性，編劇就很喜歡在編排生離死別時使用。韓劇經常出現以下場面：男女主角熱戀，一方卻突然患上不治之症，為了讓另一方能夠擁有更好的人生，乾脆編造謊言，說自己愛上了別人，想活生生把對方氣走。事實上話語的背後藏著自己對戀人深深的愛，以及希望對方能夠幸福一生的願望。

一語埋乾坤的說話技巧也可以用在身邊的小事上。

比如班級導師經常說：「你們是我帶過最差的一屆。」表面上是惡狠狠批評學生，甚至是羞辱。背地裡卻一招乾坤大挪移，想透過這種不留情面的激將法喚起學生的自尊，激發他們學習的動力。

正所謂，人心向背，乾坤已定。這也是人類與人工智慧在表達方式上的區別。

申包胥哭嚎・善用副語言

中國人向來比較含蓄、內斂，這有其魅力，也有其侷限。

我們從小沉浸在不太講究副語言的口語傳播大環境中，說話時大家只關注自己的嘴，高度集中在口語傳播的內容上，不太關心傳播內容之外的種種傳播方式。其實非常虧待自己的嘴巴，讓它承擔了太多壓力，也主動放棄了很多東西。

申包胥的故事告訴我們，說話技巧與口語傳播時副語言的使用密切相關。史料取材於《左傳・定公四年》。

歌詞「男人哭吧哭吧不是罪」這樣唱，俗話卻說「男兒有淚不輕彈」。男人通常很少當眾流眼淚，就算遇到傷心事也只會躲到角落偷偷哭一場。當然，也有男人特別愛哭，逢人就哭，甚至哭來了一個天下，那就是《三國演義》裡的劉備。

真實的劉備是不是很愛哭不得而知，春秋時期有位男子卻靠著驚天動地的大哭被載入史冊。

據說這場哭延續了七天七夜，楚國也靠這場大哭逃過被滅掉的命運。怎麼一回事？且聽我細細說來。

史料新說

故事要從伍子胥鞭屍復仇說起。

伍子胥的父親伍奢是楚國的太子太傅，也是未來的帝師。他有個同樣負責教太子讀書的同事叫費無忌。

秦、楚聯姻時，費無忌做了一件很缺德的事。楚國太子要娶秦國公主，楚王派費無忌去迎親。沒想到費無忌為了討好楚王，竟然大肆渲染秦國公主的美貌，並慫恿楚王把太子的未婚妻收進自己的後宮。

楚王也是人品堪憂，不但真娶了自己的兒媳，還重用佞臣費無忌，什麼都聽他的。

費無忌生怕太子日後報復自己，索性一不做二不休，決定除掉太子和他的下屬，因此把伍子胥的父親抓了起來，又設計騙伍子胥和他哥哥，說只要他倆來認罪，就饒了他們的爹。

伍子胥知道是陷阱，勸哥哥和自己一起逃亡。但哥哥放心不下父親，選擇赴會，最後父子都死在費無忌手下。伍子胥背負著血海深仇，冒死逃出楚國，留下「伍子胥過昭關，一夜愁白了頭」的傳說。

就在這時，申包胥出場了。申包胥是楚國的大夫，也是伍子胥的好朋友。伍子胥逃亡途中遇見他，向他哭訴了一番父兄之仇後，發誓將來一定要滅了楚國。

申包胥原本就出身楚國王室，素來忠君愛國，但這件事明顯是楚王不對，伍子胥一家非常冤枉。申包胥左右為難，拍了拍伍子胥說：「勉之！子能覆之，我必能興之。」意思是你加油吧，不過就算你滅了楚國，我也一定會讓它再度復興。申包胥一邊要鼓勵、安撫朋友，一邊還要不失愛國之心，確實艱難。

伍子胥逃到吳國後，當上吳王闔閭的重臣，輔佐吳王治理國家，吳國很快強大起來。吳王投桃報李，聽從伍子胥的戰略部署，正式向楚國開戰。伍子胥懷著滿腔仇恨，親自率領吳軍把楚國打得落花流水，攻破楚國的都城。

然而，此時害死父兄的楚平王和費無忌都已去世，繼任的楚昭王也嚇得逃到別國避難去了。心有不甘的伍子胥為了洩憤，親手掘開楚平王的墓，拿鞭子憤怒地抽打屍體，足足抽了三百下才停下來，總算是大仇得報。這也是最著名的鞭屍典故。

楚國亡了，曾經許諾挽救楚國的申包胥自然該出場了。當時，他正跟隨楚昭王出國避難，聽聞昔日老友伍子胥的所作所為，內心的痛楚簡直無法言喻。他認為伍子胥滅國也就罷了，掘墓鞭屍卻太過分了。

申包胥托人痛罵了伍子胥一番，伍子胥傲氣回話：「反正我時日不多了，就是要這麼倒行逆施。」「倒行逆施」的成語典故，出處就在這裡。

申包胥沒啥好說，伍子胥實現了他的諾言，滅了楚國，現在該輪到自己實現復國的諾言了。但此時的楚王要兵沒兵，要錢沒錢，該怎麼辦呢？

申包胥決定向之前聯姻的秦國求援，趕到秦國向秦哀公苦苦哀求。說了些什麼呢？先是吳國威脅論，指責他們貪得無厭，暴虐凶殘；再提醒道，伍子胥滅了我們楚國，很快便會輪到你們秦國，幫我們就是幫你們自己；最後是放下姿態求情——幫個忙，我們一定世代感恩……

這套話不僅我們熟悉，秦哀公也沒少聽。他婉轉地說：「好的好的，我曉得，我們會好好分析分析，研究研究的。閣下請回去休息，有了結果再通知你。」

面對顯然是推托之詞的答覆，申包胥知道遊說失敗了，可自家君王還在野外等消息，連安身之地都不知在哪兒，吃喝拉撒全在外頭。他愈想愈急，愈想憂憤，忍不住靠在牆角……「哇！」地大哭了起來。

這一哭就再也停不下來，一天一夜，兩天兩夜……足足哭了七天七夜，飯也不吃，水也不喝，日夜不絕聲。一個大男人哭到這種程度，秦哀公終於被感動了，感慨萬千地說：「楚王雖然昏庸無道，但有你這樣的臣子也還值得活下去。」

相傳秦哀公特地為此賦詩一首，也就是《詩經》中的〈秦風・無衣〉，全詩充滿了慷慨激昂、同仇敵愾的精神。節選如下：

豈曰無衣？與子同袍。王于興師，修我戈矛，與子同仇！

意思是，誰說沒有戰衣？與君同穿戰袍。君王征師作戰，修整我們的戈與矛，與君同仇敵愾。

就這樣，秦國出動軍隊打敗吳國，幫助楚國復國。

技巧正名

一個男人用大哭求來復國，這也算話術？沒錯，雖然不是靠語言，但同樣是一種非常有用的口語傳播技巧，叫作善用副語言。

對於大多數讀者而言，這個技巧的難度在於「副語言」，「善用」顧名思義就是善於運用，因此請容我解釋一下何謂「副語言」，雖然這是語言學專有名詞，但我們日常生活中說話時一直在使用。

狹義層面，「副語言」可以解釋為有聲語言之外的其他有聲現象，比如最普遍的笑聲和哭聲。

廣義層面，「副語言」可以解釋為有聲語言之外的無聲有形現象，比如表情語、體態語、手勢語、對話時雙方的距離等。

伴隨著廣義和狹義的「副語言」，順便再解釋一下口語傳播。口語傳播絕不是指簡單的口頭語言傳播，它包含有聲語言、有聲語言之外的有聲現象和各種無聲有形現象，是一種全方位、無死角的立體式傳播，展現的是傳播者的綜合素養。

再看申包胥，「副語言」在他的言行上體現得淋漓盡致。口頭語言甚至是下跪乞求都沒有讓他獲得秦哀公的認同，最後是因為無比淒慘的放聲大哭，憑藉近乎瘋癲的七天七夜哭聲，換來秦哀公的出手相助。

評跋：★★★★☆

申包胥向秦王求救不成，最終靠哭換來了援兵，堪稱情之所至，歪打正著，邏輯性給六分。

求情雖然失敗，但哭得感人肺腑，目的也達到了，策略性給七分。

申包胥號啕大哭，即便一開始讓人側目，但哭足七天七夜不吃不喝，足以令人動容，表達力給十分。

若非萬不得已，無計可施，申包胥應該不至於大哭至此，應該也不是一開始就喝足了水才上場，說不定邊哭邊動思考接下來的行動，即興度給十分。

申包胥成功說動秦國救楚帶來後續一系列重要的影響。吳亂、楚興，楚國經此一役痛定思痛，之後奮發圖強，重新躋身一流強國之列，一度成為「戰國七雄」之首，影響力給十分。

總分四十三分，四星。

沙盤推演

現實生活中，東方人更加需要認真學習、精心練習副語言。據研究，相比西方人，東方人的表情、手勢、體態等各種副語言都不夠豐富，較為單一。

在碩士班上「談話節目創作與實踐」課時，我說：「由於大家都非常清楚知道自己已經是研究生，往往會更聚焦在文本創作的深度上，並透過談話把文本傳播出來。然而，一旦放棄了大部分的副語言，等於是把壓力全部放在嘴上，而且也不是那麼吸引人。我們一定要學會用恰如其分的副語言來說明自己的嘴，傳播自己的意圖。」

我朋友有次談起他太太在人際交流時的特點：「我太太這個人嘴笨，無論她說什麼，基本上都說不動我，也許我天生對說話有免疫力。但她也有絕招，只要她抽泣一兩下，我的防線就崩塌了。」

我開玩笑說：「那你還算一個好男人，懂得憐香惜玉。」

其實我還藏著一句沒說，我本想告訴他：「你太太的嘴一點都不笨，她比你想像的聰明得多，抽泣也是語言的一部分。你還是輸在她那張嘴上。」

第五章

能量轉化

常人只會用常理，你偏要出其不意

有個物理學定律叫能量守恆，認為在一個給定參考框架中的孤立系統，其總能量應該保持不變。能量既然不能被創造出來，更不能被肆意地毀滅。能量有自己的歸宿，這種歸宿就是從一種形式轉換成另一種形式。

口語傳播中，人們往往運用不同的傳播手段進行相應的傳播，目的無非是為了達成更佳的既定傳播效果。一切傳播手段的擇取必然透過不同的傳播形式進行交互，如何有效地使用傳播形式之間積極的能量轉換，避免出現勞無所獲的無效傳播，一直是傳播者探索的問題。

樂毅疾書·語音轉文字

做為傳播中最經典的兩種形式，文字和口語向來和諧共存，兩者利用各自的優勢，相輔相成地為人類的語言傳播做出巨大的貢獻。一方面，口頭語言在人類歷史上的出現遠遠早於書面語言；另一方面，書面語言的出現也解決了口頭語言難以保存、稍縱即逝的問題。當然，隨著科技的迅猛發展，口頭語言的留存也不再是件難事。

樂毅的故事告訴我們，說話技巧與口語傳播時形式的變化密切相關。史料取材於《史記·樂毅列傳》。

《三國志·諸葛亮傳》中有一段話：「玄卒，亮躬耕隴畝，好為〈梁父吟〉。身高八尺，每自比於管仲、樂毅，時人莫之許也。惟博陵崔州平、潁川徐庶元直與亮友善，謂為信然。」

意思就是諸葛亮的叔叔諸葛玄去世後，諸葛亮親自種田，喜歡吟誦〈梁父吟〉這首詩。他身高八尺，經常自比管仲、樂毅，當時沒人認識他，只有博陵的崔州平和潁川的徐庶和他交情不錯，非常認可他的才能。

〈梁父吟〉相傳是諸葛亮所作的詩詞。管仲是宰相中的著名人物，樂毅是將軍中的著名人物，諸葛亮自比管仲、樂毅之才，代表自己有「出為將，入則相」的能力，文武兼備。

本節故事的主人公就是唐代便入選「武廟」的「十哲」之一，諸葛亮自比的將中帥才，燕國昌國君樂毅。

史料新說

樂毅，中山靈壽（今河北省石家莊市靈壽縣）人。古代此地曾是中山國，被魏國滅掉後，頑強復國，但又被趙國滅了。我推測樂毅的出身應該是趙國人。

樂毅從小喜歡軍事，長大後有人推薦他去趙國做官，由於趙武靈王在沙丘之亂中被圍困餓死，於是他去了魏國。北邊的燕國因內亂被南邊的齊國攻打得很慘，燕昭王一直想報復齊國，無奈燕國地處偏遠，貧窮弱小，於是屈尊納賢，招募天下的名士輔佐。

樂毅正好做為魏昭王的使臣來到燕國，經不住燕昭王死磨硬纏，答應了他的招募，成為燕國的「亞卿」，努力建設燕國，準備攻打齊國。

當時的齊國相當強大，不僅打敗楚國，還在西邊戰場上打敗魏國和趙國，之後又聯合韓國、趙國、魏國一起進攻秦國，國土擴張了一千多里。讓齊國的國君齊湣王非常得意，也愈來愈囂張，連齊國老百姓都受不了他的暴政。

燕昭王聽說後再也坐不住，急忙叫來樂毅，共商攻打齊國的辦法。

樂毅認為單憑燕國一己之力攻打齊國還是很吃力，建議聯合被齊國攻打過的楚國、韓國、趙國、魏國一起才有勝算。燕昭王立刻與這四個國家結盟，動員全國兵力，拜樂毅為上將軍。沒多久，樂毅指揮五國聯軍發兵攻齊。

聯軍在濟水一戰徹底打敗齊國軍隊，此後，聯軍中別國的士兵各回各家，只有樂毅率領燕軍，窮追猛打齊軍，毫不留情，很快攻破齊國的都城臨淄，繳獲齊王宮裡各種金銀財寶。燕昭王親自來到前線慰問將士，封樂毅為昌國君。

隨後，燕昭王帶著金銀財寶，對樂毅說了句「給我往死裡打！」就回家了。

樂毅嚴格遵守燕昭王的命令，率領大軍征戰五年，攻破七十多座齊國城池，把齊國大片國土都劃進燕國的版圖，齊國被打得只剩下莒城（今山東省莒縣）和即墨（今山東省青島市即墨區）。

但是，燕昭王沒有等到報仇雪恨那天就死了，兒子燕惠王即位。

燕惠王其實看樂毅非常不順眼。齊國的田單趁機挑撥他們的君臣關係，對燕惠王大進讒言，說樂毅率領大軍攻無不克，為什麼只留下莒城和即墨不打？就是打算留在這裡自立為新的齊王。燕惠王果然中計，用將軍騎劫替換樂毅為上將軍，要求樂毅回都城述職。

樂毅不傻，立刻逃往老家趙國。趙王開心接納了樂毅，把觀津地區冊封給他，還封他為望諸君。趙王處處尊重樂毅，希望借此威懾燕國和齊國。

即墨城一戰，燕國將軍騎劫完全不是齊國大將田單的對手，大敗。齊國開始追著燕軍窮追猛打，完全收復了失地。

此時，燕惠王非常後悔用騎劫替換了樂毅，丟了大片疆土還損兵折將。但他更恨樂毅居然二話不說就投降趙國，要是樂毅趁燕國空虛無力帶趙軍攻打過來，該如何是好？

燕惠王派使臣去趙國送了一封道歉信給樂毅。說是道歉，實為責備：「我父親把全國軍隊交給您，將軍英明神武揍得齊國沒有脾氣，將軍的功勞我沒有一天敢忘。年幼無知的我因為聽信讒言，派了騎劫替換您，我心疼將軍多年征戰，過於辛苦，想召您回來休息。您怎麼聽信謠言，直接就投降趙國了呢？您如果覺得自己沒問題，怎麼不想想當初我父親多麼器重您？」

樂毅回了一封信給燕惠王，寫道：「我當初沒本事，無法遵照你的命令順從你身邊的人，我怕回去燕國會遭遇不測，這樣既損害了你父親的英明，又顯得你不道義，因此逃來趙國。你現在寫信責怪我，我很擔心你父親當年的臣子無法明白當初你父親收留我、信任我的原因和道理，更不明白我為何忠誠於你父親，只好冒昧闡述一下。

「我聽說，聖明的君主不會把高官厚祿賞賜給親近的人，而是功勞大的人才賞賜，能力夠的人才任用。懂得考察能力後才授予官職的君主才能成就功業；知道衡量品德後才相互交往的賢士才能樹立聲望。我暗中觀察過你父親的胸懷，看到他有超出一般君王的氣度，我當初以魏國使臣的身分來到燕國接受你父親的考察。他非常認可我，把我列為賓客，不和親戚近臣商討就把我列為亞卿，讓我的地位在萬人之上。那時候我年輕不懂事，以為聽你父親的話，好好做事就不會被人說三道四，所以完全沒有推辭。

「他老人家深恨齊國，不顧燕國的弱小也要與齊國交戰，我告訴他，需要會同趙國、韓國、魏國、楚國做幫手才可能成大事。你父親同意了我的主張，立即給我燕國的符印派我出使趙國。我不辱使命，借助上天的指引，率領五國聯軍打敗齊國。我帶領精銳部隊乘勝追擊，攻下齊國都城，齊王隻身逃跑，而你父親獲得大筆的戰利品並將其運回燕國。

「你看，齊國的祭祀器具就擺在燕國的寧臺，大呂鐘就擺在燕國的元英殿，被齊國搶走的燕國祭祀器具都回了家，燕國薊丘的土地上還種著齊國汶水地區出產的竹子。從春秋五霸以來，論功業，沒人趕得上你父親！你父親認為目標已經達成，所以賞了我一塊領地，讓我做了小諸侯。

「賢能聖明的君王建功立業以後不會膨脹，才能被寫進史書；遠見卓識的賢士獲得名氣以後愛惜羽毛，才能被人稱頌膜拜；你父親一雪前恥，擊敗軍事實力強大的齊國，繳獲齊國八百年來積累的財富。辭世時還留下政令訓示，要求臣子修正法令，慎重對待後輩兄弟，把德政推行到百姓身上，這些都能用來教育後人！

「打江山易，守江山難，開局順不見得結局也順。伍子胥的主張被吳王闔閭採納，所以吳國能一直攻到楚國都城；吳王夫差不採納伍子胥的建議，逼伍子胥自殺，屍骨被裝入口袋隨江漂流；吳王夫差不知道伍子胥的建議能讓他建功立業，讓他自殺而毫不後悔；伍子胥不知道吳王夫差的氣量狹小、抱負不同，所以被迫自殺，死不瞑目；我保住自己的性命，建立功業，發揚傳播你父親的事蹟，是我的追求；我被侮辱誹謗，死於非命，毀壞你父親的名聲，是我的失敗；面臨莫須有的罪名，苟延殘喘地活下去，賺取個人的名望、財富，不是我這種有抱負的人會做的事！

「君子絕交的時候，不會說別人的壞話；忠臣逃離故土，不喊自己冤屈；我雖然沒啥本事，畢竟聽過聖賢的說法，我怕你父親過去的臣子聽信親近者的讒言，不在意疏遠者的意見，寫下這封信把我的心意告訴你，希望你多多留意。」

燕惠王讀完樂毅的回信，深有感觸，冊封樂毅的兒子樂間為昌國君。樂毅雖然身在趙國，經常奔走於趙國和燕國之間，讓兩國重新交好，共同進退。燕國、趙國都任用樂毅為客卿，對他尊崇有加，樂毅鞠躬盡瘁，最後在趙國離世。

技巧正名

樂毅說了這麼長一段用了什麼技巧？而且他是寫信，想分析說話技巧似乎有點為難人！當然，凡事都有兩面，寫信有寫信的妙處，這封書信恰好體現了「語音轉文字」這種精道的表達方式。

先來看看語音和文字之間的區別。

第一，語音指口頭語言，文字指書面語言。口頭語言相當於直播，無法重複傾聽；書面語言相當於預錄，可以反覆閱讀。

第二，語音傳播的節奏掌控在說話者手中，聽的人得跟著你的語速；文字傳播的節奏掌控在閱讀者手中，讀的人想快就快，想慢就慢。

第三，面對面時難以說出口的內容，有時透過文字更容易傳遞。如果樂毅果真直接向燕惠王說話，會不會如此直截了當，我心存疑慮。

正因深知文字和口語的差異，樂毅才用書信的方式替代口口相傳。

再看樂毅和燕惠王，對話雙方沒有面對面，而是夾著一個中間人，傳話有可能出錯，這樣一來可能適得其反，甚至被小人利用，文字自然保險得多。

說白了，樂毅很聰明，怕使者聽不懂或聽懂了說不清，或者說得清卻故意瞎說，索性透過寫信達成面對面交流的效果。

評跋：★★★★☆

樂毅曉之以理，動之以情，既闡述自己對燕昭王的忠心，也警示燕惠王不能偏聽偏信，邏輯性給八分。

樂毅利用回信的方式，避免回去一趟可能出現的殺身之禍，更毫不客氣地指出燕惠王的錯誤，策略性給十分。

樂毅的回信用詞雖然恭敬，影射的內容卻擲地有聲，不容辯駁，表達力給八分。

既是回信，樂毅必然有足夠的時間斟字酌句，談不上有太多即興發揮的成分，即興度勉強給五分。

弱國也能打出漂亮仗，弱國也能有精妙的外交策略，樂毅促成了燕和趙的友好聯盟，影響力給九分。

總分四十分，四星。

沙盤推演

本書最初以音訊的形式在喜馬拉雅的人文頻道播出，音訊創作團隊開了很多次會，導演一直感嘆，為了一檔免費節目，主講人和編導堅持自我反省、自我反覆運算、自掏腰包，實在太不容易。

身為主講人，我在自我反省中談最多的就是講述的方式，大家若有空可以聽聽第一集，再和這一集做個比較，就知道我在逐步活說歷史故事，這種口語化的轉變需要循序漸進。我拿到每一期的初稿後，都需要分析技巧，將初稿改寫成口播稿，最後得在演講時歇斯底里地自說自話。

有人可能會說，口語化有什麼難的，就像平時一樣說話嘛，人人都會。那就想得太簡單了，口語化與平時說話並不完全一樣。想找到日常說話與照本宣科之間口語傳播的平衡感，實屬不易。這也是文字轉語音時最困難的地方，既要保留文字的優美，又要傳遞口語的親和。說到底，《口才的力量》追求的就是一場話筒前、不與你見面的演講。

不過，口語沒有書面來得精練，文字書寫畢竟有更充分的思考時間。在可能出現口傳失誤時，不妨使用語音轉文字這項技巧。

正所謂，事事對症下藥，方能藥到病除。

黃歇闊論．形式造內容

對待人際交流的態度往往決定了傳播的效果。有些人對待人際交流就像應付差事，有些人對待人際交流無比殷勤、諂媚，尺度合宜的人際交流方式著實不易，更何況交流中使用的口語傳播手段未必能如願以償。很多時候，我們不得不被動使用某種表達方式，因此需要最大程度地發揮該形式的傳播優勢。

黃歇的故事告訴我們，說話技巧與口語傳播時形式對內容的影響密切相關。史料取材於《史記．春申君列傳》。

如果有人問你，能夠代表中國經濟發展的老牌視窗是哪個城市？我想大多數人的回答會是上海，的確，上海做為歷史上對外貿易、經濟開放的重要城市，一直發揮著舉足輕重的作用。過去如此，今天亦然。

中國有一條重要的河流經上海流入大海，它的名字叫長江。

長江在不同流域各有名字。從源頭開始算起，前三百七十四公里叫沱沱河；之後的八百一十五公里，到青海玉樹叫通天河；之後的兩千三百零八公里，到四川宜賓叫金沙江；之後的一千零三十公里，到湖北宜昌叫川江；之後的三百四十公里，到湖南城陵磯叫荊江；之後從江蘇開始直到東海叫揚子江；而入海口的城市，就是上海。長江入海口處有個大島叫崇明島，崇明島以南是長江最末端的一條支流，叫黃浦江，也是上海的母親河。

黃浦，就是用來紀念「戰國四公子」之一的春申君黃歇，所以黃浦江還有另一個名字就叫春申江。當初春申君的封地在吳（今上海和江蘇的大部分地區），而春申君受封吳地後，治理了長江最後末端的一條支流，造福一方百姓，於是民眾把這條支流稱為黃浦江或春申江。現在你知道為什麼上海的別稱是「申」了。

史料新說

黃歇年輕時四處遊學，拜訪名師，知識非常淵博，後來效命於楚頃襄王。楚頃襄王認為他十分有口才，派他出使秦國。

當時的秦國國君秦昭王派大將白起擊敗韓國和魏國的聯軍，迫使韓、魏臣服秦國，秦昭王準備讓韓國和魏國當炮灰，打頭陣進攻楚國。秦昭王還沒發兵，黃歇就以楚國使臣的身分到了秦國。

黃歇剛到秦國就得知秦國的計畫。秦國早已透過戰爭奪取楚國大片領地。當初楚懷王被秦國花言巧語騙去「外交訪問」，結果被軟禁在秦國，到死都無法回鄉。楚懷王就是楚頃襄王的親爹，因此秦國根本沒把楚國當作合格的對手。秦昭王對黃歇更是避而不見。

黃歇橫下心寫信上書，準備以一己之力說服秦王罷兵。

他在信中寫道：「秦王，您好。請問，天下的諸侯國中有比秦國和楚國更強大的嗎？我聽說您打算進攻楚國，這真是一齣兩虎相鬥的精彩大戲！兩虎相鬥必有一傷，而且這還不是最慘的，最慘的是老虎打架，旁邊的野狗占盡了便宜！與其讓別的野狗獲益，不如秦國、楚國這兩隻老虎不打架，不是更好嗎？

「有個成語叫物極必反，就是事物發展到了頂點就開始進入衰朽。如同冬季和夏季的關係一樣，一旦積累到頂點就會發生反轉；如同你把棋子堆疊起來，堆得愈高就愈容易倒。

「秦國現在擁有的土地，西邊、北邊的大片領土都屬於大王，這是從我華夏文明誕生以來，天子都不曾擁有的巨大領土。從您祖父開始，三代人都努力讓秦國的邊境與齊國接壤，大王您派遣自己的將領前往韓國駐軍，不費一兵一卒就擴張了上百里領地。發兵魏國，魏國連都城都被圍住，魏國部隊四散潰逃就像大風吹散了白雲，功勞超出你爹和你爺爺足夠多了。

「秦王您發揚勞逸結合的精神，歇了兩年再次發兵，終於逼迫魏國求和。這操作還切斷了我們楚國和趙國的聯繫，六國諸侯根本無法相互救援，秦王您的威名已足以流傳千古！

「既然已經到了這個階段，大王您總要有點與之相對應的戰略格局吧？保持您的威名和功績，全盤掌控局面，收起征伐之心，趕緊廣施仁德，杜絕以後橫生禍端的可能，讓事業堪比三皇五霸，可流芳百世！

「不過，您要是固執地打算倚仗士兵多、軍備強，趁著收服魏國的勢頭繼續窮兵黷武，用武力征伐天下，我擔心您接下來將遭遇的麻煩。

「《詩經》說，很多人辦事的開頭不錯，卻少有人有好結局；《易經》說，狐狸過河雖然很小心，最後還是弄溼了尾巴。在在說明晚節不保是個很大的問題——萬事開頭容易，完美收官很難。

「我想說幾件真人真事給您聽：春秋晉國的智瑤看到攻伐趙襄子的好處，卻沒想到在榆次遭到背叛而死；吳王夫差看到攻打齊國的好處，卻沒想到被越王句踐擊敗的結果。如果你還願意聽，這樣的故事我說到明天也說不完。晉國和吳國都建立過巨大的功績，可惜君主的格局太小，只看得到眼前的蠅頭小利，卻換來身死國滅的結局。

「吳王夫差相信了越國的恭維和慫恿，決心攻打齊國並大勝，卻在回家的路上被越王句踐擒獲；智瑤相信身邊的韓、魏兩家，於是聯合他們進攻趙家的晉陽城，就在即將勝利的最後關頭，韓、魏兩家臨陣倒戈，殺死了智瑤。

「秦王，我實在是有點擔心，您心心念念盼著打敗我們楚國，卻忘記如果楚國失敗了，韓國和魏國將逐漸強大。那時候倒楣的可是秦王您。我私下認為，滅楚是傻子才會做的事。

「《詩經》中有句話說，大軍不會遠離大本營長途跋涉去打仗。用簡單的四個字來說叫作『遠交近攻』。若是這麼看，秦國的上策應該是結交楚國做幫手，然後猛揍旁邊的韓國、魏國才對吧？

「如今您打算夥同韓國、魏國攻打楚國，是想成為下一個智瑤嗎？如今您打算聽信韓國和魏國的恭維，是想成為下一個夫差嗎？

「我只知道對敵人不能寬容，有機會不能放過。我認為韓國、魏國如今臣服秦國，低聲下氣，根本就是欺騙秦國的緩兵之計。您和韓國、魏國有三代以上的交情嗎？我看只有三代以上的仇怨吧？韓國、魏國的父子、兄弟死在秦國手上的幾近十代人，他們的土地被侵占，國家變衰弱，宗廟被焚毀；將士腹部被切開，腸子被砍斷，首級被切落，面容被損毀，屍體被棄置；荒野中、沼澤中隨處可見頭顱殘骸，屍橫遍野；人民被繩索捆綁，老弱淪為奴隸、俘虜，成群結隊地被買賣；百姓無法耕種生存，背井離鄉，骨肉分離，流亡淪落。你將懷著這種血海深仇的韓國、魏國留在身邊，是打算借助他們攻打另一隻老虎嗎？大王，高處不勝寒呀！

「我很想問問大王：您打算怎麼出兵進攻楚國呢？別告訴我您打算借道韓國、魏國的領土。要是這麼做，我覺得軍隊出發之日，就是大王你該擔心他們能不能回來之時。這是把大軍送給韓國、魏國擴充實力嗎？簡直太搞笑了！您怎麼知道韓國、魏國不會趁秦國本土空虛，突然進攻秦國的領地呢？

「如果不從兩國領地借道，能夠直接進攻楚國的位置只剩下隨水附近。那地方河水洶湧，都是高山森林、深溝峽谷，連塊能耕種的地都沒有，占領了有什麼用？不僅勞民傷財，白費兵力，也沒有實際的好處。」

「打從發兵進攻楚國開始，您就要小心韓國、趙國、魏國、齊國時刻準備進攻秦國。秦國、楚國一旦開始交戰，打算占便宜的諸侯還會少嗎？魏國會來攻擊秦國，奪走原先屬於宋國的土地；齊國會來偷襲楚國，搶走我們楚國的泗水地區，齊國也會變得更加強大；不僅如此，韓國、魏國同樣能偷雞摸狗地拿到好處，逐漸強大到能和秦國抗衡，而此時的齊國想必已經成了南有泗水、北有黃河、東有大海的強大國家了。

「那時候，秦國想稱霸天下就很難了，因為這幫人全都具備阻擋您稱霸天下的實力。秦國現在確實人員眾多，軍備強大，卻非要發兵和我們楚國開戰，只會導致魏國、齊國逐漸強大。如果他們到時候稱了帝，大王啊，那現在就是你晚節不保的開始。

「與其如此，不如和楚國好好相處，聯合起來，不讓其他國家輕舉妄動。秦國只要利用東山的險要地勢、黃河環繞的有利條件，逼死韓國簡直易如反掌。

「只要有十萬常駐兵力屯紮在新鄭，魏國只能自保不敢出擊，上蔡、臺陵和魏國的聯繫就會被徹底斷絕，迫使魏國臣服指日可待。

「秦國要是獲取中原韓國、魏國的領土，齊國西部地區同樣保不住，大王只管手到擒來。那時，秦國領土橫貫東西兩海，牽制天下諸侯，燕國、趙國無法依靠齊國、楚國，楚國、齊國也無法與燕國、趙國互為依存。

「在這種局面下，秦國用足以殲滅對手的實力震懾燕國、趙國，同時也能動搖齊國、楚國。如此一來，秦國不用急攻這四個國家，徐徐圖之，即可定天下！」

秦昭王被這洋洋灑灑的內容弄得完全失去理智，說了句「有道理！」只差沒把黃歇招入麾下。於是，秦昭王阻止白起的出征，謝絕韓國、魏國的建議，同時委派使臣進獻厚禮，與楚國締結邦交。

技巧正名

春申君水漫金山、鋪天蓋地、飽含攻擊的闡述中有一個很實用的技巧——形式造內容。

對於語言而言，表達形式並非只有一種。粗略可分為文字形式和口語形式，分得詳細點的話，形式還包括書信、郵件、消息、語音、電話、面對面溝通，這些不同的形式會為傳播內容帶來完全不同的效果。

回想一下，某國選出新任領導人後，其他國家往往以賀電的形式表示祝賀。碰到突發情況，兩國領導人會透過電話的形式溝通。隔了一段時間，遇到正確時機，為了解決重大的問題，兩國領導人更會以會晤的形式進行面對面的交流。

為什麼要用這麼多交流手段呢？因為不一樣的表達形式，效果也不一樣。表達的內容也得根據形式的不同有所改變，這就是形式造內容的重點，也是形式對於內容反作用的體現。

那麼，上一節樂毅的故事中提及的語音轉文字技巧和形式造內容有什麼不同呢？樂毅有選擇權，他可以選擇寫信或當面對話；黃歇沒得挑，君主沒有召見他，只能選擇上書，也就是寫信。

在只能寫信的前提下，黃歇需要考慮這種表達形式的獨特處理技巧。他必須揚長避短，把信件優勢發揮到極致，盡量避開文字表達的缺點。寫信最大的好處在於可以寫得長一點、書面化一點、邏輯縝密一點，讓對方慢慢讀、反覆讀。

再看黃歇，他和樂毅不一樣，樂毅主動選擇了寫信，只需要發揮信件的長處就好；黃歇卻是無可奈何，只能寫信，同時還要注意寫信的短處。最明顯的一點就是你不知道對方要聽什麼，也不可能根據對方的現場反應即興調整內容，因此必須盡善盡美。看看黃歇寫這封長信，層層推進、完整無比，能想到的都說了。

評跋：★★★★☆

為了保護楚國不受戰火蹂躪，春申君不得不旁敲側擊，用鷸蚌相爭、漁翁得利的道理說服秦昭王放棄攻楚，邏輯性給八分。

面對軍事實力突出的秦國，春申君成功販賣「晚節不保」的焦慮，引導秦昭王轉而思考如何保住現有利益和威名，策略性給九分。

黃歇這封信洋洋灑灑、引經據典、因勢利導，人物實例、哲學思想、戰略分析、正反對比、格局視野、模擬演練，所有能用的素材都用上了，毫無保留地對秦昭王進行了全方位資訊轟炸，表達力給九分。

雖然是寫信，理論上可以慢慢推敲，但剛到「大使館」屁股都還沒坐熱就得知即將開戰，匆忙之中完成這封上書，即興度給七分。

從當時的局勢觀察，秦國似乎已經來到足以統治天下的關鍵時刻，若沒有春申君，中國第一個皇帝也許就是秦昭王也說不定。他用三寸不爛之舌讓秦國的統一大業推遲了五十年，影響力給八分。

總分四十一分，四星。

沙盤推演

現實生活中，寫信似乎已經變成土得掉渣。但可別小看它，有時候土也有另外一種意思，那就是經典。我們一定要善於在寫和說之間自如切換。

請千萬記住，既然是形式造內容，那麼在兩種形式一起用的情況下，你可不能在寫和說的內容上都表達得一模一樣，那就是多餘，兩者必須根據各自的特點有所區別。

下面這個例子可以讓你更加認識到，當形式反作用於內容後，內容該如何被區別對待。

有一次，我收到學生「藝術語言表達」課程彙報的觀摩邀請。一開始是班長在下課後對我說：「林老師，下周三我們彙報，晚上七點，邀請您來觀摩指導。」聽完他的話，我並沒有一口答應。

晚上我收到了他們製作的電子版邀請函，邀請函裡有全班同學合影，還有精美的動畫和部分演出劇照，我覺得挺有意思。

第二天上午，我辦公桌上工工整整放著一份邀請函，打開一看，裡面寫著幾行娟秀的字，還有全班二十五位同學的簽名。最耀眼的是最後那句話：「林老師，入學時您告訴我們，語言是生活的大作業，今天我們來向您回課了。希望您能出席我們的彙報演出，大家期待著！」

看到這張邀請函，換作是你，如果沒有天大的事，你會拒絕他們的邀請嗎？

鮑叔牙結交．貶己欲抬人

面對朋友，人最怕的不是被出賣，而是對方好心辦了壞事。前者，你受了傷，大可與他斷絕往來，甚至朝他發洩一通；後者，你受了委屈卻無從宣洩。

在口語傳播中，想誇獎一個人也需要使用正確的方式，尤其是拿自己當作比較對象時，更要時刻注意措辭。火候太過會讓人覺得你動機不良，火候不到會讓人覺得你的能力不足。

電影《哪吒之魔童降世》大大顛覆了我們熟知的人物關係：哪吒和敖丙從抽筋剝皮的仇殺關係，居然變成好朋友。乍聽之下有些胡扯，卻很難不被電影裡他們之間那種純粹的友情打動。哪吒從來沒有朋友，敖丙也是個孤獨的人，兩個孤獨的人成為朋友很合理，這份僅有的友情值得他們彼此用生命來守護。

從成年人的角度來看，我們身邊似乎很難有如此純粹的友情。這不禁讓人想到，如果兩個人的情感不是如此純粹而不沾染煙火，如果兩個人之間有利益牽連或利益糾紛，甚至分屬對立陣營，還有可能產生珍貴的友情嗎？

浩瀚的中國歷史典籍中還真有這樣一個故事，那就是著名的管鮑之交——管仲和鮑叔牙的友情。

鮑叔牙的故事更告訴我們，說話技巧與口語傳播時褒貶的方法密切相關。史料取材於《左傳．莊公九年》、《史記．管晏列傳》、《管子》。

史料新說

鮑叔牙出身官宦之家，他父親是春秋時代齊國的大夫鮑敬叔，家底殷實，他因此沒過過什麼苦日子。從古籍記載來看，鮑叔牙比較佛系，不爭不搶，這也是後來他在面對一國之相的位置時，還能將其謙讓出去的原因。

管仲的家世往上數其實也算顯赫，其祖先是周穆王的後代，算是和周王室同宗，他父親管莊也做過齊國的大夫。

管仲和鮑叔牙兩個人或許因為出身相似又從小就認識，成了朋友。不同的是，到了青年時期，管仲家道中落，他不能再像鮑叔牙一樣靠著家世舒舒服服過日子：發跡之前，他曾為生存掙扎許久。

首先，管仲曾和鮑叔牙一起做生意，這也為他日後成為另類商業鼻祖打下基礎，有機會我們再詳敘。

兩個人合夥做生意，管仲家裡窮，出的本錢少，分紅時卻往往多拿。鮑叔牙的手下一看覺得太欺負人，向鮑叔牙告狀。鮑叔牙卻替管仲辯解，說不是管仲貪，是自己主動讓利。另一方面，管仲主意雖多，畢竟初出茅廬，很多次出了餿主意，坑了鮑叔牙，但鮑叔牙並不介意，甚至還開導管仲。

管仲生意做不成，跑去參軍，但衝鋒時他跑得最慢，躲在後頭，撤退時倒是一馬當先，跑得比誰都快，手下兵將都看不起他。這時鮑叔牙又幫忙解釋，說管仲是為了照顧家中老母，不是貪生怕死。

鮑叔牙知道管仲有大才，一次又一次幫他善後，讓管仲感嘆：「生我者父母，知我者鮑叔牙！」兩個人慢慢結成生死之交。

鮑叔牙本來不願出仕，在管仲的勸說下不得不出山，展開從政生涯。不知道是商量好的還是人各有志，當時齊國的政壇局面混亂，國王齊僖公駕崩後留下三個兒子，太子諸兒即位成了齊襄公，鮑叔牙選擇輔佐公子小白，管仲選擇扶持公子糾。齊襄公在位時惹是生非，最過分的就是私通自己的妹妹——魯桓公的夫人文姜，兩人還弄死了魯桓公。管、鮑一看，各自帶著自己的公子出逃避難。

齊襄公很快就被手下的臣子殺了。齊國無君，兩個避難在外的公子都有了登基的機會，各自快馬加鞭地往回趕，展開爭分奪秒的王位爭奪戰。

管仲侍奉的公子糾從魯國折返，魯國當時比較強大，魯莊公甚至帶兵和他們一起行軍。管仲帶著兵馬，先趕抵鮑叔牙侍奉的公子小白回齊國的必經之路。來不及和老友敘舊，和公子小白一番口蜜腹劍後，心一橫，抄起弓射了一箭，只聽公子小白慘叫一聲，口吐鮮血倒地而亡。管仲大喜，騎馬飛奔至公子糾的陣營向魯莊公和公子糾傳報喜訊。眾人歡聲笑語，這下也不用趕路了，一群人放慢腳步往齊國而去。

人算不如天算，管仲畢竟是個文人，弓箭技術不佳，那一箭並沒有射中小白的要害，而是射在衣帶鉤上。小白將計就計，怕管仲補刀，便咬破舌頭吐血裝死。直到管仲快馬而去才緩緩起身。

鮑叔牙一看這個情況，趕忙說：「我們馬上出發，加速前進，一來防止管仲再次返回，二來也可以趕在公子糾之前回到齊國。」果然比魯莊公和公子糾早了很多天抵達齊國。

公子糾靠上魯國這棵大樹，在齊國臣子眼中的繼位順位本來是高於小白的，但小白提前回到齊國，這時就有人表示：「如果立公子小白為國君，公子糾回來了怎麼辦？」

鮑叔牙說：「齊國連連遭遇內亂，得有個像公子小白這樣賢明的人來當國君才能安定。現在公子小白能比公子糾先回來，這不正是天意嗎？你們再想想，魯莊公護送公子糾回來，要是公子糾當了國君，魯莊公肯定會勒索我們，齊國本來就夠慘了，那樣一來，怎麼受得了呢？」

鮑叔牙一番話說服了諸大臣，小白得以即位，也就是歷史上赫赫有名的「春秋五霸」的第一霸齊桓公。

魯莊公和公子糾抵達齊國時，發現煮熟的鴨子飛了，立刻就地發兵，攻打小白的齊軍。齊桓公新君上任三把火，欣然迎戰，兩軍對壘混戰了一番，可能是占據主場之利，也可能是新兵更勇，齊軍居然把魯軍打了個大敗，魯莊公被打得棄車而逃。

魯軍回國後，發現齊軍趁勢追擊打到家門口，並要求魯國殺死公子糾，交出管仲。魯莊公心想，不值得為了一個公子糾冒著亡國風險，順著齊國的要求殺了公子糾，正準備交出管仲時，手下謀士表示：「管仲這個人有大才，不能白白交還給齊國，最好也殺了，交個屍體回去。」

鮑叔牙果然是管仲的貴人，魯國這番心思也在他的計算之中，早就擬了對策。他要前往魯國接管仲的手下照著他的話說：「我們的國君對這個想射死他的人恨得咬牙切齒，一定要親手殺死他。你們要是殺了他，我們國君一怒之下可能就不退兵了。」

魯莊公只好乖乖把公子糾的人頭和活生生的管仲交還給齊國。鮑叔牙一早就在兩國邊境等管仲，一見到朋友趕緊幫他卸下囚具，兩個人一起回到齊國國都。鮑叔牙安排管仲先在家裡住下，回頭就去找齊桓公推薦管仲。

見到齊桓公，鮑叔牙連聲賀喜：「管仲天下奇才，齊國得到他，豈不可賀。」齊桓公咬牙切齒：「這個人差點一箭把我射死，我恨不得吃了他的肉，睡在他的人皮上，怎麼可能用他！」

鮑叔牙勸道：「管仲當時是忠於公子糾，做臣子的最難得的就是忠於其主。如果你重用管仲，以他的加倍忠心和才能，可以替你射得天下，豈是射得你的衣帶鉤可比的呢？」

齊桓公畢竟對一手扶持自己上位的鮑叔牙相當信賴，點點頭：「好吧，暫且聽你的，先不殺他。」

齊國打了勝仗，局勢也穩定了，齊桓公打算拜鮑叔牙為相，他卻誠懇辭謝：「大王如果只想管理齊國，有高傒和我就夠了。如果想建立稱霸天下的舉世功業，那非用管仲不可。」

齊桓公問：「為什麼一定要用他做宰相呢？」

鮑叔牙說：「拿我與管仲相比，我有五點不如他：寬厚仁慈，能安撫百姓，我不如他；治理國家，能抓住根本，我不如他；忠信可結於諸侯，我不如他；能給國家制定規範和禮儀，我不如他；能站在軍門前指揮練武，使將士勇氣倍增，我更不如他。要是讓管仲當宰相，一定可以讓齊國很快強盛起來。」

齊桓公說：「我得先試探一下他的學問再說。」

叔牙搖搖頭：「管仲並非常人，你必須以非常隆重的禮節相待才行，天下的人要是知道您尊賢禮士，不計私怨，一定會有更多人來齊國效忠盡智。」齊桓公恍然大悟，立刻命人擇定吉日良辰，以「郊迎」大禮親自迎接管仲，並和他乘坐同一輛車進城。

齊桓公與管仲一連談論三天三夜，句句投機，發現管仲果然如鮑叔牙所說具有大才，當即拜管仲為相國，並且尊稱他為「仲父」。

技巧正名

極具大愛精神的鮑叔牙推薦管仲時運用的說話技巧，就叫貶己欲抬人。

技巧的意思不難理解，透過貶低自己來達到抬高別人的目的，但仔細想想卻非常有意思。抬高別人不算什麼，可是抬高別人的方法有很多，哪怕假惺惺地說些天花亂墜的優點也行，為什麼要貶低自己呢？那不是損失很大嗎？

這些疑問的答案正是口才的顯現。口才不是嘴皮子上的功夫，而是智商、EQ等各種商值的集中體現。

你聽說過金庸的七傷拳嗎？七傷拳的威力很大，最麻煩的是對自己也會造成極大傷害，傷人也傷己。七傷拳不是不能練，只不過先決條件是自己的內功境界一定要非常高，出拳時才不會傷到自己。

我們來看這個說話技巧。抬高別人的方法有很多，哪一種可信度最高呢？毫無疑問，我都不顧自己的利益，都用貶低自己的方法來讚美他人了，還有什麼不能相信的！更重要的是，你要有高度，如果你就不怎麼樣，他比你好，也好不到哪裡去；如果你不夠強大，抬高別人的目的即使達到了，也有可能被「七傷拳」傷了自己。

再看鮑叔牙，鮑叔牙在齊桓公心中的地位一般人無法比，比他還厲害的人，當然就更厲害了。而且從鮑叔牙的地位來看，雖然他抬高管仲看似貶低了自己，卻反而能讓齊桓公發現他的氣量和涵養。

評跋：★★★★☆

齊桓公讓鮑叔牙當宰相已經肯定了他的才幹，鮑叔牙卻用自己有五點不如管仲來證明管仲更強，完全合乎道理，邏輯性給十分。

建功立業是每個君王繞不過的坎兒，鮑叔牙一破題就說管仲是齊桓公建立霸業的不二人選，直擊內心，策略性給九分。

這段對話有抑有揚，層層推進，一點一點推出管仲，表達完整有力，表達力給九分。

不難想像鮑叔牙早就想好各種策略來向齊桓公推薦管仲，說這番話之前肯定做了很多準備，即興度給三分。

管仲在很多人眼中是千古一相，他的成功上位促使齊國成為春秋歷史上第一個可以稱之為霸主的國家，「春秋五霸」的傳奇故事從此開始，而這一切的源頭都要歸功於鮑叔牙，影響力給十分。

總分四十一分，四星。

沙盤推演

現實生活中，貶己欲抬人的說話技巧很有效果。使用時請確保你的真誠，酸溜溜抬高別人那就事與願違了。從你的語氣中，聽你說話的人也聽得出你到底是在抬高別人，還是在諷刺別人。

讓我記憶深刻的經歷發生在高三，二十多年過去了，我還記得那麼清楚，你就知道這個技巧的魅力。

在這次經歷前，老師在我心中的形象是絕對的權威，老師說的就是準確答案，學生只能乖乖記筆記。那是一堂數學課，數學老師在講解一道臨時拿來的數學題時，自稱沒有找到很好的解題方法，希望大家課後再想想。我當時非常喜歡數學，晚自習用了半小時解題。當我拿著題目去找數學老師時，她說我的答案是對的，因為她也得出了答案。

晚自習結束前，數學老師走進教室對大家說：「各位同學，我來講一下這道題的解題思路，至少有兩種。先講我的，再講林毅同學的，兩種思路都可以得出答案，但林毅的方法比我簡單了兩步，更節省時間。大家一定要向他學習這種解題的邏輯，包括我在內。」

那堂課之後，我更加尊重這位數學老師，同時也明白了一個道理：真正的權威不是用貶低別人來抬高自己，只有內心強大，才會真正無所畏懼。

田穰苴治軍・按部不就班

我們從小被教育要辯證地看問題，因為事物必定存在兩面性。隨著我們一天天長大，漸漸發現事物可能存在多元化發展的趨勢。有些人說話喜歡認死理，拿規則當尚方寶劍，一成不變；有些人說話喜歡信馬由韁，只顧自己的性情，完全忽視規則。我們經常聽見「人是活的，規則是死的」這句話，但它不是告訴我們可以無視規則，盡情放縱，而是謹慎地提醒：規則必須遵循，但也不能忽視人在遵循規則的過程中的主觀能動性。

田穰苴的故事告訴我們，說話技巧與口語傳播時方式方法的協調密切相關。史料取材於《史記・司馬穰苴列傳》。

提到「武聖」，大多數人隨口就能勾勒以下樣貌：身高九尺五寸、虎背熊腰、面如重棗、臥蠶眉、丹鳳眼、高鼻梁、四方口、胸前五綹長髯飄灑、胯下赤兔胭脂獸、手中青龍偃月刀……對於《三國演義》中關羽的樣貌已根深柢固。

事實上，中國第一位「武聖」叫姜尚，也就是《封神演義》裡的姜太公。唐肅宗奉姜太公為「武成王」、「武聖」，改太公尚父廟為武成王廟。廟裡十大名將列於其中陪侍，比如秦武安君白起、漢淮陰侯韓信、蜀漢大丞相諸葛亮、大唐衛國公李靖、大唐英國公李勣、漢太子少傅張良、吳大將軍孫武、魏西河守吳起、燕昌國君樂毅，以及本節的主人公——齊國大司馬田穰苴。

史料新說

田氏的祖宗叫作田完，他是陳國君主陳厲公的兒子，同屬王族，但因宮鬥牽連而逃往齊國，田穰苴就是他的旁支後裔子孫。

眾所周知，齊國是姜太公的封地，國君是姜子牙的後裔，田完一家人就在齊國做了官。齊景公時期，晉國和燕國雙雙發兵進攻齊國，齊軍簡直不堪一擊。齊景公非常憂慮，大臣晏嬰便推薦田家小妾生的孩子田穰苴。

晏嬰對齊景公說：「穰苴雖然是小妾生的孩子，文筆卻非常棒，很多人都很信服他。他的軍事才華也非常出色，敵人都害怕得要命。」

齊景公於是召見田穰苴，一聊發現他果然厲害，立即決定任命他為大將軍，率兵抵禦晉國和燕國。

不料田穰苴說：「不，我的地位低，您一下子把我從百姓之中提拔上來，身分突然高於很多大臣，士兵不會服從我，百姓也不會信任我。人的資歷太淺就無法樹立威信，希望您能派一位深受寵幸、大家都尊重的大臣擔任監軍。這麼我也好辦事！」

齊景公便派了莊賈做田穰苴的監軍。

田穰苴領受將軍令符後準備出征。他對莊賈說：「明天正午我們在營門集合，一同出征。」

第二天，田穰苴早早趕抵營門，布置好用來計時的木表、漏壺，等候莊賈前來。驕橫慣的莊賈覺得出征的是本國軍隊，自己又是監軍，地位夠高，能擺譜，和前來餞行的親朋好友喝酒喝到中午。田穰苴左也等不來，右也等不來，推倒木表、摔破漏壺，進入營地巡視和整備，宣布自己的軍令和要求。直到傍晚，喝茫的莊賈終於到了營門。

田穰苴說：「約定的時間過了這麼久才來，你想怎麼樣？」莊賈解釋：「朋友和親戚來送行，多飲了幾杯，耽擱了！」

田穰苴正色回答：「身為治軍之將，接受軍令那刻開始就該忘記自己的家庭；宣布軍法之後就該忘記私交；擂鼓前進衝鋒時應該忘記生死。如今敵人大軍壓境，國內騷亂，士兵在前線戰場無所隱蔽，國君在都城宮中寢食難安，全國百姓的安危都維繫在你身上，你居然去喝酒？執法官，在軍中按約定的時間不到者，該怎麼處罰？」執法官回答：「斬首！」

莊賈怕了，立刻派親信報告齊景公相救。遠水救不了近火，親信還沒來得及趕回來，莊賈已受軍法處置。田穰苴將莊賈的首級示眾，三軍皆驚恐無比。

過了很久，齊景公派出的使者帶著赦免令趕到軍營。馬車飛奔直入，使者向田穰苴宣讀了命令。田穰苴冷冷回答：「將在外，君命有所不受！」

隨後再次喊來執法官問：「乘車在軍營中馳騁，按照軍法應當如何？」執法官愣了一下，回答：「應當斬首。」

使者嚇得魂飛魄散，田穰苴環顧四周說：「國君的使臣不能斬殺！」使者大鬆一口氣。

使者的車夫在一旁鼓起了掌，心想主子今天的運氣真好。田穰苴馬上補充：「但使者的車夫要被斬首，以儆效尤！」

於是，他斬了使者的車夫，砍斷馬車左側的部件，斬殺了左邊駕車的馬示眾。隨後要使者駕駛殘破的馬車回報齊景公，自己則領軍拔營出征。

出征中，安營紮寨，挖井取水，埋鍋造飯，為傷風感冒的士兵派送藥品等大小事務，田穰苴事必躬親，還把「將軍特供」補給分給軍隊中的普通士兵，自己與士兵吃相同的食物。

他檢查完士兵的身體狀況後，把體弱、染病的士兵抽調出來讓他們休息，接著重整軍隊的編制準備開戰，但病弱的士兵紛紛要求不要特殊待遇，希望與田穰苴一同出征。

晉國聽說田穰苴率領一批虎狼之師前來，偷偷撤回了軍隊；燕國聽說田穰苴帶了一群不要命的敢死隊，打算向北撤退，卻因需要渡過黃河才能撤離，被田穰苴猛揍了一頓。田穰苴把齊國失去的領士全部搶了回來，班師回朝。

齊國大軍解除戰備狀態，駐紮在都城之外。齊景公率領大臣親自到城外迎接，並按照規定的禮節慰勞大軍。齊景公在宮內接見田穰苴，十分推崇和敬重他，並任命他為大司馬。從此以後，田氏日漸顯貴並壯大起來。

好景不長，田穰苴的權勢引起齊國一群舊貴族的妒忌，經常在齊景公面前誣陷中傷他。齊景公居然真的將田穰苴貶了職，鬱悶的田穰苴最終憂憤而死。

技巧正名

田穰苴展示了一個非常有意思的說話技巧，叫作按部不就班。

這是個反技巧的技巧。我們經常聽到的成語是「按部就班」，一個字一個字解釋的話，按，是按照；部，是門類；就，是就著；班，是次序。四個字合在一起就是按照門類，就著次序。

那麼，「按部不就班」是什麼意思呢？這技巧不能硬著頭皮解釋，它想表達的意思是，做事、說話有些時候需要嚴格遵守規矩，有些時候可以隨機應變，有點類似翻譯中的「意譯」。

難道按部和不就班兩者之間不矛盾嗎？這才是按部不就班的重點。

說它矛盾，是因為很多人分不清楚什麼時候該遵守規矩、什麼時候不遵守規矩，就會產生矛盾。說它不矛盾，是因為大方向一定要有據可循，一定要有法度，一定要有規則。在大方向已經確定的前提下，在不違反主要規定的基礎上，人可以發揮主觀能動性，按照具體情況具體處理，調整內部細則。

其中，尺度的把握非常重要。有些人怕把握不好，始終認死理，永遠不變通。比如用不好技巧索性不用，說不好話索性不說。這就有點消極。還有些人是自作聰明，尺度過大，主觀意志超越了客觀規則，那就容易犯下大錯。

再看田穰苴，他的聰明之處在於任何執法都先詢問軍法條文，這是大前提。但第二次執法時，在大方向不變，必須斬首示眾的規定下，改變了被斬首的人，並砍斷馬車左側的部件，還殺了左邊駕車的馬，臨時調整的尺度拿捏得非常合理。

評跋：★★★★☆

田穰苴申請監軍根本不是缺乏自信，更可能是早就打算殺雞儆猴，被選定的莊賈恰好過於驕橫跋扈，正好是一隻合格的「雞」，邏輯性給八分。

確定莊賈遲到的既成事實後，田穰苴優先查詢軍中法度，一切依照軍法執行，也算是做到有法可依，有理有據，讓自己的行為立於不敗之地，策略性給九分。

不論是向齊景公建議派遣監軍然後再斬殺寵臣莊賈，還是無視齊景公的使臣並依照軍法處決車夫，田穰苴做的這一切都是表達天大地大，軍營裡軍法最大，並用行動表達軍中無戲言的嚴格規定，表達力給十分。

我們完全有理由相信莊賈從一開始就死定了，之所以放任莊賈的親信回宮求救，其實是按照劇本推演的結果，多了幾分現場表演，即興度勉強給五分。

「軍法如山」、「將在外君命有所不受」，這些自古以來的訓誡向來是中國數千年治軍的方針和鐵律，影響不可謂不大，莊賈也是死得其所。影響力給八分。

總分四十分，四星。

沙盤推演

一定會有人問，為什麼開頭要說姜子牙，難道是在湊字數嗎？當然不是。田穰苴死後，田家的親戚們都非常憎恨中傷田穰苴的舊貴族們，親族田乞就是其中之一。田乞的後人田和自立為王，成了戰國時期田氏齊國的開國國君，他在行軍打仗和治理國家時，常常效仿田穰苴的做法。

很多人把田穰苴認成是姜尚之後兵家承上啟下的著名人物，《司馬穰苴兵法》中的軍事思想對後世影響巨大。

要談現實生活的規矩，不得不說到學校。即使學校的規矩不算最多，也一定算是比較多的。新學期一開始我就向大一新生宣布了一條按部不就班的規定。

我說：「各位新同學，今天是第一堂課，我們來說說學校的規定和我的規定。學校要求大家一學期內不能無故曠課三次，達到三次者便取消考試資格。言下之意，你有兩次可以不向我做任何說明的曠課機會，請慎用這樣的權利，也請明白自己的義務。」

上面這段話是大方向，是學校的統一要求，是鐵打不動的紀律。然後我緊接著說：「你們是什麼科系的學生呢？從大範圍上講，各位都是未來的口語傳播工作者，做為一個和說話打交道的專業學生，絕不能斷章取義。剛才說的都是學校的大章程，章程中規定你有兩次不向我做任何說明的曠課機會。這不是尚方寶劍，這是行為規範的底線。也就是說你不能做得更差，但它沒有阻止你做得更好。雖然你開不出請假單，但你也有義務向我說明曠課的原因是什麼，這叫尊重。你若尊重我，期末時我也會更尊重你。畢竟學校只說明讓你參加考試，可沒說明給你打多少分。你們要懂得遵守制度，但不能就著規則讀規則。按部是必須的，就班得看具體情況了。」

前後兩段話，我做了一次按部不就班說話技巧的示範。我為什麼要這麼說呢？因為我得讓學生從大一開始就真正地學會言行需得體。

馮道為官・借力來打力

自媒體的迅速成長為推廣傳統武術帶來契機的同時，似乎也在某種意義上帶來一定的負面宣傳。比如，某某傳統武術大師與散打選手過招，不到一分鐘便被擊倒若干次。傳統武術在實戰上究究有沒有我們期待的那麼厲害，留給專業人士進一步論證，但在歷史長河的洗滌中，傳統武術無庸置疑留下許多無與倫比的瑰寶，比如借力打力的思維模式。

馮道的故事告訴我們，說話技巧與口語傳播時效果的延伸密切相關。史料取材於《舊五代史・馮道傳》。

史料新說

俗話說「一個蘿蔔一個坑」、「一朝天子一朝臣」，職場也好，官場也罷，一個人能憑藉自己的能力做好本職、不斷晉升已經挺不容易，更別說成為不可或缺的三朝元老，我們往往也對這樣的人肅然起敬。

中國歷史上偏偏就有一位神奇人物前後經歷了五個不同的王朝，伺候了十二位皇帝，除了始終備受皇帝重視，擔任的也是將相、三公、三師等職位，那就是五代十國時期的馮道。

這一切究竟是怎麼做到的呢？且聽我慢慢道來。

先簡單交代五代十國的背景。唐朝末年，梁王朱溫逼迫唐哀帝禪位，建立後梁。後梁之後，又依次經歷後唐、後晉、後漢和後周，一共五個朝代，直到趙匡胤發動陳橋兵變，黃袍加身，建立北宋，五代結束。所謂「十國」，其實並非只有十個國家，它是同一時期中原以外的地區建立的十餘個國家的合稱，有「前蜀」、「後蜀」、「吳」和「南唐」等。

本節故事的主人公馮道早年效力劉守光，後來做官一直做到後周朝，歷仕後唐、後晉、後漢、後周四朝，可謂歷史之最。

馮道出生於唐朝末年的耕讀之家，史書上說他從小功課好，擅長寫文章。馮道家裡很是寒酸簡陋，冬天時甚至大雪擁門，但他並不在意，每天操持餐食，粗茶淡飯，奉養雙親，空下來就以讀書為樂，過著安貧樂道的日子。

二十五歲時，馮道在幽州節度使之子劉守光手下謀了個小差，做類似祕書的工作。同年，朱溫篡國稱帝，建立後梁，唐朝就此滅亡。劉守光一看天下大亂，野心勃勃，把自己的父親關了起來。朱溫封了劉守光做燕王。後來他自立為帝，建立大燕國。

不過，龍椅都還沒坐熱，燕王已自不量力地準備四處發動戰爭。馮道覺得怎麼打都必敗，直言進諫，勸主子別貿然開戰。沒想到燕王不聽就罷了，竟然直接把他關進大牢，馮道差點因此丟了性命。

後來劉守光果然兵敗，死於晉王李存勖手下，這個李存勖就是之後的後唐開國皇帝。馮道有幸在朋友幫助下逃出監獄，投奔晉王。晉王相當欣賞他的才華，想他寫得一手好文章，任命他為掌書記，官職不大，從八品，只是個比芝麻官大不了多少的文書。

晉王李存勖有一位廉潔幹練的大臣叫郭崇韜，這時候他有意見了。他覺得晉王手下吃閒飯的人太多，上書請求減少些。沒想到晉王看了很生氣，心想自己怎麼連給幾個人吃飯的自由都沒有，有意讓賢。

正在氣頭上的晉王叫來馮道，要求他立刻起草告示。馮道知道郭崇韜和之前的自己犯了一樣的毛病，好心辦壞事。雖然建議本身沒錯，晉王門下確實有不少光吃飯、不幹事的人，說話卻不能這麼直接，拿著筆遲疑徘徊，一直不寫。

晉王催促再三，馮道緩緩開口：「大王剛剛平定河南，安定了天下，郭崇韜所請求的也不是什麼大過錯，大王不聽從也就算了，何必以此驚動遠近。如果讓敵國知道了，還會被說君臣不和，這不是擴大威望的好做法。」

這時，郭崇韜也聽到晉王發怒的消息，趁馮道勸解之際，看準時機進來請罪，這事就這麼不了了之了。

這件小事的結果可說是三方獲益。郭崇韜多虧了馮道才躲過一劫，必然對他心存感激，建立同僚之間的牢固友誼。晉王發現馮道不但有文化，仗義有膽識，敢為同事進言，是個人才。幾年後，李存勖建立後唐，正式稱帝，任命馮道為翰林學士，沒多久又升他為中書舍人和戶部侍郎，相當於現在的內政部長。

後唐天成元年（西元九二六年），李嗣源發動叛亂，殺死李存勖，成了後唐第二任皇帝，也是馮道的第三位主人。李嗣源的位子雖然來路有些不正，他卻非常欣賞馮道。後唐天成二年（西元九二七年），李嗣源再任命馮道為中書侍郎、同中書門下平章事，相當於宰相。

後唐天成四年（西元九二九年）某天，後唐明宗李嗣源和馮道閒聊，有些沾沾自喜地說起近年五穀豐登，四方無事。普通人一聽，肯定覺得這是個拍馬屁的好時機，「陛下英明」、「天降祥瑞」之類。

可馮道怎麼回應呢？他對樂滋滋的皇帝說：「我還記得過去在先帝幕府任掌書記時，有次奉命出使中山，每次經過狹隘險要的山地，我總是擔心馬會摔倒，從來不敢放鬆韁繩。等到了平坦開闊的路面時便信馬由韁，放開韁繩讓馬自行奔跑。結果我在山裡沒摔著，卻在平坦大路上從馬背摔了下來，差點受傷。陛下，我說的雖然是件小事，道理卻是相通的。」

明宗聽後連連點頭，隨後又問：「今年雖然豐收了，百姓們的口糧是否充足？」

馮道說：「穀貴餓農，穀賤傷農，此常理也。換言之，災年糧食貴了，農民捨不得吃，會挨餓；豐年糧食賤了賣不出價，農民也沒法過日子。無論是豐年或災年，莊稼人都很困苦。我記得有首詩是這麼寫的：『二月賣新絲，五月糶新穀；醫得眼下瘡，剜卻心頭肉。』語言雖然粗鄙，卻道盡了莊稼人的甘苦。」

李嗣源聽了很有感觸，命令身邊的人把這首詩抄錄下來，經常以此自省。

明宗雖是個好皇帝，奈何時局混亂，更迭頻繁，沒幾年就去世了。不到四年的時間，後唐又歷經兩位皇帝。接著，石敬瑭聯合契丹消滅後唐，建立後晉，他就是著名的把契丹叫爸爸的兒皇帝。馮道在後晉依然備受重用，官至宰相。

又過了十年，天福十二年（西元九四七年），契丹耶律德光消滅後晉，入主中原，馮道再次易主，這已經是他經歷的第八位皇帝了。

此時，耶律德光占領開封，肆虐中原。非常囂張的他滿不在乎地問馮道：「天下百姓，如何可救？」其實他不是問怎麼救百姓，這是一句反話，意思是天下百姓的性命都掌握在我手中，我說了算。

當時馮道回答：「此時哪怕佛祖再世也救不得百姓，但是大王，只有您才能救百姓！」耶律德光聽了覺得很有道理，就此放棄血洗中原的念頭。馮道一句話，讓中原無數百姓得以活命。

要知道，中國歷史上但凡胡人南下，中原百姓總免不了慘遭屠戮。大難當前，馮道用這種被後世文人所不齒的方式化解了災難，保住無數生靈。

之後，馮道又經歷後漢、後周兩個朝代的四位皇帝，於後周顯德元年（西元九五四年）去世。他一生共經歷五個朝代，十二位皇帝，在五代十國這樣兵連禍結、軍閥混戰的時代，他不但保全了自己，還保護了不少百姓，救人無數。

技巧正名

馮道使用的說話技巧是中國人最熟悉的，叫作借力來打力。

借力打力最容易讓人想起太極拳。推手的高人最能夠體會什麼是借力打力。

運用此說話技巧時需要注意以下兩個要點：

第一，借力打力被很多人解釋成順勢而為。乍聽好像是那麼回事，借助某一股力量的推送，完成對另一股力量的疊加和推送，不就是說借助某股力量的態勢做成一件事嗎？這麼解釋沒問題，但必須考慮到另一種可能性。

第二，借力打力可以順勢而為，也可以借勢改變方向。言下之意，借力這一點沒錯，但並不意味著打力的方向就和原先的施力方向完全一致，我可以借助這股力，改變方向且完成打力的行為。因此，這個技巧中加了一個「來」字，作用在於停頓和切割，就像音樂中的休止符。

再看馮道，他可以借助騎馬行路這件事說明盛世更要認真治國，也可以借助一首小詩點明莊稼人的酸甜苦辣，更可以借助佛祖之力解救無數生靈。當然，馮道的成功之道不僅限於說話技巧，技巧背後有著更大的智慧。

馮道的座右銘是：但教方寸無諸惡，狼虎叢中也立身。他儘管職位尊貴顯赫，但直到去世前生活都非常儉樸，吃住簡陋，對於每個朝代都食其祿、忠其事，兢兢業業地做事，講究操守與修為。

宋朝以前，人們對馮道的評價傾向於褒；宋朝及宋以後，人們對馮道的評價變得極低。歐陽修罵他「不知廉恥」，司馬光說他是「無恥之尤」，很多人都將他視為沒有廉恥觀念的三姓家奴。但馮道終究以非凡的交際能力和務實才能，既為自己爭取到屹立不倒的地位，也保護了百姓的生命。他是不是君子，大家的評價可以截然不同，但他的確是一位棟梁。在評價馮道這件事上，蘇軾最高明，他稱馮道為菩薩，英雄所見略同的王安石則稱馮道為「佛位中人」。

評跋：★★★★☆

馮道以騎馬行路勸告皇帝盛世不可放縱享樂，邏輯性經得起推敲，給九分。

他巧妙安撫晉王，讓說錯話的同僚免遭災禍，又故意捧高契丹皇帝，以免百姓遭殃，策略性給十分。

面對歷任君王他都不卑不亢，以務實為第一要義，言辭平實動人，表達力給十分。

馮道的老道就在於他能見招拆招，見機行事，即興度給十分。

亂世之中風雲變幻，即便馮道身居高位，也無法令大局產生決定性的改變，影響力給六分。

總分四十五分，四星半。

沙盤推演

現實生活中借力來打力的例子很多，無論是有心還是無心，大家都用得很自然。

比如，小朋友經常掛在嘴邊的「我們老師說的」，這就是「聖旨」，有時家長們也只能俯首稱臣。但這句話也會用錯地方，如果借錯了力，自然就沒辦法完成打力的任務。

研究生進行畢業論文預答辯時，答辯委員指出論文中的漏洞或不足時，最不喜歡聽到學生回答：「這是指導老師讓我這麼做的。」

學生看似用了一次小聰明把責任全部推給導

師，讓答辯委員會的委員無法責備。實際上卻是把答辯委員會的委員和老師放在對立面上。雖然答辯委員會的委員不會明擺著責問學生的指導老師，無形中卻增加了答辯委員看學生不順眼的情緒。

答辯前，我通常會告誡學生兩句話：

一、永遠不要和答辯委員會的委員們正面對峙，可以解釋和說明，但不要無理強辯。

二、千萬記得答辯中少用小聰明，多用大智慧。

第六章

心理揣度

讀你千遍也不厭倦，傾聽說話有畫面

揣度在這裡的意思不是說傳播者不能開口去問對方，而是強調需要在開口前先對傳播對象進行綜合心理評估，在了解對方心理特徵的情況下，繼而實施下一步的口語傳播行為。

所謂「知己知彼，百戰不殆」，認真揣度傳播對象的最大好處在於，能讓傳播者的口語傳播更有把握。一旦傳播目的更明確，傳播者就能更準確地選擇傳播的情境和語境，選擇對誰說、說什麼、怎麼說。言下之意，傳播者說的傳播內容不是子虛烏有，每句話都有自己的表達依據和支撐。如此一來，就算未必能換來傳播的成功，也必然會增加成功率。

荊軻刺秦．傾訴心裡話

總體來說，相比於西方人，華人比較矜持、內向，不太善於外顯式地表達內心的想法，我們更喜歡把想法藏在心中，讓它自己發酵。這種表達習慣並非與生俱來，是後天環境的影響而逐漸養成。雖然內向的表達習慣不算什麼缺陷，但就傳播效果而言，有時更需要直截了當地說出心裡話。

荊軻的故事告訴我們，說話技巧與口語傳播時內在語的外化密切相關。史料取材於《史記．刺客列傳》。

荊軻刺秦的故事大家想必非常熟悉。一說到他，很多人都會想到韓愈筆下的「燕趙古稱多感慨悲歌之士」，以及〈易水歌〉的「風蕭蕭兮易水寒，壯士一去兮不復還」。的確，荊軻身上充滿了捨生取義、為報知遇之恩從容赴死的古典俠客氣質，悲壯而豪邁。

我們要說的不是荊軻做為刺客出生入死的俠義精神，以及他一波三折、圖窮匕見的刺殺過程，而是不為人知的口才。

為什麼說荊軻有口才呢？很多歷史事件的陳述方式讓我們只知其一，不知其二。再加上，誰說功夫了得的人就不能擁有更為了得的好口才呢？「四肢發達，頭腦簡單」可用來形容特定人群，並不適用所有人，更何況是聞名遐邇的荊軻。

事實上，荊軻並不是天生幹刺客的，值得為人稱道的恰恰應該是他的腦子和口才才對。

史料新說

《史記》裡關於荊軻的生平僅寥寥幾筆。有次別人和他約架，他渾然不當回事，拍拍身上的塵土便走了。別人罵他，他絲毫不放在心上，結交的朋友有殺狗的屠夫、彈琴賣藝的藝人。他天天喝酒，看上去放蕩不羈。有句話這麼說他的：「然其為人沉深好書；其所游諸侯，盡與其賢豪長者相結。」意思是他博覽群書，擅長交際，和各地的長者、領袖都能談笑風生。

即使到了燕國，荊軻也是由深得太子丹信賴的老臣田光推薦，可見他的人緣極佳。荊軻在咸陽宮見到秦王嬴政時，同去的秦舞陽嚇得瑟瑟發抖，很快引起秦人的注意。荊軻反應極快，若無其事地說：「北方蠻夷粗人沒見過天子，嚇得發抖，還請大王不要介意。」

不難看出荊軻雖無官位，但並非好勇鬥狠的街頭混混，肚子裡其實十分有料。

荊軻的口語傳播能力究竟展現在哪裡呢？

刺殺秦王嬴政之前，荊軻向太子丹提了兩個要求：一是要一份燕國督亢的地圖，藉口割地，獻給秦王；二是要秦國大將樊於期的人頭。

原來，樊於期雖是立過汗馬功勞的秦國大將，但向來支持秦王嬴政的弟弟。他認為呂不韋納妾盜國，嬴政壓根不是先王的骨肉。嬴政為此對樊於期向來記恨，但或許是看重他的赫赫戰功，是個可用之才，並沒有對他下手。

幾年後，樊於期攻打趙國遇上名將李牧，吃了個大敗仗，秦軍損失慘重。他心裡很清楚，這下老帳、新帳得一起算，若回到秦國必然難逃一死，於是逃往燕國，最終太子丹收留了他。嬴政得知後，將樊於期留在秦國的父母宗族全數殺害，並懸賞一千斤金和一萬戶封地，要樊於期的項上人頭。

樊於期的人頭是一塊難得的敲門磚，也是誠意的顯現。有了這顆人頭，嬴政一定會相信燕國使者是前來求和的。可太子丹是個重情重義的人，拒絕了荊軻的請求。

太子丹說：「樊將軍窮困來歸丹，丹不忍以己之私而傷長者之意，願足下更慮之！」話說得很婉轉，希望荊軻再想別的辦法。

策劃刺秦的太子丹拒絕了荊軻的建議，一般人會怎麼回應呢？要嘛不死心，再多勸說幾次；要嘛索性放棄這個計畫，另尋他法。

荊軻呢？他心裡清楚說服太子丹這條路鐵定走不通了，沒再說話，一轉身直接跑到樊於期家裡，當著樊於期的面說了短短幾句話，樊於期便當場自刎。

別以為荊軻在耍嘴皮子，他言語間流露的俠義肝膽，旁人很難深深體會。現在就讓我們了解一下什麼樣的話會讓一個對敵人滿懷恨意、心心念念要復仇的大將自動獻上人頭。

兩人一見面，荊軻便道：「秦王對您下手太凶殘了，將您的父母宗族全部殺害。現在還懸賞金千斤、邑萬家要您的頭顱，您怎麼打算呢？」

樊於期仰天大哭：「這些日子以來我痛入骨髓，卻不知如何做才能報仇。」

荊軻表示：「我有個辦法，既能解燕國的禍患，又能幫您報仇，您想不想聽？」

樊於期趕緊請教。荊軻繼續說：「我想拿將軍的人頭送給秦王，他必定會高興地接見我。到時候，我左手抓住他的衣袖，右手用匕首刺進他的胸膛，既為您報了大仇，同時也能洗刷我們燕國的屈辱。將軍意下如何？」

樊於期聽完，心想這正是自己日夜苦苦思索之下無法做到的事情，現在總算看到了希望，當場自刎。

短短三句話就換得一條自動獻出的生命，荊軻在這件事上展現的超高ＥＱ、口才、行動力，令人刮目相看。

覺得不可思議？我來為你細細地分析一番。

荊軻非常了解樊於期的過往和個性。樊於期與嬴政有著刻骨深仇，此時又寄人籬下，受到太子丹的庇護，且太子丹待他不薄，封他為官，對他既有救命之恩又有知遇之恩。以樊於期的性格來說，他一定會知恩圖報。

荊軻開門見山問樊於期有無復仇的辦法，隨後坦誠相告自己的計畫。樊於期明白了自己的死是復仇兼報恩計畫的重要棋子，既可實現復仇的心願，又可解決燕國眼前的困難，報答太子丹的恩情。他的自殺一點也不讓人意外。

技巧正名

上述故事中，荊軻用的技巧其實非常簡單，叫作傾訴心裡話。

別以為這不算是技巧，一般人還真做不來。

荊軻的做法看來簡單，似乎順理成章，實際上蘊含非常容易被人忽視的本領。一般人認為心裡話直白地說出來即可，無須技巧，然而，心裡話不等於大白話，這點極易被混淆，心裡話的表達必然需要技巧。

第一，毫無保留地傾訴，且必須真誠。荊軻直截了當地告訴樊於期，我需要你的人頭，燕國需要你的人頭，你想復仇也需要你的人頭。

第二，傾訴需要時機，不是任何時刻都可以。荊軻抓住樊於期對秦王恨之入骨卻偏偏無能為力的時機，提出解決方案。

第三，傾訴更需要前提，也就是充分的信任。據考證，荊軻和樊於期關係密切，同樣從別國遠道而來，都在燕國獲得太子丹的器重。樊於期心底很清楚，荊軻這一去必死無疑。大家都抱著捨生取義的心態，不用再多說什麼，兩個赴死之人，心意早已相通。

再看荊軻，他最英明的一點是向樊於期詳細描述未來見到秦王時的場面。左手怎麼抓住對方，右手怎麼刺殺，講得極其生動，活靈活現。我們幾乎能想像他如何邊說邊示範，這在口語傳播專業術語中叫作情景再現。聽到這裡，樊於期彷彿已經看到秦王死在荊軻身前的場面，看到大仇得報的那一刻。荊軻短而精的話語促使樊於期當機立斷，做出犧牲自己的決定。

評跋：★★★☆☆

荊軻的話雖不多，但從家仇談到國恨，理由不可謂不充分，邏輯性給八分。

他跳過太子丹，直接找到樊於期，開門見山，觸及對方的軟肋，策略性給九分。

荊軻繪聲繪色的表演和坦誠的言辭讓樊於期看到復仇的希望，並甘願為此獻上生命，表達力給十分。

無論是與太子丹的對話還是和樊於期的密談，荊軻想必早有準備，即興度給五分。

遺憾的是，荊軻雖成功面見秦王嬴政，但最終刺殺失敗，只留下一段故事，影響力給六分。

總分三十八分，三星半。

沙盤推演

現實生活中，傾訴心裡話這種說話技巧該怎麼用呢？

生活中需要運用這技巧的場景數不勝數。在確保雙方關係密切且時機合適的前提下，吐露心聲反倒容易博得對方的同情或支持。

好比夫妻吵架後，很多人總喜歡送束鮮花、買個昂貴的包包當作道歉，這些雖然有效，但若有本事，一句話就能搞定。

什麼樣的話有這樣的威力？毫無疑問當然是心裡話。

你可以說：「親愛的，我想過很多種道歉的方式，選了今天這種最純粹的方式，因為只想讓你聽到我的心裡話，不想把我的道歉變成一件買賣或一樁討好你的事。」

但別忘了以下前提：第一是真誠、坦然；第二是抓準對方火氣消退的時機；第三最重要，你沒有犯下原則性的錯誤、沒有失去對方的信任。

大部分時候，編造理由或尋找藉口，還不如伺機說出自心的想法，你期盼已久的結果就會出現在面前。

隨何勸降・排解幽患處

很多人認為以口頭語言為別人排除困難，不是一件容易的事。我認為想達成好的結果有一個前提，那就是別人已經把困難明明白白地告訴你。更難解決的其實是別人並沒有直接吐露心聲，你不知道對方的困難在哪裡。此時若希望繼續為別人排除困難，就需要撥雲見日，準確找到困難的具體成因。

隨何的故事告訴我們，說話技巧與口語傳播時問題的發現和排除密切相關。史料取材於《史記・黥布列傳》。

西元前二〇六年，楚霸王項羽分封天下，立英布為九江王，命其統治廬江、九江兩個郡。

史料新說

英布壯年時觸犯秦律而受到黥刑，此後就多了一個名字——黥布。他先投靠項梁，在項梁死後歸入項羽麾下，最終被項羽封為九江王。

漢元年（西元前二〇六年）四月，項羽擁立楚懷王為義帝，遷都長沙，卻暗中命令英布等人在半路上發動襲擊。同年八月，英布派將領襲擊義帝，追到郴縣殺死了他。

漢二年（西元前二〇五年），楚漢戰爭如火如荼展開。齊王背叛項羽，項羽出兵攻打齊國，向英布下達調集令，英布卻聲稱自己重病，只讓手下將領帶幾千兵前往。劉邦在彭城打敗楚軍，英布仍舊稱病不去，項羽因此非常記恨英布，多次派使者去責罵英布，並召英布前來覲見，讓英布十分害怕，更不敢去見項羽。

漢三年（西元前二〇四年），劉邦率領的漢軍再次與楚軍於彭城激戰。劉邦大敗後撤退到虞縣。

劉邦說：「像你們這樣的人，不配和我共同謀劃奪取天下的大業！」

傳令官隨何問道：「我不懂大王的意思。」

劉邦回答：「要是有人能幫我去淮南說服九江王英布背叛項羽，讓他發兵拖住楚軍幾個月，我奪取天下簡直輕而易舉！」

隨何聽完立即向劉邦申請出使淮南。劉邦大喜，安排了二十多個隨從，命他即刻出發。

到達六安後，隨何一行人只見到太宰，也就是代理官員，苦等三天都沒見到英布。

隨何對太宰說：「您的大王拒絕見我，想必是覺得我們漢王劉邦太弱小了？但這不正是我來見他的原因嗎？要是九江王願意見我，聽我的計畫，相信那絕對是他最想要的東西。要是他聽了以後不滿意，可以把我們二十多個人在廣場上盡數殺死，也好對項羽表達忠誠，何樂不為？」

英布聽完太宰的傳達，決定接見隨何一行人。

隨何說：「漢王劉邦要我恭敬地把書信送到你面前，但我個人非常疑惑，你為什麼與項羽如此親近呢？」

英布回答：「對楚國項羽，我以臣子身分侍奉他。」

隨何笑道：「大王和項羽都是諸侯，你既然覺得自己是臣子，想必是因為項羽強大，值得將國家興亡託付給他。但項羽攻打齊國時，你本應親率大軍充當先鋒，為什麼只派了四千人前往？

「漢王劉邦在彭城日夜會戰，你本應調集軍隊攻打劉邦，淮南這裡卻沒有一個人過河進攻，明顯是坐山觀虎鬥！你說自己是楚國的臣子，我看你只信任自己的實力吧？

「雖然我個人覺得這樣不太好，但你至今沒有背叛項羽，想必是楚國足夠強大的緣故。楚國雖然強大卻不道義，項羽要求你親手殺了義帝楚懷王。項羽以為打了幾場勝仗就真的強大了。漢王劉邦駐守要塞，糧食補給來自四川盆地，項羽沒那麼容易攻破劉邦，而楚國軍隊深入八、九百里，想跑也沒那麼簡單。

「就算楚霸王項羽能夠打敗劉邦，你認為其他諸侯會讓他任意坐大嗎？項羽必然會招致天下其他諸侯的聯合攻擊，以形勢來說，劉邦比項羽強太多了！英布啊，我覺得你不和萬無一失的劉邦締結友好關係，非要賭命於危在旦夕的項羽，這不值得啊！

「雖然你手上的軍隊不足以殲滅項羽的楚國，牽制楚國幾個月卻不成問題。只要你願意起兵背叛項羽，劉邦奪取天下就是板上釘釘的事，我想請你拿起寶劍歸附劉邦，到時候劉邦一定會裂土封侯，而且仍舊會把淮南交予你治理。這就是漢王劉邦要我帶來的計策，請你認真考慮。」

英布聽完隨何的話，立即表示：「我認同。」答應暗中歸附劉邦，也沒將這個祕密洩露給其他人。

此時，項羽的使者也抵達驛館，正焦急地傳達「出兵攻漢」的命令，隨何趁機突然闖入，坐在項羽使者的上席位置大聲呵斥：「九江王英布已經歸附漢王劉邦，楚王憑什麼讓他出兵？」

楚國使者聽說此事，起身打算離開，隨何立即對英布說：「你還猶豫什麼，還不殺掉使臣，起兵叛楚，與漢王協同作戰？」

英布不得不按照隨何的意見，立即斬殺楚國使臣，隨後發兵攻楚。

技巧正名

故事的情節乾脆俐落，隨何在勸降英布的過程中，展示了一個很不錯的說話技巧，叫作排解幽患處。

排解幽患處的「幽」字，意思為隱蔽的、不公開的，意思是要找到對方內心真正擔心的問題，並為他提供解決方法。需要注意的是，這個「幽」不是「憂」。兩者同音不同字，意思相去甚遠，一字之差也是此技巧的精髓所在。

這個技巧意謂，說話者解除的難題正是談話對象沒有挑明、甚至故意隱藏的困惑，隱藏的原因則因人而異。換言之，談話對象並沒有主動向說話者請教該難題的解決方案，說話者需要自行洞察和揣摩，提前發現對方的困惑，再運用口語傳播為之排解。

英布一再堅持自己如臣子般侍奉項羽，隨何卻敏銳地發現那不是英布的真實想法。事實上，英布隱藏想法的理由不難理解：為了江山也好，為了自己也罷，畢竟他現在最缺乏的是安全感，急需在外人面前維持自身安全。

看看隨何，不但洞察了英布真正的擔心，還分析了他的處境，設身處地為他找到解決困惑的方案，甚至用生米煮成熟飯的方法迫使英布「乖乖地到碗裡來」。

最後來看看英布投靠劉邦的戰果吧。

英布起兵反叛項羽後，項羽不得不出兵與英布決戰，最終擊敗英布，英布兵敗投奔劉邦。正在洗腳的劉邦叫英布來住處見面。看到此景的英布怒火中燒，感覺受到侮辱，差點自殺，回到劉邦替他安排的住所後卻發現帳幔、用器、飲食、侍從都和劉邦的一樣豪華。

漢四年（西元前二〇三年），劉邦封英布為淮南王。次年，英布回應調遣，在垓下之戰與漢軍共同擊潰項羽，項羽隨後在烏江自刎身亡。

評跋：★★★★☆

隨何明確分析了項羽的弱點，促使為求自保的英布做出正確的選擇，邏輯性給八分。

隨何以事實完整剖析了英布的小心思，讓他的小算盤無所遁形，還在項羽的使者面前揭了他的老底，迫使英布失去選擇權，策略性給十分。

從軍事到正義，從局勢到外交，隨何的每一句話都分析得絲絲入扣、鞭辟入裡，表達力給九分。

隨何敢主動要求前往九江勸降英布，相信早已成竹在胸，即興度給五分。

隨何的一輪慷慨陳詞造就著名的「霸王別姬」，推動了大漢王朝的建立，影響力給十分。

總分四十二分，四星。

沙盤推演

現實生活中，我們經常遇到類似的事。例如，兒子幫父親買了新手機，本來是件好事，父親卻覺得手機太貴而把兒子罵了一頓。很多不明白其中真相的人會說父親辜負孩子的好意。事實上，孩子很可能只注意到父親用的手機老舊，卻沒發現父親真正的擔心——送了對父親來說過於貴重的禮物。

又好比女兒替母親買了一支好幾萬塊的新手機，擔心母親捨不得用，就說那是只值幾千塊的老人機，母親信以為真，開開心心以一千元轉賣給別人。女兒明知母親的擔憂卻沒有用正確的方式解除她的顧慮，最終導致烏龍事件。

這些多多少少都是因為沒有運用排解幽患處的說話技巧，若能好好運用，將減少類似情況的發生。

我們可以說：「新手機雖然貴，但故障率低，手機可以用好幾年，總好過一年換一次普通手機，那樣更浪費錢。何況換一次手機還要轉移一次通訊錄，實在麻煩。用個好一點的手機不但您心情愉悅，我們做兒女的也盡了孝心，這不是一舉兩得嘛！相比之下，貴一點真的算不了什麼。」

這段話的意義就在於極具針對性，既說出老人家的擔心，又說明該花錢的理由。人們的口是心非有時恰好表明內心裡另一種想法，不是他們不想，而是有各種難言之隱，這時就要看說話者能否領會和排「幽」解難了。

藺相如奪璧．捅破窗戶紙

本章第一節講解了「傾訴心裡話」這個說話技巧，這個技巧不僅出現在人們表達內心想法時，更存在於傳播者闡明事實真相時。大多數情況下，傳播雙方礙於情面，客客氣氣表達自己的觀點，不會做出傷害對方的行為，但如果對方的言行不怎麼正當，傳播者完全可以透過當眾揭曉答案的方式來引導傳播方向。

藺相如的故事告訴我們，說話技巧與口語傳播時答案的揭曉方式密切相關。史料取材於《史記．廉頗藺相如列傳》。

大名鼎鼎的藺相如與「完璧歸趙」的故事相信大家都耳熟能詳，閱人無數的司馬遷也非常喜歡藺相如，為什麼呢？

史料新說

西元前二八三年，趙惠文王真是坐立難安，因為秦昭襄王派了使者來說：「秦王情願讓出十五座城，換取趙國收藏的珍貴和氏璧。」

趙惠文王本來沒把和氏璧當回事，一聽說對方要拿十五座城來換，頓時覺得和氏璧非常貴重，甚至覺得它的價值遠遠高於十五座城。

給吧，怕上秦國的當，丟了和氏璧也換不來城池；不給，等於明擺著不給秦國面子。這下該如何是好？

這個問題之難，首先難在是否給和氏璧的抉擇上；其次難在不知道誰可以完成這個任務；再次難在當時的秦國向來不遵守約定。

有人推薦藺相如，說他是個挺有見識的人。趙惠文王便把藺相如召來，要他出個主意。

藺相如說：「秦國強，趙國弱，不答應不行。」

趙惠文王問：「要是把和氏璧送去，秦國取了卻不給城，怎麼辦呢？」

蘭相如說：「秦國拿出十五座城換一塊璧玉，這個價值是夠高了。要是趙國不答應，錯在趙國。大王把和氏璧送去，要是秦國不交出城，那麼錯在秦國。寧可答應，叫秦國擔這個錯。」

趙惠文王覺得有理：「那請先生去秦國一趟吧。可是萬一秦國不守信用，又該怎麼辦？」

蘭相如說：「秦國交了城，我就把和氏璧留在秦國；要不然，一定把璧完好帶回趙國。」

就這樣，蘭相如帶著和氏璧到了咸陽。秦昭襄王得意地在別宮裡接見他。蘭相如把和氏璧獻上去。秦昭襄王接過璧，看了看，很高興，把璧遞給美人和左右侍臣，讓大夥兒傳著看。大臣們都爭相向秦昭襄王慶賀。

蘭相如站在朝堂上等了老半天，也不見秦王提換城的事，知道秦昭襄王不是真心想拿城換璧。他急中生智，上前說：「這塊璧雖然名貴，但有點小毛病，不容易瞧出來，讓我來指給大王看。」

秦昭襄王信以為真，吩咐侍從把和氏璧遞給蘭相如。

蘭相如一拿到和氏璧就往後退，靠在宮殿的大柱子上，瞪著眼睛，怒氣衝衝地說：「大王派使者到趙國來，說願意用十五座城換取趙國的璧。趙王誠心誠意地派我把璧送來，大王卻沒有表現出交換的誠意。如今璧在我手裡，大王要是逼我的話，我寧可把腦袋和這塊璧在柱子上一同砸碎！」

秦昭襄王怕蘭相如真的砸壞了璧，連忙賠不是：「先生別誤會，我哪兒能說了不算呢？」

他命令大臣拿來地圖，把準備換給趙國的十五座城指給蘭相如看。蘭相如想，不能再上當，說：「趙王送璧到秦國來之前齋戒了五天，還在朝堂上舉行隆重的儀式。大王如果誠意換璧，也應當齋戒五天，然後再舉行一個接受璧的儀式，我才敢把璧奉上。」

藺相如的緩兵之計不但獲得了主動權，還維護了趙國的尊嚴。

秦昭襄王想，反正你也跑不了，便答應了。他吩咐人把藺相如送回旅館休息。藺相如又使出一招暗渡陳倉，一回旅館就叫隨從打扮成買賣人的模樣，把璧貼身藏著，偷偷從小路跑回趙國了。

後面的故事大家都很清楚。秦昭襄王勃然大怒，藺相如卻鎮定地說：「請大王別發怒，讓我把話說完。天下諸侯都知道秦是強國，趙是弱國。天下只有強國欺負弱國，絕沒有弱國欺壓強國的道理。若大王真要那塊璧，請先把十五座城割讓給趙國，再派使者和我一起回到趙國取璧。趙國得到十五座城以後，肯定不敢不把璧交出來。」

當藺相如拿著和氏璧站在秦王面前時，就是抱著必死的決心孤注一擲，正是這種氣度讓司馬遷為之動容。

秦昭襄王見藺相如說得振振有詞，只能說：「不過是一塊璧，不應該為這件事傷了兩國的和氣。」讓藺相如回趙國去了。

藺相如的必死之心激發了巨大的潛能，當勇氣、靈氣和運氣都加持在藺相如的身上時，他完成了這一流傳千古、永垂史冊、一戰成名的「極限挑戰」。

技巧正名

藺相如玩轉和氏璧的故事裡藏了一個很接地氣的說話技巧，叫作捅破窗戶紙。

這個技巧非常有趣，指的是雙方都知道彼此在說什麼、在幹什麼，但都不把事情說破、說穿。直到一方把事情說透了，才算畫上句號，或者另起爐灶。

這個說話技巧的重點在於：第一，要捅得破；第二，捅破的對象得是窗紙。捅得破，要求去捅的行為人必須具備說話的能力，別捅一半，不捅了；或者自以為捅破了，其實根本不是那麼回事。此處能力很重要。不然，有句俏皮話怎麼說來著——「不怕神一樣的對手，就怕豬一樣的隊友」。

把窗紙做為捅破對象的原因再清楚不過，如果捅的是水泥牆，除了手指斷掉，並不會有其他結果，必須是窗紙。從另一面說明了這件事已是半透明狀態，並非嚴嚴實實地讓人不明不白。

在完璧歸趙這件事情上，秦、趙兩國其實對於彼此的想法都很清楚，問題就在於不能隨便翻臉，誰先翻臉誰吃虧。

趙國如果為了和氏璧先翻臉，秦國就有了攻打的理由；秦國如果為了和氏璧先翻臉，就是耍流氓，傳出去不好聽。

再看藺相如，他的成功之處就在於率先捅破了窗紙，這是秦昭襄王不想看到也極力避免的，因為那樣一來他將無話可說。聽聽藺相如是怎麼說的：「天下只有強國欺負弱國，絕沒有弱國欺壓強國的道理。趙國得到十五座城以後，肯定不敢不把璧交出來。」讓人完全無力反駁。也就是說，即使到時趙國耍賴，秦國照樣可以先把趙國打趴再奪璧，你急什麼，徹底讓秦王啞口無言。

評跋：★★★★☆

藺相如最後給的答案是讓秦王獻出城池，再派人和自己回去拿和氏璧，前後順序完美無缺，既妥善回答了秦王的問題，也救了自己的性命，邏輯性給九分。

整件事情從頭至尾，無論面對趙王或秦王，無論是生死攸關的大場面還是勾心鬥角的小伎倆，藺相如一律兵來將擋，策略性中展現了氣魄，給九分。

幾輪對話中，藺相如不但對答流利，演技也一等一，表達得擲地有聲、鏗鏘有力，表達力給十分。

藺相如面對的是詭計多端、十分多變、不守信用的秦昭襄王，每一句話都讓他在生死之間徘徊，能夠準備的只有策略和勇氣，其他內容鐵定是現場發揮，即興度給八分。

「完璧歸趙」的故事千古傳誦，可惜秦國幾年後還是吞併了趙國，藺相如留下一個讓人久久回味的成語故事，影響力給八分。

總分四十四分，四星。

沙盤推演

現實生活中，捅破窗戶紙的技巧使用模式如下：對話雙方基本上都清楚事情的核心，但實力不同、目的不同，選擇也不一樣。一方想含糊其詞，掩蓋真相，不想讓窗戶紙破掉；另一方恰恰相反，必須讓真相暴露在大庭廣眾之下，讓對方找不到反駁的理由。

舉個例子。身為一位大學老師，我最不願意聽見別人對學生說：「好好讀書，現在苦一點沒關係，咬咬牙，等你進了大學就快樂了、自由了，就不會那麼苦了。」

這句話感覺大學老師都是吃閒飯的，不幹活，天天逗學生玩。事實上，進了大學，自由些是對的，但那是思想上的自由，不是學習的態度。

每每聽到這樣的話，我就會在一旁說：「上了大學後，快樂的是自我選擇學習的權利，自由的是不崇拜權威的思想，但就學習本身而言，可能比以往任何階段更累，因為將面對全世界的知識和文化。學習是一輩子的事，沒有哪個階段可以不咬牙、不堅持。成年人的世界，哪有『容易』兩字。只有不容易，才能讓你情真意切地感受到滿滿的幸福。」

無論這段話是否能夠刺激莘莘學子，這層窗戶紙都必須捅破，因為我講的是真相，也做出利用說話技巧維護事情真相的示範。

田單復國・想要說不要

言不由衷有很多種表現形式，本節要說的「想要說不要」就是其中一種。這種技巧不是誰都能用、誰都會用，需要對己方和對方都有準確的心理預估，傳播者要有相應的評估能力，知道對方聽到自己說反話後，會做出如己所料的判斷。

田單的故事告訴我們，說話技巧與口語傳播時反義式表達密切相關。史料取材於《史記・田單列傳》。

本節故事的主人公是齊國的大臣田單。在之前樂毅一節中，燕昭王叫樂毅來商量攻打齊國的辦法，樂毅認為單憑燕國一己之力攻打齊國太吃力，建議聯合被齊國打過的楚國、韓國、趙國、魏國一起才有勝算。濟水一戰，他們把齊國軍隊徹底打趴，勝利後的聯軍各回各家，只有樂毅率領燕國的軍隊，繼續對齊國窮追猛打，毫不留情。

樂毅那一節由於篇幅的關係，只提到齊國的田單趁這個機會挑撥燕國的君臣關係，現在讓我們把故事講完。

史料新說

此時，齊國客卿、大名鼎鼎的縱橫家蘇秦被齊國大臣密謀行刺，結果身受重傷。臨死前他建議齊湣王宣布自己是「燕國間諜」，再將自己車裂在齊國都城臨淄的廣場上。如此一來，行刺的凶手一定以為自己安全了，就會主動現身。

齊湣王採納了蘇秦一生中最後一個計策。果然靈驗！謀殺蘇秦的主謀一個個浮出水面，被齊湣王捉住並用了刑，替愛卿報了仇。

不久後，蘇秦做為燕國內奸的鐵證陸續被披露。齊湣王沒想到愛卿蘇秦欺騙自己那麼多年，也沒想到他居然真的是燕國間諜，臨死前甚至用計謀騙自己殺了那麼多大臣。現在燕國大將樂毅在背後窮追猛打，齊國怕是要滅國了。

最終，樂毅率領燕國大軍攻破臨淄，繳獲齊國王宮裡各種金銀財寶。燕昭王為此親自到前線慰問將士，封樂毅為昌國君。

齊國國都臨淄被樂毅攻破後，齊湣王跑到衛國。衛國國君不但打開王宮給齊湣王住，還提供他一切衣食住行。後來齊湣王的傲慢令衛國人忍無可忍，把他轟走了。吃一塹卻長不出一智的齊湣王因為相同的原因不受鄒國、魯國的待見，不得不帶領殘部逃到莒城（今山東莒縣）落腳。

田單這時登場了。他是齊國王室的遠房親戚，和齊王一樣姓田。熟知《封神榜》的讀者一定想問，齊國的開國鼻祖是姜子牙，為什麼齊國國君不姓姜呢？

早期的齊國國君確實姓姜，可是傳到齊康公時期，齊國大夫田和放逐了齊康公，自立為齊王。西元前三八六年，田和被當時的周天子周安王封侯，沿用齊為國號，歷史上稱為「田齊」，田和被稱為田齊太公。

雖然算是「皇親國戚」，田單在都城臨淄僅是個「市場管理員」，完全沒有任何名氣。城破時，田單攜帶家眷逃往安平城，可惜燕國大軍很快就攻到安平，百姓、難民再次奪路逃散。

田單這次早早做足準備，和親眷一起鋸斷馬車車輪上凸出的車軸，並用鐵殼將之包裹起來。逃跑時，很多人都因為凸出的車軸被撞毀，導致車軸整個斷裂，馬車毀損，無法再逃，全成了燕國大軍的俘虜。

此時，廣闊的齊國領土都被樂毅率領的燕國大軍攻占，只剩下莒城和即墨，田單一家人安全逃到即墨城後，田單與即墨軍民堅守抵擋燕國大軍。

另一方面，在莒城的齊湣王大概覺得莒城是個好地方，畢竟當年齊桓公未登基前就是在莒城避難，但齊湣王卻做了一個愚蠢至極的決定——請求方才攻打自己的楚國派援軍相救。

楚王派了將軍淖齒假意救援，結果趁機殺掉齊湣王，再把當初齊國占領的土地搶了回去。齊國軍民很快擁立齊湣王之子田法章為新國君，即齊襄王。可悲的齊湣王以為莒城能讓他和齊桓公一樣絕地反擊，可惜齊桓公姓姜，怎麼會保佑姓田的「子孫」？然而，莒城雖然沒有保佑齊湣王，卻似乎真有齊國的國運寄託。燕國大軍進攻莒城，莒城殘留的齊國軍民一同抗擊，樂毅始終無法輕易地攻克，而且一守就是好幾年，讓齊國的國運不至完全斷絕。

與此同時，燕國大軍也指向即墨城，即墨城的守將領軍迎戰，戰敗身亡。城中的百姓軍民推舉田單為新首領。

不久，燕國國君燕昭王死了，兒子燕惠王即位。田單立刻抓住這千載難逢的機會，展開復國計畫。

田單向燕國散布謠言：「樂毅攻城掠地，齊國無力抵抗，偌大國土僅存莒城、即墨兩地，並非這兩地易守難攻，而是樂毅打算趁機自立為齊王。莒城、即墨的百姓都清楚，只要樂毅仍然是上將軍，自己就是安全的，要是燕國更換領軍大將，自己必死無疑，齊國必將滅亡。」

剛登基的燕惠王果然相信了謠言，封騎劫為上將軍，替換樂毅回國。樂毅知道回燕國必死無疑，逃去趙國。前線的燕軍將士知道內情，心中多有不服，軍心受到極大影響。日後的長平之戰中，秦軍散布謠言「只怕馬服君之子趙括領軍」的伎倆，很可能就是向田單學的。

田單命令即墨城全城百姓吃飯時，必須在露天院子中擺出飯菜祭祀祖先。大家雖疑惑卻都照辦，導致附近的飛鳥被「免費自助餐」吸引，大量盤旋在即墨城上空。燕國的軍隊對此十分疑惑。

田單此時進行第二波謠言攻勢，宣稱這是有神人下界指導齊人抗燕，神人會親自出現在即墨首領田單面前。

沒過幾天，一個膽大包天的士兵偷偷在田單身邊喊了一句玩笑話：「我能做你的神師嗎？」說完轉身就跑。

田單立即找人把他追了回來，讓他面東而坐，用對待神師的態度侍奉他。

士兵惶恐萬分，對田單說：「大人，我是鬧著玩的，我根本沒有什麼能力，您饒了我吧！」田單低聲且嚴肅地告訴他：「別說破，老老實實按我的要求做事！」

自此以後，田單發布的所有命令都會特地指出是「按照神師的旨意」行事。這麼一來，燕國軍隊滿腹狐疑，即墨城的齊國軍民卻像打了雞血。

田單繼續向燕國軍隊散布謠言：「即墨城的軍民早已破釜沉舟，強攻沒有好處，要瓦解他們的士氣，最好把齊國戰俘的鼻子割掉，逼迫他們做炮灰攻城，這種行為一定能摧毀即墨城守軍的意志。」

燕國軍隊真的照做了，即墨城的守軍看到，人人害怕被燕國俘虜，再沒有人打算投降燕國，也沒有人願意被燕軍活捉。

田單再次散布謠言：「即墨城的守軍、平民的祖墳都在城外，要是破壞了他們的祖墳，羞辱了他們的祖先，一定會讓守軍痛苦不已，失去鬥志。」

燕軍再次相信了，掘墓焚屍，即墨城的守軍見此異常憤怒，所有人都希望立即出戰！

看到守軍士氣的變化，田單清楚眾人已鬥志昂揚，隨時可以戰鬥。他親自拿起工具，指揮軍民共同修築防禦工事，與士兵們同呼吸、共命運，不但把家人都編入部隊服役，還把家人的口糧統統拿出來犒勞士兵。他命令全副武裝的士兵提早埋伏在咽喉要地，讓老弱病殘的市民站上城樓顯示出饑寒交迫的樣子，再派使者前往燕軍大營，提出開城投降的請求。

燕國將軍以為之前的「攻心戰」效果卓著，士兵以為多年征戰終於畫上句號，大家都認為即墨城中只剩下食不果腹的平民。

卡夫卡說過：「愈是虛構的故事，細節愈要真實。」田單為了把戲做足，從即墨城徵集了大量金銀財寶，命令即墨城的富商以個人身分將這些金銀財寶送給燕軍將軍騎劫，並告訴他：「即墨城即將投降，將軍入城之後，千萬不要擄掠我們的家人和妻妾，請讓我們安定生活，這點小意思，將軍不要嫌棄！」

騎劫得意地答應了富商們的「乞求」，這時的燕國軍隊從上到下完全鬆懈下來。當晚，田單牽出早早徵集來的一千多頭牛隻，為牠們披上畫滿龍形花紋的深紅色披風，牛角全都綁上尖刀。士兵們把浸滿油脂的蘆葦紮在牛尾上，點燃後立即打開城門。受驚的火牛紛紛衝出城門直奔燕軍大營，田單精挑細選的五千名戰士則跟在奔牛之後。

睡夢中的燕國士兵被驚醒後，旋即因無數瘋牛而陷入一片混亂。五千名戰士隨後趕到，即墨城中則是鼓聲陣陣，百姓都用力敲打金屬器皿製造聲響，聲音震天動地。燕軍士氣快速崩潰，士兵四散奔逃，燕國上將軍騎劫在混亂中被殺，齊國軍隊大獲全勝。這就是歷史上最著名的「火牛陣」，田單也是火牛陣的發明者。

之前逃散的齊國百姓、殘兵開始向即墨城區集中，田單手中掌握的部隊一天比一天壯大。借著燕國軍隊的潰散之勢，田單率領部隊陸續收復齊國的領土，直把燕軍趕出國境，退回黃河以北。

隨後，田單到莒城接回齊襄王到齊國都城臨淄主政，齊襄王封賞田單為「安平君」。田單在安平城逃命時的強大求生欲激發了巨大潛力，這個稱號實至名歸！

技巧正名

總結田單的說話技巧，就叫想要說不要。

聽起來很俗氣？別看它俗，這個技巧的內涵一點也不馬虎。你可能會說，真正的意思就是想要的偏說不想要嘛！有何了不起？

從字面意思上看，的確就是一個人面對想要的東西，偏說不想要。但若進一步深挖，會發現它有更複雜的意思。想要的「要」字，不僅代表「要」本身，還可以是一個虛指，比如代表願意的說不願意、希望的說不希望、不怕的說害怕。田單就是這樣整整玩了三次：第一次說害怕換將領，第二次說害怕割鼻子，第三次說害怕挖墳墓。其實他不僅一個都不怕，還盼望對方這麼做，敵人也果真連中三次圈套。

想要說不要的技巧使用起來有以下兩大好處：

第一個好處，就像田單那樣，我說自己不想要，而聽我說話的人——我的對手、冤家、競爭者，聽了我說不想要，偏要給我這些東西，結果正中了想要的下懷。

第二個好處，想要說不要可以避免一定程度上的尷尬，即使最後沒有得到，那也沒關係，反正我已經說了不想要，我心裡是什麼想法，你們並不完全知道。

評跋：★★★★☆

田單所有的忽悠戰略至少聽起來都很有道理，他讀得懂對手的心理，也非常清楚己方人員的心理，邏輯性給十分。

田單欲擒故縱的手法和恰到好處的傳播，處處誘導對手一步步落入圈套，策略性給十分。

所有忽悠的內容在細節上做到極盡真實，行為、語言、氣氛、手法、表現形式、有意無意安排的詐降步驟，共同營造出一個讓對手心滿意足、掉以輕心的虛假世界，表達力給十分。

戰局變化風雲莫測，時機稍縱即逝，即使是拍電影，能把數萬演員調配得如此完美也絕非易事。若這不算即興，那什麼能叫即興？即興度給十分。

本來呢，火牛陣可以達成第二個滿分的技巧，但利用誘使敵人對齊國俘虜用刑來激發守軍鬥志的手段還是太過殘忍，就當我婦人之仁，影響力給六分，我不希望有人效仿這一點。

總分四十六分，四星半。

沙盤推演

現實生活中，想要說不要的技巧相當常見。比如長輩想把好吃的東西省下來給孩子吃，孩子反問他為什麼不一起吃，長輩們往往說：「我不喜歡吃。」事實上，他想吃也喜歡吃，說自己不喜歡吃，可以讓孩子安心地把東西吃完。

在孩子身上也能發現這個技巧。比如，孩子看到同學買了一個超酷的玩具，心裡癢癢卻得不到，為了避免尷尬，嘴硬地說：「我才不稀罕！我最不喜歡這種東西了！」事實上，這麼說的人往往最稀罕、最喜歡。

說到這裡，你還想到什麼場景？答對了，談戀愛。

當你和別人同時喜歡上一個異性，對方卻選擇了別人，你為了不讓自己下不了臺，死撐著內心的痛楚說：「我才不喜歡這種類型呢！」

人啊，有時往往言不由衷，這當然不是什麼錯，因為我們都有一顆易碎的心，上面有過多少裂痕，只有自己最清楚。

夫差求賢．傾聽會人心

我不只一次遇到以下情況：某些傳播者自認為聽懂了對方表達的意思，在別人尚未結束說話時插話。事實上，一個優秀的傳播者一定也是優秀的傾聽者，他不僅懂得尊重他人，不隨意打斷對方，更知道即使在對方已經表達完整的情況下，也可以用良好的傾聽姿態進一步延續彼此交流的環節，接收更多有效的資訊。

夫差的故事告訴我們，說話技巧與口語傳播時資訊的捕獲密切相關。史料取材於《史記．吳太伯世家》和《吳越春秋》。

提起吳越爭霸，大家第一個想到的就是臥薪嘗膽的越王句踐。但這節要說的是句踐的死對頭，奴役越王多年的吳王夫差，對，就是那個見到西施兩眼發直的人。

史料新說

吳越兩國都在江南地區，一衣帶水，互為鄰國，關係非常微妙。

先從夫差的父親闔閭講起。闔閭是個狠人，早先替吳王僚南征北戰，戰功累累。在一次宴席上，他安排刺客用藏在魚腹中的匕首刺殺吳王僚，自己做了新君，這也是後世大名鼎鼎「魚腸劍」的由來。

雖然上位的方式有些不光彩，闔閭卻有真才實學，可說是個明君，內政上重用楚國舊臣伍子胥。伍子胥除了振興吳國，還引薦了一位猛將——軍事家孫武。孫武面見闔閭，獻上自己的絕世名著《孫子兵法》。

吳國的國力很快強盛起來，最先嘗到苦頭的是楚國——都城郢都被攻克，楚昭王出逃。

西元前四九六年，越王句踐即位。闔閭對越國積怨多年，哪能錯過良機，欣然率兵攻打越國。兩軍在檇李擺開陣型，開始對壘和廝殺。越軍前兩次衝鋒都以失敗告終，句踐想了個奇招，派出三列犯了軍紀的罪人到陣前集體自殺，再趁吳軍看得入神時突然發動進攻，大敗吳軍。

吳王闔閭在亂戰中受到重傷，一說中了亂箭，一說被割掉腳趾，眼看快不行時，他囑咐太子夫差：「你一定要為我報仇！」就這樣帶著遺憾去世。太子夫差繼位，成為新的吳王。

其實闔閭一開始立的太子並不是夫差，原本的太子在吳楚連番交戰時病死了。次子夫差日日夜夜對伍子胥說：「父王想立太子，除了我還有誰該立？此事的謀劃就全靠您了。」伍子胥自信地說：「太子人選還沒確定，我進宮之後大王就會決定下來。」

沒多久，闔閭果然召見伍子胥，商量立太子的事。伍子胥說：「現在太子離世，大王想立太子，沒有誰能勝過次子夫差了。」

闔閭說：「他愚蠢又殘暴，恐怕不能在吳國奉守國統。」

伍子胥說：「夫差講究信用而且愛護民眾，在堅守節操方面非常端正，在遵行禮義方面非常敦厚。而且，父親死了由兒子繼承大統，是典制上明文規定的。」

闔閭只能說：「我聽從您的建議。」

闔閭雖然離世，畢竟威名猶在，又留下那麼強的怨念，剛繼位的夫差因此做了一件穩定軍心、但現在看來略顯做作的事情。每日三餐之前，他派人守在自己旁邊大聲問：「你忘了句踐殺害你父親的血海深仇了嗎？」夫差每次都大聲回應「不敢忘！」然後再吃飯。

新官上任三把火。夫差新上任後卻安心守成，相當明智。吳國在夫差的治理下，國力蒸蒸日上。

史書中寫道，這時的越王句踐昏了頭，硬是不顧范蠡的勸阻，主動攻打吳國。其實句踐也相當無奈，他不攻打吳國，不過是個慢慢等死的局面。

西元前四九四年，吳、越兩國在夫椒大戰，硬橋硬馬地比拚了一場。在國力和軍力的正面比拚中，越軍敗下陣來，大敗而逃。吳軍乘勝追擊攻打到越都會稽，越王句踐率殘兵五千人退至會稽山，被吳軍團團圍住。

范蠡表示，此時只能派人向吳軍議和，若吳軍不同意就舉國投降，侍奉吳王。句踐因此派文種赴吳軍議和。

夫差本來想答應越國的請求，伍子胥卻不答應，夫差就拒絕了越國。文種回去稟報後，句踐本來打算殺掉妻子，焚毀寶器，和吳國拚了，大不了力戰而死。但是文種知道吳國太宰伯嚭素來與伍子胥不和，帶了美女和寶器私下賄賂他，成功說服伯嚭帶領文種去見吳王夫差。

伯嚭勸夫差：「越國已經臣服，答應做我們的臣子國，這是吳國的大好事。」伍子胥再次強烈反對：「現在不滅越國，以後必然後悔。句踐是賢君，范蠡、文種是良臣。他們若再回到越國，必將發動叛亂。」夫差聽不進伍子胥的意見，最終與越國議和，退了兵。

很多人讀到這裡可能會感到非常奇怪，為什麼夫差心心念念一定要殺掉句踐為父報仇，真有了機會反而昏了頭、放了句踐呢？

當然各家有不同的見解。一個有作為的君王，按照常理來說不應該這麼無腦。後世為了讓這個故事看起來合理，大多把夫差記載成一個自大、昏庸、好色的人，把吳國退兵的理由歸結於句踐的低姿態讓夫差飄飄然，西施的美麗讓夫差沉迷其中等。

我查了一些史料，覺得應該用更合理的視角解釋。

首先，伯嚭純粹是個貪婪誤國的人嗎？貪婪不假，但這次進言更多的是伯嚭與伍子胥的官場角力和互相制衡。夫差的態度就更曖昧了，想也知道，伍子胥擁立他上位有功，但沒有君主喜歡權勢過大的臣子，伯嚭就成了夫差制衡伍子胥的重要棋子。他這次支持伯嚭，順便打壓了伍子胥。

更重要的原因是，句踐已經做好帶著五千精兵和吳國拚命的準備，夫差想必知曉這個資訊。此戰更多的是被迫應戰，他的野心絕不僅是吞併越國這麼簡單，齊國才是終極目標，越國稱臣對他來說是當前損失最小的結果。夫差要求句踐帶著重臣來吳國侍奉自己，可以潤物細無聲地吞併越國。對句踐來說，這比殺了他還要狠。

誰知句踐來到吳都後卻被安置在一個小石洞裡整整三個月，才獲得進宮拜見的機會。越王趴在吳王跟前，范蠡跟在越王後邊。

吳王對范蠡說：「我聽說，有操守的女子不嫁給破落的家庭，仁人賢士不在已經滅亡的國家做官。現在越王暴虐無道，國家已將滅亡，土地神、穀神遭到毀壞而崩塌，他死後世系就斷絕了，將被天下人所譏笑。你和你的主子都成了奴僕，前來歸順吳國，難道不卑下嗎？我想赦免對你的處罰，你能改變想法、悔過自新、拋棄越國而投奔吳國嗎？」

范蠡回答：「我聽說亡國的臣子不敢奢談政治，敗退的將軍不敢侈談勇敢。我在越國時，不忠貞、不誠信，使得越王不聽從大王的命令，用兵和大王對抗，以致我們得到懲處，君臣都投降了。承蒙大王大恩，君臣才得以保全。我希望您回家時能讓我來打掃衛生，您外出時我可以供您驅使、為您奔走，這才是我的願望。」

這時越王趴在地上流淚，自以為就要失去范蠡了。吳王卻聽懂了范蠡的意思，知道他不可能做自己的臣子，對他說：「你既然不願改變志向，我就再把你安置在石洞之中。」

范蠡說：「臣服從命令。」

說完，句踐、范蠡又返回了石洞。

技巧正名

這段記載在《吳越春秋》中的小故事篇幅不長，卻展示了夫差非常高明的一面，其中的技巧並非隱藏在夫差一開始勸降范蠡的幾句話裡，而是傾聽會人心。

我相當在意這個技巧，因為它很重要卻容易被冷落。我們往往會忘記，聽是說的回路，沒有聽，說的意義就小了很多。

「傾聽」不是一般的聽，「傾」是一種姿勢，當這種姿勢和「聽」這個動詞結合後，傾聽就明確地給人一種提示，這種聽是一種姿態。我再強調一次，傾聽是一種姿態，是一種由內而外的態度。

「會」字更是意義非凡。隨便舉兩個例子，比如「會心一笑」可不是普普通通的笑，有人能對你這麼笑，那得有多少文章在其中。又比如「心領神會」，這時的「會」和心、和神產生了關係。

換言之，「會人心」需要極強的資訊接收能力，只有在傾聽這種強大的姿態下，才能出現會人心的結果。

再看夫差，他問范蠡願不願意投奔吳國。投奔吳國能幹什麼？肯定是替夫差出謀劃策，范蠡卻回答願意替夫差打掃，驅使奔走，等於間接回絕了夫差的邀請。

此時的越王句踐哭得稀里嘩啦，以為范蠡已被夫差收買，夫差卻聽出范蠡的真意，明瞭自己根本得不到他的效忠。相比之下，夫差的傾聽能力狠甩句踐好幾條馬路。

評跋：★★★★☆

夫差的勸降話語有理有據，引經據典，邏輯性給九分。

歷史上很多勸降都需要勝利者自降身分以打動對方，夫差這番話實在有點姿態過高，策略性給四分。

夫差的話一環扣一環，從別人的俗話到對越國的貶低，力度十足，功能上卻顯得過猶不及，力氣使錯了方向，很容易引起范蠡的逆反心理，表達力給六分。

畢竟是一國之主，夫差可能習慣了其他人的言聽計從。他憋了三個月才邀請范蠡，卻在遭到婉言謝絕後，又把人家關進石洞，即興度給三分。

吳越爭霸，來來回回，精彩萬分，夫差的奮發圖強和句踐的臥薪嘗膽為後世留下了很多談資，這次勸降失敗是後來越國反敗為勝的重要因素，影響力給九分。

加總起來為三十一分，考量到夫差的對話展現了我等待許久的傾聽技巧，再加五分傾聽分，總分三十六分，三星半！

最後想替吳王夫差說兩句。夫差即位後懂得厲兵秣馬；擊破越國使其臣服後，就一直謀劃北上爭霸；他開鑿邗溝這條中國最早的人工運河，連接長江與淮河流域，可見其思想極為超前。在與齊國的艾陵之戰中，出色地指揮春秋時期規模最龐大、最徹底的殲滅戰，並在北上爭霸的過程中屢顯威名，這些都是他的光輝之處。

沙盤推演

想問大家一個有趣的問題：一個人什麼時候的傾聽姿態最好？

我的答案是談戀愛時，特別是熱戀期，即使對方說的都是廢話，嘮嘮叨叨，你也會不厭其煩地聽，並且聽得津津有味。尤其是追求者，不僅聽得非常認真且效率極高，聽完秒懂並馬上轉為實際行動，大獻殷勤。

有次一個學生來向我諮詢畢業後的選擇。他準備得很充分，大概整理成三種去向，講了足足二十分鐘後問我：「老師，您說我該選擇哪一種？」

我回答：「其實你心中早已有了答案，也做了決定，那就第一種吧。」

他詫異地看著我：「您怎麼知道？」

我說：「你今天來不是為了問我要答案，而是希望我給你的答案和你心中的一樣，你是來找傾聽、找支持的。一來，你滔滔不絕講了二十分鐘沒讓我插嘴；二來，你不僅開口先說第一個選項而且說了十多分鐘，條理清晰，邏輯縝密，思考得也最充分。顯然，你想要的就是我給予你最大的支持。」

很多時候，對面的那個人需要的只是你能安安靜靜地聽他說完，而這一點，很多人都做不到。

第七章

對象創設
對的時間對的人，代言語意更貼近

對象，狹義指傳播者所面對的接收者，廣義指傳播者口語傳播的過程中面對的一切事物。本章內容中所指的對象創設是在廣義基礎上設計出的傳播條件。

口頭語言傳播，除了在封閉空間中的自我交流，絕大部分時間都是與他人進行的口語傳播活動。換言之，說話在大多數情況下是兩人或兩人以上的人際傳播行為。每個人都有自己的生活經歷、背景、價值觀念，就連心情都可能瞬息萬變。面對不是自己的接收者，如何調動有限資源，根據接收者的需求創造出有助於傳播順利進行的條件，尤為關鍵。

靳尚救友・校準南北極

同一件事，傳播者面對不同的傳播對象，採用不同的傳播內容對其進行說服，必然會出現不同的傳播結果。道理淺顯易懂，難度係數不在於理解，而在於如何有效地執行。傳播者對語境和情境的選擇不是一種與生俱來的能力，而是需要經過後天反覆學習和訓練，才能掌握的專業口語傳播執行力。

靳尚的故事告訴我們，說話技巧與口語傳播時傳播對象的擇取密切相關。史料取材於《史記・張儀列傳》。

關於張儀、蘇秦合縱連橫的故事，我們會在最後一章仔細講述。這兩位著名的戰國縱橫家為了實現政治抱負，各自使出渾身解數，奔走於戰國七雄之間，把各種話術、詭辯術、詐術都運用到極致，為後世貢獻了無數的經典故事和值得學習的案例。

即便是外交大師、話術鬼才，難免有倒楣的時候。畢竟就算你有天靈靈、地靈靈的獨家咒語，總得有足夠的時間唸完才行。萬一碰到仇家連開口的機會都不給你，一心置你於死地，這時又該怎麼辦呢？張儀就碰過。

史料新說

話說秦惠文王十二年（西元前三一三年），秦國想攻打齊國，卻忌憚於齊國與楚國的結盟。於是張儀出馬了，一番花言巧語，不但說動楚懷王與齊國斷交，甚至授予楚國相印，還送了他一大堆金銀財寶，滿心歡喜只想和秦國交好。沒想到張儀一回秦國就翻臉不認人，楚懷王大怒，發兵攻打秦國。

不想，秦、齊兩國居然結盟，反過來共同迎戰楚國。丹陽和藍田兩場大戰中，楚國戰死了八萬人，七十多名大將被俘，元氣大傷，最後不得不割地求和。不難想像楚懷王對張儀簡直恨不能食其骨、啖其肉、飲其血。

兩年後，冤家碰頭了。秦國看中楚國黔中一帶的土地，和楚懷王商量用別的城池來交換。

楚懷王說：「我不願意交換土地，只要能得到張儀，我情願獻出那塊地。」他寧可割地也要取張儀的項上人頭。秦惠文王聽了心裡癢癢，卻不好意思和張儀明說。張儀知道後盤算了一下，覺得秦國強大，楚國戰敗後，實力削弱不少，自己身為秦王使臣，楚王估計不敢怎麼樣，主動請纓出使楚國。

張儀這次可打錯了算盤。

張儀一到，楚懷王立刻把他囚禁起來準備處死。這種時候，任憑張儀再有三寸不爛之舌，在牢裡說什麼都沒人聽了。俗話說一個好漢三個幫，一個籬笆三個樁，這時張儀的好友楚國大夫靳尚決定站出來救他。

靳尚找到楚懷王，直截了當求情：「大王把張儀抓了，秦王必定震怒，其他諸侯看到我們又得罪秦國，一定會對我們虎視眈眈，楚國的地位會因此愈來愈低……」

這些話一點用都沒有，簡直就是對牛彈琴。楚懷王正處在大仇即將得報的狂喜中，聽得進去才有鬼。靳尚的A計畫徹底失敗。

好在他馬上想了B計畫，找上楚懷王最寵愛的妃子鄭袖。

靳尚對鄭袖說：「夫人，你知不知道馬上就要失寵了？」他一本正經地說：「張儀是對秦王功勞最大的忠臣，如今被我們楚王抓了，秦王肯定得救他。我聽說秦王有個美貌的女兒，他挑了很多漂亮且精通音律的宮女準備陪她一起嫁到楚國。另外，秦王陪嫁了無數金銀珠寶，還附帶庸六縣，打算把它們當作交換張儀的條件送給我們的楚王。」

鄭袖聽到這裡，臉都綠了，靳尚卻不打算停下來，繼續滔滔不絕：「楚王看重土地，也愛美人，必定會寵愛秦國公主。秦國公主也會仰仗強秦來抬高身價，同時以珠寶、土地為資本四處活動，勢必讓自己當上王后。那時，楚王每天都沉迷於享樂，必然會遺忘夫人，夫人以後的日子可就難過嘍……」

鄭袖哭喪著臉哀求靳尚：「那我怎麼辦才好？大人，你幫我出出主意吧。」

靳尚說：「還不簡單，你慫恿楚王放了張儀。張儀如果能夠逃生，必然對你感激不盡，秦國的公主也不會來了，連秦王都會感謝你。這事辦好了，別說夫人在國內地位尊貴，和秦國也建立了交情。張儀更是念及你的好，說不定日後幫得上忙，夫人的兒子也必然會成為楚國太子，這絕對不是蠅頭小利。」

靳尚每一句話都戳在鄭袖心上。身為後宮妃子，即使對靳尚的話有所遲疑，她只能寧可信其有而不可信其無。靳尚的提議聽起來簡直一舉兩得，只要救了張儀就能阻止一個強有力的對手出現，還能拉攏一位秦國重臣。換了你是鄭袖，一定也會為了自己和孩子的前途奮力一搏。

技巧正名

靳尚在挑起宮鬥時用的說話技巧叫校準南北極。

磁鐵南北極的關係你我都不陌生，而這個技巧要求我們在規定的語境中，面對什麼人、該說什麼話都準確對位，只有如此才能達到說話的目的，反之則會釀成適得其反的不良後果，也就是我們常說的哪壺不開提哪壺，讓聽者對你所說的內容極度排斥。

靳尚面對楚懷王和寵妃鄭袖，正是使用了校準南北極的技巧。

他先勸楚懷王釋放張儀，理由是惹怒秦王會導致楚國失去盟邦，卻發現說服磁極沒對準，差點適得其反，立即機智地轉換方向並校準磁極，把目標對準鄭袖，說服理由是即將嫁過來的秦國公主會讓她失寵。

面對不同的傳播對象，靳尚分別採用不同的言辭，以達到想要的目的。看到這裡你或許以為已經明白其中要害，但可怕的事情還在後頭！如果沒有校準磁極，那就完了。

設想一下，如果把靳尚兩次對話的內容互換，會造成何種可怕的結果。楚懷王聽到秦國要送美女和珠寶來賄賂自己，結果可能雪上加霜，即使他想要這些好處，得到之後也未必會放了張儀，而鄭袖幾乎不會在乎國與國之間的打打殺殺。

經過靳尚一番洗腦，鄭袖先吹捧楚王：「身為臣子，各為其主無可厚非。如今土地還沒交給秦國，秦國先派了張儀來，極為看重大王呢！」隨後楚楚可憐地哭訴：「大王沒有還禮，反而還要殺死張儀，秦王必定大怒而攻打楚國。我請求大王讓我們母子一起遷往江南，不要讓我們成為任秦國宰割的魚肉。」

楚懷王被她哭得心一軟，也覺得她說的不無道理，最終赦免了張儀。我懷疑鄭袖這段話術是靳尚教的，因為她在面對楚懷王時，很明顯同樣校準了磁極。

評跋：★★★★☆

靳尚勸說鄭袖當說客時雖然煞有其事，但純屬瞎編，不能細究，只有養在深宮又極度重視眼前利益的妃子才會當真，邏輯性給六分。

靳尚並沒有直接講述事件原委，而是針對鄭袖的切身利益編了一套說辭，最終成功籠絡她幫忙說服楚懷王，策略性給十分。

靳尚三言兩語所描述的秦國公主美貌多金，還會自帶佳麗、財寶甚至土地，對鄭袖形成巨大的威脅，表達力給十分。

靳尚為救張儀多方遊說，他目的明確，應有準備，即興度給五分。

靳尚雖然達成目標救下張儀，但對波瀾壯闊的戰國歷史只是滄海一粟，不過張儀對歷史進程的影響頗深，影響力給六分。

總分三十七分，三星半。

沙盤推演

從古到今，現實生活中校準南北極的說話技巧隨處可見。所謂校準南北極，就是校準傳播內容和傳播對象的關係。

莊子說：「井蛙不可以語於海者，拘於虛也；夏蟲不可以語於冰者，篤於時也；曲士不可以語於道者，束於教也。」意思是不要對井裡的青蛙談論大海，因為牠的眼界受到狹小居處的局限；不要對夏天生死的蟲子談論冰雪，因為牠的眼界受到時令的制約；不要對見識淺陋的人談論大道理，因為他的眼界受到教育的束縛。

若用最直白的話注解校準南北極的說話技巧，便是見人說人話，見鬼說鬼話。由於日常生活中大凡用到這句話都不是褒義，很多人對這樣的說法會投以鄙視的眼光。事實上，是我們對於這句話的理解太狹隘和偏激了。

摘下有色眼鏡再讀一次，我們會明白這句話的意思是說話時要看準對象，找對表達內容。這難道不是口語傳播最為基本的道理嗎？

更有意思的是，生活中沒校準南北極的現象不少。比如逢年過節，親朋好友免不了問「這次考試成績怎麼樣啊？」、「找到對象了嗎？」、「準備生小孩了沒？」通常只會引發反感。

除此以外，校準南北極的技巧還涉及言談舉止中的禮貌，比如不要問女士的年齡和體重。如果對方讓你猜她的年齡，多半是比較自信，你應該猜得年輕點。

讀到這裡也該明白，這種語境下的誠實沒有任何意義。女士讓你猜她幾歲，人家實際上才四十歲，你卻說五十歲，知道真相後還強調：「啊呀呀，年紀那麼小啊，怎麼長得那麼著急呢？」你是誠實了，嘴也舒服了，可人家呢？

人際傳播本來就得講究愉快與和諧。

朱家俠義．找對代言人

我們經常遇到以下情況：自己不便在該語境下發表意見，又不得不抓住有利的傳播時機發表言論。這種時候該如何是好呢？唯一的方法顯然是找另一位傳播者轉述自己的想法，而這得要求轉述者具備一定的轉述能力，以及對於接收者的影響力。

朱家的故事告訴我們，說話技巧與口語傳播時轉述者的選擇密切相關。史料取材於《史記．遊俠列傳》。

朱家，並不是一戶姓朱的人家，而是秦漢政權交替時一位遊俠。從《史記．遊俠列傳》記載可知，朱家是魯國（今山東曲阜）人。在儒家繁盛的魯國，以俠士義氣而聲名遠播。

說到朱家，必須說到「任俠之士」這個成語。《墨子》寫道：「高義之人為了想要完成的事，哪怕損害自己的利益也在所不辭；高義之人為了解救他人的危急，即便是自己厭惡之事也絕無退縮。」「任俠之士」，指的就是重承諾、輕生死、講義氣的見義勇為之人，是那種兩肋插刀型的朋友。

史料新說

也許是歷史巧合，古代名字裡有「布」的武將特別能打，比如之前提過英布、《三國演義》中的呂布，在說朱家前要介紹的季布同樣是位猛將。

季布是楚地人，也是個好打抱不平的俠義之人，在楚地非常有名。當時流傳的諺語「得一百斤黃金，不如得季布一句承諾」，正是成語「一諾千金」的由來。雖然有時候古代文獻中的黃金指的是銅，但銅在當時也是很有價值的。

季布曾經效力於楚霸王項羽，在多次戰鬥中把未來的漢高祖劉邦打得非常淒慘。劉邦後來奪取天下並建立大漢王朝後，特地下令懸賞千金捉拿季布，膽敢窩藏者則夷滅三族，由此可見多麼耿耿於懷。

此時，季布躲藏在濮陽一戶姓周的人家裡，見到情勢危急，這戶人家連忙對季布說：「漢朝天子懸賞捉拿你的命令十分緊急，搜查的官兵即將到來。如果你願意聽從我的計策便罷；如果不能，那我只有自殺了。」

季布答應了。周姓人家便把季布的頭髮剃掉，讓他戴上奴隸用的鐵項圈，換上粗布衣服，混在其他奴隸中，賣給魯國的遊俠朱家。

朱家一眼就認出了季布，重情重義的他不動聲色買下這批奴僕，派他們去田裡耕地勞作。隨後，他手指季布告誡自己的兒子：「田裡耕作的事情，要聽從這個奴僕的安排，要和他吃一樣的飯菜！」然後就坐上馬車走了。

朱家離開並不是為了躲避，而是去找汝陰侯。汝陰侯就是劉邦的哥兒們夏侯嬰。夏侯嬰也是沛縣人，早先隨同劉邦起兵，推薦韓信給蕭何，月下追韓信也有他的身影。擊項羽、入巴蜀、定三秦，屢立奇功，他甚至在戰火之中冒死救出劉邦一雙兒女，就是後來的漢惠帝和魯元公主。

漢朝建立後，夏侯嬰被封為汝陰侯。「夏侯」是姓氏，他把「汝陰」做為堂號，《三國演義》中大家熟悉的夏侯惇、夏侯淵等，都是他的後裔。

夏侯嬰見到著名的俠士朱家來訪，兩人把酒言歡好幾天。某天在酒席中，朱家趁機說道：「陛下發皇榜抓捕季布，如此著急，是什麼原因呢？」

夏侯嬰回答：「當初季布在項羽手下多次進攻，次次險些要了陛下的性命，陛下一定非常記恨他。」

朱家繼續說：「您覺得季布是什麼樣的人呢？」

夏侯嬰想了想，回答：「應該是個有才能的

人。」

聽完夏侯嬰的回答，朱家放心地繼續說：「做臣子的就應該遵從主公的號令。當初季布是項羽的屬下，按照項羽的要求追殺劉邦，根本就是分內之事。難道所有為項羽效力過的人都要被殺死嗎？陛下剛剛平定天下，卻因個人怨恨而追殺季布，這不是向天下人展示自己氣量狹小嗎？既然季布是個有才能的人，漢朝又容不下他，他只能北逃匈奴或南下南越了。這種記恨他人而資助敵國的行為，簡直和伍子胥鞭屍楚王沒兩樣。您找個機會和陛下說明一下利害關係吧！」

夏侯嬰聽後，明白朱家是遠近聞名的俠義之人，對季布的藏身之所已猜了個大概，答應了朱家的建議。

伍子胥為了替父親和兄長報仇而鞭屍楚王，當他被摯友申包胥責問時，回答說：「我已經垂垂老矣，想報仇已經時日無多，既然我用正常的方法已經無法報仇，不如不擇手段做些違背常理的事，倒行逆施，完成此生願望！」

朱家這番比較可謂用心良苦，夏侯嬰也明白其中的利害關係。他找到機會，按照朱家的意思向劉邦陳述利害關係。劉邦最終接受了夏侯嬰的建議，赦免季布，還任命他為郎中。郎中一職在秦漢時期指的是皇帝的侍衛、高級武官，是郎中令的下屬官員。

技巧正名

讓別人轉達是非常實用的說話技巧，叫作找對代言人。

我們對代言人的概念一點都不陌生。以廣告來說，代言人是指為某一商品做形象宣傳的知名人士。之所以要代言，就是為了透過知名人士的影響力來增加產品的知名度。

從這個概念就可發現，代言人多半不是普通百姓，他可能不是明星，但基本上是某一領域中具有一定社會知名度和地位的人。如果他們不具備這些知名度，自然無法進一步施加影響力，找對代言人因此顯得格外重要。

再看朱家，他深知自己雖然是知名的俠士，貿然想找大漢皇帝劉邦，暫且不論能否如願見到，即使能夠面聖，直面勸說的效果也未必理想。運氣不好甚至可能被扣上窩藏朝廷欽犯的罪名，罪夷三族。非但救不了季布，還搭上自己這條老命。

夏侯嬰的身分卻不同，他是西漢開國功臣之一，又是劉邦的哥兒們，跟隨劉邦起義，立下赫赫戰功。夏侯嬰對於劉邦的影響力不是一般人能夠比的，只要夏侯嬰願意出面說服劉邦，成事可謂十拿九穩，板上釘釘。

評跋：★★★⯪☆

不論是朱家表達的內容或他選的代言人都是上上之選，邏輯性給八分。

朱家非常清楚自己的身分和話語力量有限，靠夏侯嬰的轉述達成目標，完全是精妙的安排，策略性給八分。

朱家利用歷史上伍子胥的倒行逆施做為有力的佐證論據，並非特別驚豔，也算中肯，表達力給六分。

用了好幾天的酒局，朱家才找到合適的時間說服夏侯嬰，雖然進退有度，但不是徹底的即興談吐，即興度給五分。

劉邦赦免季布並重用他，季布也侍奉了三代帝王，對於大漢王朝建立初期的穩定有著積極意義，影響力給九分。

總分三十六分，三星半。

沙盤推演

在現實生活中，尋找自己的代言人是不是花費很高呢？我想未必，只要找對了人，他能夠完成你交代的傳播任務，這個人就是代言人。

剛才不是說，代言人得是某一領域中具有一定社會知名度和地位的人嗎？沒錯，但知名度和地位得分場合。好比在家中，對於孩子而言，父母的身分顯然更有權威性，在家中地位往往更高些。

某年除夕夜家庭聚會，小侄子跑到我身邊說：「大伯，我爸現在菸愈抽愈多，誰勸都不聽，還弄得廚房烏煙瘴氣。他就服您，能不能幫忙勸勸他。」

對小侄子而言，這就是找對了代言人。他爸對誰的話都不買帳，唯獨賣我三分薄面。

於是我對他說：「好吧，我試試。但讓你爸一下子完全不抽菸挺難的，我盡量勸他少抽點，可以嗎？」

對於孩子正確的要求，我們得保護他表達的勇氣，同時也為他爸留足了餘地。

西門豹治鄴·承襲彼之道

口語傳播中有一種屢試不爽的說服方法，就是透過複製對方的傳播方式或傳播內容，達成自己的傳播目的。這種傳播手段的最大優勢在於被你複製的人無法直接否定你，因為否定你等於否定他自己。不過，採用複製他人的傳播方式或傳播內容有個非常重要的前提——複製者必須充分把握所複製事物的原貌，以免張冠李戴，得不償失。

西門豹的故事告訴我們，說話技巧與口語傳播時手段的複製密切相關。史料取材於《史記・滑稽列傳》。

史料新說

西門豹是魏國安邑（今山西省運城市夏縣）人，是戰國時期魏國著名的政治家、水利家。

西元前四四五年，魏文侯魏斯即位為魏國國君，執掌魏國朝政近五十年，於西元前三九六年病逝。魏文侯在位時，西門豹被派往鄴城（今河北省臨漳縣西南）做了當地的執政官。

剛到鄴城，西門豹立刻著手整頓內政，他不是從手下官員獲取資訊，而是親自尋訪長者，直接向民眾詢問疾苦。

被尋訪的人回答：「最苦的莫過於當地河伯（河神）娶媳婦，為了此事，人民早就窮困不堪，沒有錢了。」

在西門豹的追問下，百姓繼續說道：「鄴城的三老、廷掾每年都用替河神娶媳婦這件事搜刮民財，搜刮幾百萬錢，只使用其中幾十萬操辦儀式，剩下的都和當地的巫婆一同瓜分。到了黃道吉日，巫婆會去當地的小戶人家搜尋漂亮女子，選其中一名當河伯的未婚妻。他們給這戶人家下點聘禮，就把女孩帶走，給她沐浴，為她做新衣服，讓她獨自居住並齋戒，還在河邊建造一間齋戒的房子，掛起黃色和紅色帷幔，為女孩置辦牛肉酒食。

十幾天後，再把女孩放在為出嫁而準備的床鋪枕席上，讓她漂在河水裡，最多漂十幾里人就沉了。家裡有漂亮女孩的人家都擔心巫婆選中自己的女兒，早就舉家離開，鄴城的人煙因此愈來愈少，人民愈來愈貧困。據說如果不給河神娶媳婦，河神就會發大水淹沒這裡。」

西門豹聽完，說道：「下次河神娶媳婦時，讓三老、巫婆和百姓一起前來。謝謝你們告訴我這件事情，屆時我也會去送送這個女子。」

對話裡提到的「三老」，是掌管教化的鄉官。「廷掾」是縣令的下屬官員，兩者同屬政府人員。

終於到了河神娶媳婦的日子，西門豹如約抵達河邊。

鄴城的三老、廷掾、巫婆、當地有權勢的人、富戶統統都來了，加上看熱鬧的百姓足足有兩三千人。巫婆大概七十多歲，身後跟了十多名女弟子，統統穿著用絲綢製作的華麗服飾。

西門豹大聲說道：「把河神的媳婦帶過來讓我看看夠不夠漂亮，能否當河神的妻子。」眾人聽見西門豹這麼一說，心想又來了一個同流合汙的角色。

大家立刻扶著這名女子來到西門豹面前，沒想到他看了看後說：「這姑娘一點也不漂亮，完全不適合做河神的妻子！巫婆，麻煩你幫我告訴河神，我們要找更美麗的女子，麻煩他多等幾天，不要生氣。」

隨後示意身邊差役，他們立刻抓起巫婆，直接將她投進洶湧的河水中。

稍微等了一會兒後，西門豹不耐煩地說：「巫婆為什麼去了這麼久還不回來？趕緊讓她的弟子去催催她，叫她趕緊回來。」

差役們心領神會，抓了一名女弟子投入河水。此時人們開始陷入驚慌，但沒人敢違背西門豹的命令，就這麼連續扔了三個女弟子到河水中。

西門豹不耐煩地說道：「是不是她們都是女流之輩，說不清楚事情的原委啊？來人，讓鄴城的三老辛苦一趟吧！」

說完，差役就將三老也扔進河裡。西門豹頭上插著髮簪，彎腰向河水恭恭敬敬地行禮，站了很久。廷掾和其他官員都冷汗直流，嚇得魂飛魄散。

西門豹終於忍不住了，說道：「巫婆去了不回來，弟子去了不回來，三老去了也不回來，要不再派廷掾去……」

話還沒說完，廷掾和各路官員紛紛跪下磕頭求饒，磕得頭上的鮮血直流也不敢停下，臉色宛如死灰。最後西門豹說：「你們都起來吧，看來河神要留他們談事情，時間會很久，大家都先回家去吧！」

從此以後，鄴城再沒有人敢提為河神娶媳婦的事。

技巧正名

接二連三把凶手扔進河水的過程中，西門豹展示了什麼說話技巧呢？他用的技巧叫作承襲彼之道。

讀起來雖然有些拗口，這個技巧其實非常實用。「承襲」是指繼承和沿襲，「彼之道」是指對方的態度、觀念、方法等。

承襲彼之道的概念聽來有些高深莫測，說白了就是以其人之道還治其人之身，金庸的武俠小說中不少人物都用過。《倚天屠龍記》中張無忌在光明頂用少林派的少林龍爪手擊敗少林門徒，《天龍八部》中慕容復的成名絕技就是以彼之道還施彼身。

看看西門豹，將巫婆、弟子、三老逐一扔進河裡的過程中，他說的每一句話都是按照對方的套路來出牌——既然你們喜歡妖言惑眾，用這種方法毒害百姓、謀取私利，那就不能逆著你們的規矩來。逆著做不一定能夠獲得部分執迷已深的百姓支持，反而會給巫婆等人落下口實。因此他完全順著對方的邏輯，承認有河伯的存在，同時順水推舟地送巫婆等人去見河伯，讓他們命喪黃泉。

承襲彼之道的最大好處在於讓對方完全無法反駁。當事人使用的語境是對方創設的，對方要嘛親手推翻自己創設的語境，要嘛認栽，真是啞巴吃黃連，有苦說不出。

評跋：★★★★☆

西門豹用對方的規則，實施自己的計畫與安排，邏輯性給十分。

西門豹從民眾的真實想法入手，了解多數人的想法後巧妙地替民眾出氣，懲治了借助迷信搜刮人民財物的惡劣官員，策略性給十分。

用人之常情、交往禮節為理由，把作惡之人丟入河中，讓對方找不出紕漏，只能認罪求饒，表達力給七分。

所謂「見怪不怪，其怪自敗」，西門豹如此有魄力的處理方式一定不是臨時起意，而是有所準備，倒是現場的即興表演能力堪稱上佳，即興度給六分。

整頓吏治，興修水利，造福一方，福澤百年，影響力給八分。

總分四十一分，四星。

這裡多說幾句影響力的評定。懲罰了利用迷信中飽私囊的惡吏後，西門豹立即徵發民眾開挖十二條河道，打算把漳河河水引入農田灌溉，老百姓卻認為太過勞累而不願意。

西門豹表示，百姓們可以接受成功後的快樂，卻不願意接受開始時的辛苦。當下可能感覺吃了虧，但數百年後，子孫後代一定會想起他們說過的話和做過的事。事實上直到今天，鄴城的農業、生活用水都十分便利，老百姓因此生活富足。

西門豹當時開挖的十二條河道橫穿馳道。馳道是戰國時代的高速公路，秦始皇統一天下後，馳道的規格也固定了，路面有五十步寬。據說，這種道路只有皇帝能走，而且從挖掘出來的遺跡看，秦代的馳道上有鋪設軌道，推測是用馬拉動的「鐵路」，「車同軌」的意義確實深遠。

進入漢代後，有官員認為十二條河渠彼此距離不遠，考慮將三條河渠併成一條，然後在上面架橋，結果鄴城當地百姓紛紛勸阻，表示這些管道是戰國時期賢良的長官西門豹規劃建設的，不能更改。官員最終接受了百姓的意見，放棄併渠架橋的計畫。西門豹這個「狼人」做了鄴城的縣令後，名聞天下，連司馬遷都評價：「恩德流傳後世，沒有斷絕，怎麼不是賢良的大夫呢？」

沙盤推演

你的腦海中有浮現曾經聽聞的承襲彼之道案例嗎？

莎士比亞的諷刺喜劇《威尼斯商人》就是典型以其人之道還治其人之身的故事。

法庭上，鮑西婭聰明地答應夏洛克可以割取安東尼奧的任何一磅肉，但如果安東尼奧流下一滴血，就要用他的性命及財產來補償。最後，安東尼奧獲救了，法庭以謀害威尼斯市民的罪名宣布沒收夏洛克一半的財產，另外一半財產則判給安東尼奧。夏洛克害人不成，卻被自己想出的辦法弄得傾家蕩產。

日常生活中，使用承襲彼之道的機會同樣很多，比如我曾在4S店裡與店家有過的對話。

當時，我的車子剛保養完畢，卻在駛離4S店十多分鐘後自動斷電，完全無法啟動。事後店家拒不承認他們在保養過程中檢驗不當，還反覆強調

4S店確保的就是規範與安全。

我立刻問：「既然你和我談安全，那麼我們就來談談安全。如果剛才斷電時，駕駛因經驗不夠豐富而導致交通事故，此刻你還敢坐在這兒和我談安全嗎？」

店家被我說得面紅耳赤。他們許多不理智的話暴露了自己的理虧，我最後一句話就是典型的以牙還牙。面對如此情景，對方完全就是搬石頭砸了自己的腳，畢竟這是他說話的邏輯。

在此我得多提醒一句，這個技巧看起來用著挺舒坦，別忘了別人也會用它來對付你。口才對誰都是公平的。

蕭何建都・替你說對白

人和人的對話中，因為對話雙方彼此有一定了解或傳播者對語境有一定的認知，很多時候多少能夠解讀出一些對方內心的想法。有些人在讀懂對方的想法後，為了自己的痛快會乾脆俐落地摧毀對方的期許；有些人在體察對方的心思後，會透過合理的方式把對方想說卻沒說出的部分，有禮有節地表述出來。

蕭何的故事告訴我們，說話技巧與口語傳播時對白角色的更替密切相關。史料取材於《史記・蕭相國世家》、《史記・高祖本紀》、《資治通鑑・漢紀三》。

前面已屢屢提及漢高祖劉邦，他從項羽那裡虎口奪食，建立王朝，領導能力毋庸置疑，但這天下能夠順利地打下來，絕非靠他一己之力就能完成。談到這裡，任誰都會想起「漢初三傑」蕭何、張良和韓信。本節就是要介紹幫韓信出人頭地，又差不多活活弄死他的蕭何。

史料新說

提到蕭何，大概除了「成也蕭何，敗也蕭何」這句話，大家不太想得起他的豐功偉績。但從口語傳播的專業視角來看，蕭何稱得上是妙人一枚。做為漢高祖劉邦最信任也最器重的開國丞相，蕭何的說話技巧有其獨特玄妙之處。他能以高官厚祿善終，很可能也和會說話有著重要的關係。

蕭何與劉邦是老鄉，同為沛縣官吏出身。《史記》記載：「蕭相國何者，沛豐人也。以文無害為沛主吏掾。」「文無害」有兩種解釋，一是善寫公文，二是善處公務，總之都是有行政才幹。最重要的是，根據諸多研究，「主吏掾」是個僅次於縣令長的官職。

蕭何剛開始做官時還是秦朝，當時秦始皇以強硬手段推行郡縣行政體制，沛縣也在其中。這套行政體制的特點是，一縣的最高行政長官——縣令長由朝廷任命，基本上都是空降部隊，沛縣人氏不可能做沛縣之令長，但縣令長底下的屬吏則多為本地人。從這裡可以看出，蕭何當時就是全沛縣行政能力最強的人，也說明他擅長做副手，而這些都是後來能成為劉邦集團裡穩穩當當第二號人物的基礎能力。

所謂近水樓臺先得月，蕭何在沛縣發跡時結識了劉邦、曹參、樊噲、夏侯嬰和周勃這些江湖豪傑，全都是日後劉邦集團的核心人物。照理說，蕭何當時是其中官位最高的，但他早早就看出劉邦的不凡，不僅在生活上多加照顧他，暗中袒護他，還利用職務之便保釋過劉邦的妻子。

這些故事讓我們看到蕭何崛起的原因，一是他占了很早就跟對人的便宜，二是他有雪中送炭、揣摩人心的本事，而這和本節要分析的說話技巧有非常緊密的關係。

陳勝、吳廣揭竿而起後，蕭何巧妙協助劉邦兵不血刃地拿下沛縣，並在擁護劉邦上位的過程中把政治智慧發揮到極致。

劉邦進入沛縣後，召集沛縣父老鄉親共商大計。大家推舉劉邦為縣令，反叛秦朝自立門戶。劉邦心底雖然高興，表面上卻推辭：「現今天下紛擾，諸侯並起，沛縣縣令應由全縣最有聲望之人擔任。我實在是才能、品德都不夠格，誤己事小，倘若誤了全城父老，就百死莫贖了，還是快快另選賢能，以圖大事吧。」

眾人見劉邦出言謙遜，更加堅持請他出任。劉邦仍是再三推讓不就，蕭何苦勸也無濟於事。眾人無奈，只好選了九位全縣最有聲望的人，連同劉邦共計十人，再把十個人的姓名都寫在鬮上，謹告天地，拈出何人，何人即為沛縣縣令，不得推辭。

蕭何見狀，忽生一計：「諸位這個辦法很好，取決於天，最公道。這點微勞須讓不才來盡。」

眾人聽了十分贊同。一切準備就緒後，蕭何又轉身對眾人說：「劉邦最為鄉親信仰，拈鬮之事，我看就請他來擔任，以昭鄭重。」

眾人齊聲叫好。劉邦只得對天行禮，之後拈出一鬮，當眾展開一看，上面恰好寫著自己的名字，看一眼蕭何，又要推辭。蕭何見狀，連忙走上前，將盤中剩餘的鬮一把抓起並放入口中嚼碎，高聲說道：「天意所歸，還有何說？」

眾人聽了，歡聲雷動。劉邦無奈，只好答應。他們便在縣衙大堂舉行儀式，誓師起事，並按楚國舊制稱劉邦為「沛公」。事後劉邦才知道，原來蕭何所寫的十個鬮全是「劉邦」。

劉邦怎麼可能不想做老大？但心裡再想總要做個推脫的樣子，如果真玩砸了卻無法收拾。蕭何完全了解劉邦內心的矛盾，巧妙幫忙解決了難題。真正的能人能夠發現對方的心理需求，體現了蕭何的高EQ。

劉邦爭霸天下的過程中，蕭何雖無赫赫戰功，卻是劉邦最重要的內政管家和堅實的後勤保證。他先是在滅秦的大小戰役中阻止飄飄然的沛公採取衝動之舉，深謀遠慮地保護了秦朝的律令、檔案、圖書等文獻；又慧眼識得英才韓信，月下苦追這位名將讓其留在劉邦陣營；接著留守關中為漢軍徵兵備糧，幾次及時地破了劉邦的戰敗困局，可謂兢兢業業。

劉邦稱帝以後，對「三傑」各有評斷。對蕭何的評價是：鎮國家、撫百姓、供軍需、給糧餉，我比不上蕭何。

這個評價相當高，可見劉邦打心底認同蕭何的內政能力，將其看作鎮國之寶。在平定天下的分封中，蕭何被定為開國首功，位列眾卿之首，被稱為

「開國第一侯」，食邑萬戶。

行賞分封諸侯後，定都問題迫在眉睫。聽了多方想法後，劉邦決意定都關中，並命令丞相蕭何營建皇宮。

未央宮建成時，蕭何奏請劉邦親自前往視察。蕭何接駕，帶領劉邦流覽皇宮。

劉邦巡視一番後，嫌宮室過於壯麗、豪華，責備蕭何道：「朕起義是為救老百姓，現今天下初定，民窮財盡，怎能將這座宮殿造得如此奢華？」

言不由衷是劉邦的老一套，蕭何不慌不忙說：「天下剛剛安定，正好藉此機會多多徵些人和物來營建宮室，況且天子以四海為家，宮室壯麗才能顯出威嚴，也免得子孫後代重建。」

回答得如此得體，劉邦自然轉怒為喜：「如此說來，朕未免錯怪你了。」

蕭何聽劉邦在安慰自己，接著說：「微臣此事雖蒙陛下寬宥，但來日方長，難免有誤，還請陛下多多教導。」

劉邦微笑著說：「你做事頗有遠見，朕記得當年攻破此地時，諸將趁亂入宮，多多少少都拿了點好處，只有你只取書籍表冊而去，辦事也有條不紊。」

蕭何亦笑道：「臣無所長，一生為吏，對於前朝典籍，視為至寶，平日得以借鑑，今天被陛下一語道破。陛下天資聰慧，事事留意，我簡直連您的萬分之一都比不上。」

劉邦聽了大喜，便指著未央宮的四周，對蕭何說：「此處可以添築城垣，做為京邑，就叫長安吧！」

至此，西漢建都長安，歷時兩百餘年，蕭何成了該城最早的規劃者和設計者。

技巧正名

蕭何為我們展現了縱貫他一生的說話技巧——替你說對白。

這個技巧的名稱雖然直白，內涵卻未必那麼容易明瞭。比如說，「替你說對白」和朱家那篇故事中的「找對代言人」有什麼區別呢？請聽我多囉唆兩句。

替你說對白，不是替他說對白，「你」這個人稱代詞說明對象就在我對面。如果用了「他」這個人稱代詞，可能代表的對象不一定在現場，這有本質上的區別。那麼為什麼要替你說對白呢？原因很簡單，因為有些話你不能親口說，只能由我代勞，替你說出來，這樣雙方都會特別舒服。

讓我們再來看劉邦和蕭何之間的對話。想想看，劉邦難道不想把自己的宮殿造得宏偉大氣一點嗎？只是即使他心裡這麼想，也不能這麼說。看到蕭何把宮殿造得如此氣派，他開心得很！

但劉邦既然坐在龍椅上，就得說出以天下蒼生為重的話，所以他責備了蕭何。在我看來，只是嗔怪。蕭何特別懂劉邦，你不能自己說，那我來替你說，他一下子找到了兩條理由：第一，天下剛剛平定；第二，免得以後重建。其實都算不上什麼理由，未必全然站得住腳。結果劉邦就說他說得對。兩個人你懂我懂，開開心心。

再看蕭何，他對人心，尤其是帝王之心，揣測得非常到位，包括寫了十個「劉邦」名字的字條，某種意義上也算是運用了替你說對白的技巧。

在蕭何的為官生涯裡，他先貼心地幫劉邦剷除了功高震主的韓信、英布，又巧妙用自汙清白的方式放低姿態，算是得以善終。他從頭到尾都把劉邦的內心摸得很透，套用當下的一句歌詞來說就是：劉邦啊，我是你的眼。

評跋：★★★★☆

蕭何打追隨劉邦起就是他肚子裡的蛔蟲，每次都能娓娓道出劉邦的心裡話，邏輯性給九分。

人人都有軟肋，對於君王，再多美言都聽不

夠，策略性給八分。

身為親近君王的臣子，蕭何表達時不僅照顧到對方當時的心情，還說出為帝王後代著想的意見，直擊劉邦內心，表達力給九分。

針對這次突然發生的質問，蕭何不一定想得到劉邦已經奪得天下還那麼做作，能夠應答自如，實屬不易。身為陪伴劉邦最久的人，他可能在心裡對這類質問模擬過無數次，即興度給八分。

長安長安，長治久安。做為中國歷史上最悠久的古都之一，長安本身就是個傳奇。而蕭何身為長安第一任規劃官，功績不可抹殺，影響力至少要給九分。

總分四十三分，四星。

沙盤推演

現實生活中，替你說對白的技巧能用的地方也不少，尤其知根知底的兩個人之間，用起來更是得心應手。

有次我去便利商店時遇到了一對父女，爸爸三十多歲，女兒四、五歲。一開始，爸爸在冷藏櫃前挑選自己想喝的飲料，這應該是他來便利商店的目的。結果女兒把他拉到零食櫃前，對他說：「爸爸，你帶我來便利商店幹嘛？」小姑娘的眼睛緊緊盯著零食。

這個爸爸特別有趣，他很認真告訴小女孩：「我覺得你今天念書特別辛苦、特別認真，帶你來買點零食，但只能挑一樣哦。」

小姑娘臉上頓時樂開了花，馬上回答：「好的，爸爸，我只挑一樣。你平時告訴我零食吃多了對身體沒好處，盡量少吃點。」

這對父女真有默契，都在替對方說對白，父親說出女兒的內心，女兒也說出父親的真實想法。

多和諧的一對父女！也許這就是在說話時加點技巧可以給我們帶來的生活樂趣吧！

晁錯被誅‧在其位謀其言

每個人都只有在獨處時才能「為所欲為」，一旦進入人際空間，身上立馬多了一樣東西——角色。父母的角色、子女的角色、老師的角色、學生的角色，這些角色都讓我們肩負著屬於自己的責任，責任必然督促我們在口語傳播的過程中使用合適的語言，忽視責任的口語傳播從一開始便進入錯位的軌道。

晁錯的故事告訴我們，說話技巧與口語傳播時的責任和擔當密切相關。史料取材於《史記‧袁盎晁錯列傳》。

占卜在中國有著悠久的歷史，在漢代，人們似乎尤其信奉看相。中國歷史上有位叫許負的相面大師，因為算命被封為「鳴雌亭侯」。在史料記載和文學作品中，我們多次發現關於看相者的說辭，比如：大將軍衛青還是騎奴時，有囚犯說他未來會飛黃騰達；英布年輕時，算命先生說他犯罪黥面之後會稱王；連《三國演義》中諸葛亮攻占長沙後，也怒斥魏延腦後有反骨，要殺掉他。

如果你覺得會相面的人都是社會底層，貴族或高官不會使用相面之術，那就大錯特錯了。諸葛亮躬耕於南陽時就學過相面之術，漢高祖劉邦也曾利用相面之術做過「預言」。

史料新說

劉邦不是長子，他還有哥哥。古代兄弟姐妹的排序：伯為長，仲為次，叔為三，季為最末。劉邦的字就是季，劉邦也叫劉季。劉邦的老丈人呂太公就是相面高手，他察覺劉邦的面相不同凡響，把女兒呂雉嫁給他。劉邦不知道是不是和老丈人學了點能耐，也會用相面之術判斷別人。

劉邦做了皇帝後，淮南王英布謀反，劉濞以騎將隨從劉邦攻破英布的軍隊。劉邦因劉濞從軍有功，封了他做吳王，並命他統領東南三郡五十三縣。

劉邦喚來劉濞，大驚道：「你小子面露反叛之相啊！」考慮到剛剛任命就撤回聖旨未免太過兒戲，只能將錯就錯，拍著劉濞的後背告誡他：「大漢五十年間，東南會有叛亂發生，怕不是你幹的吧？我們可都姓劉，是一家人，別搞這種事情啊！」

劉濞連連磕頭，表示絕對不敢這麼做。

劉邦死後，呂氏當權期間，劉濞仗著領地內有豫章郡的銅礦山又毗鄰大海，招募天下亡命之徒，鑄私錢、煮私鹽，「國庫」無比充盈。漢文帝時期，劉濞的兒子劉賢進京與太子飲酒下棋，本來是親戚間把酒言歡的好時機，劉賢卻是出了名的官二代，與太子發生爭執，態度十分不敬。太子也不是省油的燈，這位未來的漢景帝抄起棋盤就拍在劉賢的腦袋上，劉賢當場一命嗚呼。

發生了這麼重大的事情，朝廷只能把劉賢的屍體送回吳國。劉濞心疼又憤怒地說：「高祖曾經說過，既然普天之下都是我們劉家人的天下，那麼死在哪裡，就埋在哪裡！」說罷，命人把劉賢的屍體送回京城下葬。

自此以後，劉濞對朝廷非常不滿，開始違背禮儀和禮節，還謊稱生病不去京城。全天下的人都知道他是因為兒子死了才不肯進京，而朝廷也早就知道他蹦亂跳、身體健健康康。

隨後，劉濞的使者一進京就被朝廷扣押盤問。這回劉濞的情緒從怨怒轉為恐懼，為了自保，開始積極籌劃謀反。

後來另一批使者也被朝廷扣押起來，面對皇帝的責問，使者回答：「吳王劉濞沒有生病，理由你們都知道了，但是吳國使者來一批扣一批，你說吳王還敢親自來嗎？所謂水至清則無魚，不是被人抓，就是被鳥吃。面對朝廷這麼嚴厲的盤問，吳王只會想盡辦法隱瞞，不然皇帝會砍了他。要不皇帝您考慮考慮，給吳王一個臺階不再追究，讓吳王能夠重新開始？」

皇帝答應了使者的建議，對外宣稱劉濞年事已高，以後不用舟車勞頓再來京城，這下劉濞欺君的罪名不成立，打算造反的心也就鬆懈了。

太子劉啟身邊有位非常信任的大管家晁錯，晁錯的職位是太子家令，不但要負責太子的飲食，還要負責糧食庫房的管理。

晁錯不是依靠裙帶關係才侍奉太子劉啟，他上書應讓未來的皇帝盡早學習治國之術的建議得到漢文帝的首肯，因此被選拔來負責皇太子的學業和日常生活，太子劉啟十分信賴他。

晁錯一直認為吳王劉濞行為不端，有很多不符合王族禮儀的行為，應該按照律法懲治，比如減少封地，朝廷如此慣著吳王未來一定會有麻煩。為此他多次對太子進言，但當時的太子並沒有權力。

於是晁錯轉移目標，多次上書漢文帝。漢文帝算是個心地善良的皇帝，不忍心嚴厲處罰同宗兄弟，也導致吳王劉濞愈來愈驕橫。

漢文帝後元七年（西元前一五七年），漢文帝去世。太子劉啟繼位，史稱漢景帝。深受信賴的大管家晁錯立刻被提拔為內史，很快又被提拔為御史大夫，深受漢景帝信任。

晁錯對已經登基的漢景帝說：「以前漢高祖統一天下時，兄弟少，兒子未成年，只能大大賜封同姓的家族成員。漢高祖與呂后結婚前，曾與曹氏育有一子劉肥，被封為齊王，統轄七十多個縣。高祖同父異母的弟弟劉交被封為楚王，統轄四十多個縣。吳王劉濞是劉邦二哥的兒子，被封為吳王後統轄五十多個縣，這三個人就分走了天下不少土地！

「當初你一個棋盤拍死了劉濞的兒子劉賢，和這位叔叔的關係不可能太好。當初他因為兒子死了不肯進京，按照古法是要被砍頭的。可是先皇心軟，特批准他不用進京述職，算是非常優厚，但他有感恩的樣子嗎？有收斂的樣子嗎？他攏絡了其他國家犯法的人，還做出鑄私錢、煮私鹽這種隨時可能被殺頭的事，他會臣服於你這個殺掉他親生兒子的凶手嗎？

「現在按照律法削減他的地盤，他肯定造反；現在不處罰他，將來也一定造反。不同的是，現在處罰，他只能倉促造反，危害比較小；以後要是造反，絕對是準備萬全，危害就很大了。」

漢景帝三年（西元前一五四年），為了幫助漢景帝削藩，晁錯藉口楚王在太后服喪期間偷偷淫亂，罪應斬首，但漢景帝免除楚王死罪，收回東海郡；找機會沒收吳王劉濞的銅礦產地豫章郡、會稽郡；沒收趙王的河間郡；膠西王因為賣官舞弊而被朝廷沒收管轄的六個縣……

朝臣一直想方設法削減諸侯的封地，吳王劉濞覺得這是卸磨殺驢，打算借機聯絡其他受到處罰的諸侯，一起造反。

他派使者去找四肢發達的膠西王，使者沒帶書信，口頭傳話：「最近朝廷實在做得太過分了，一幫漢朝的家奴攛掇年輕的主子欺負姓劉的皇族自家人。我們都是劉姓宗親，應該團結起來保護高祖劉邦打下來的江山。

「皇帝任用奸臣，被壞人蒙蔽，看重眼前利益，改變法令侵吞諸侯封地。吳王和膠西王都是有名的諸侯，被盯上就永無寧日。吳王不用去京城，看起來舒服，實則在朝廷裡根本說不上話，只能謹小慎微地活著。吳王聽說您因賣官一事被沒收領地，吳王也被沒收兩個郡，不少諸侯都被沒收領地。我覺得敵人相同就可以聯合，愛好相同就能交往，情感相同就能相互成全，願望相同就有共同追求，利益相同就可以共命運。吳王和您便是這樣的人，我們何不順應天理，共同為民除害？」

膠西王說道：「你這是要造反啊，皇帝雖然懲罰我，但畢竟是我犯罪在先，怎麼能謀反呢？」

使者趕緊說道：「晁錯這個傢伙迷惑皇帝，太多人憎恨他了。現在趁著有蝗災，以殺掉晁錯為藉口起兵，吳王會跟隨您奪取天下，我們目光看到的地方必定會降服於您，手指的地方必定會被攻克。只要您答應，吳王、楚王就會一同攻克函谷關，守衛滎陽糧倉。未來兩個君主分治天下。」

膠西王答應了使者的建議。隨後，吳王親自前往膠西王的宮殿，兩人當面訂立盟約。

諸侯們蠢蠢欲動，朝廷也不安分。沒人敢反對晁錯的削藩計畫，除了竇嬰，他們之間的關係迅速惡化。袁盎收受諸侯賄賂一事雖被晁錯捅了出來，罪責當死，但最後僅被貶為平民，導致袁盎和晁錯的關係勢同水火。除此以外，周亞夫、酈商、欒布等大臣和晁錯的關係都不好。用現在的話來說，晁錯身邊的朋友只有老闆漢景帝一個。

晁錯的父親為此從老家潁川趕來，規勸兒子別這麼激進：「皇帝剛登基沒多久，你大權在握還不夠嗎？削減諸侯的封地，離間皇家親戚之間的關係，讓皇帝疏遠骨肉親屬，搞得天怒人怨，人人恨你，何必呢？」

晁錯回答：「事情的公理就是如此，不這麼做，天子的威名就會受損，大漢的江山將不得安寧。」

他父親說：「劉家天下安寧了，我們晁家的門庭卻危險了。我不想未來看到災禍波及家裡，我要和你劃清界限！」不久後，晁錯的父親服毒自盡。

此時，西漢七國之亂正式爆發，吳王劉濞等諸侯打出「誅晁錯、清君側」旗號，正式對抗漢景帝。吳王劉濞還下達全國動員令，發動二十多萬大軍對抗朝廷，其餘諸侯紛紛響應。

七國之亂的軍情報到中央，皇帝詔令曾在吳國當國相的袁盎進京。已是平民的袁盎見到漢景帝時，晁錯正和漢景帝籌算軍糧和後勤。

漢景帝向袁盎詢問破敵之策，袁盎示意閒雜人等退出。漢景帝喝退了其他人，只留下晁錯。袁盎卻直白地說：「連您的臣子都請回避。」晁錯雖然十分生氣還是離開了。

袁盎才說道：「諸侯們只是想利用造反的名義幹掉眼中釘晁錯而已，一切禍端的開始就是晁錯擅自責罰諸侯，沒收諸侯的領地。如今最簡單的辦法就是斬殺晁錯，派使者安撫諸侯，退還封地。如此一來，兵不血刃就能平息叛亂。」

漢景帝沉默了很久才說：「身為皇帝，我不可能因為寵愛一個人而放棄整個天下。不過事情真是如此嗎？」

袁盎回答：「我愚笨的腦子裡再也沒有任何計策能勝過這個了，請您好好考慮！」

漢景帝最終接受了這個建議。十多天後，漢景帝找藉口要晁錯來皇宮議事。馬車途經長安東市時，侍衛宣讀了漢景帝的詔令，隨後將晁錯就地斬殺。

晁錯死後，袁盎以使者身分前往吳國。到達吳國時，吳楚聯軍已經開始進攻梁國的城堡。劉濞聽說袁盎求見，笑著說道：「他必然是來告訴我晁錯已死，我可以繼續做漢景帝的臣子了，但我是即將成為皇帝的人，哪還需要跪拜誰？」

劉濞拒絕與袁盎會面還派人扣押他，袁盎趁夜色逃離吳國。

漢景帝在關鍵時刻選擇了棄車保帥，晁錯成了棄子。漢景帝非常清楚領軍在外的周亞夫等人和晁錯的關係尤為險惡，如果他們在前線被策反，大漢將回天乏術。無論如何，晁錯終究得被殺掉。

技巧正名

晁錯的故事留下一個經典的說話技巧，叫作在其位謀其言。

「在其位，謀其職」的說法很常聽到，意思就是讓人得承擔工作中的責任，絕不能因為存有一定風險就選擇不做不錯的懈怠態度。很多人會認為，在其位謀其言再正常不過，有什麼好強調的？其實不然。

第一，在其位謀其言並不是做好你自己那麼簡單，因為有時候你說的話會承擔很高的風險。人心都是肉長的，你會考慮說還是不說。

第二，如何做到在其位謀其言呢？面對風險，你要敢於擔責，不應該考慮說還是不說，而是應該考慮用什麼方法說。

第三，在其位謀其言不是硬來，而是要講究方法。一來，你要敢於面對風險；二來，你要找到自我保護的方式，也是最難的。如果沒有兩全的可能，也一定要把集體利益放在自己的利益之前。

再看晁錯，對太子或景帝，他連續三次進言，目標直指吳王和楚王。晁錯不可能意識不到面對的風險和壓力，最壞的結果是什麼或許都思考過，但他完成了御史大夫應該擔當的職責。如果他能夠多點自我保護，可能會減少一些損失。這種和皇親國戚正面對決地拚殺，也是他不得已而為之的方法。

評跋：★★★★☆

晁錯在多次建議皇帝懲治吳王劉濞時，非常客觀地表明在逼他造反和等他造反這兩件事情的危害輕重，邏輯性給八分。

晁錯為了削藩而死於削藩，辦事情辦到眾叛親離，唯一的朋友漢景帝親手送他上西天，策略性給三分。

歷史上對晁錯的文字，給予「疏直激切，盡所欲言」評價，說他擁有戰國策士、縱橫家的氣魄，語言乾淨明快，尤其在父親勸說時，回答更令人動容，表達力給八分。

對於太子辦不到的事情，他轉攻漢文帝，隨即又不斷見機督促太子削藩，即興度給八分。

曹操的「屯田」源自晁錯的「禦邊計畫」，漢朝初期中央嘗試強硬削藩失敗後，催生了之後的「推恩令」，影響力給十分。

總分三十七分，三星半。

沙盤推演

現實生活中，在其位謀其言是一種藝術，而不是一種圓滑，強調的是做事要有自己的原則。另一方面，無論你如何講究藝術，違背職責就是懈怠，追責是一定的。

有個朋友的妻子辦公室裡有幾個男同事總愛在室內抽菸。他妻子一直忍著，怕說破後影響同事關係。

某次他去接妻子下班，特意去辦公室半開玩笑地說：「哇，一進你們辦公室就感覺置身於華山之巔，有種雲霧繚繞、醉生夢死的感覺。」

正常的人聽到這話都會收斂些，那幾個同事只是笑笑，絲毫沒改變。

過了兩周，他再次來到妻子辦公室，義正詞嚴警告那幾個抽菸的同事。

他告訴我：「第一次我已經給足他們面子，但是總有人不悔改，那麼為了我老婆的身體健康，哪怕得罪整個辦公室的人也要開誠布公幫他們上一課。」

我問他：「結果呢？」

他說：「他們不在辦公室抽菸，也和我老婆疏遠了。」

我也料到了這個結局。但我支持他，道理還是留給講道理的人聽吧。

第八章

視角選擇

抽刀斷水水更流，舉杯勢必有由頭

視角，是我們發現問題和研究問題的角度。不同的傳播者觀察問題的角度完全不同，而對於問題的切入點不同，將導致其後傳播內容與傳播形式的千變萬化。

根據客觀存在的問題，充分發揮傳播者的主觀能動性，選擇適合話題的視角切入，能夠更有效地傳播。相反地，如果從一開始就選錯了口語傳播的方向，緊接著出示的相關論據要嘛無法精確論證傳播者的觀點，要嘛雖然證明了傳播者的觀點，卻陷入對方的語境中，讓談話過程變得南轅北轍。

虞卿神算．釐清邏輯線

口頭語言傳播者需要具備一定的邏輯思維。辯論、說服、演講、應答等形式的口語傳播，無一不與邏輯思維有關。雖然邏輯優秀不代表口語傳播也出色，但出色的口語傳播者必定具備優秀的邏輯思維。

虞卿的故事告訴我們，說話技巧與口語傳播時邏輯的梳理密切相關。史料取材於《史記．平原君虞卿列傳》。

「畫山難畫山高，畫樹難畫樹梢，畫虎難畫虎骨，畫人難畫心苗。」過去的算命先生常把這段話當作開場白，本節故事的主人公雖然不是算命先生，卻非常有先見之明地預測了長平之戰的結局。這個人是誰呢？趙國上卿虞卿。

史料新說

虞卿，本名虞信，因在趙國被趙孝成王任命為上卿，才被稱作虞卿。據說他的子孫後代以其官銜為姓氏，他因此成了卿姓的始祖。

長平之戰初期，趙孝成王覺得和秦國作戰沒意義，想和談。虞卿認為與其帶著寶物去秦國和談，不如帶著寶物去魏國和楚國。只要魏、楚沒有驅趕使臣，秦國必然害怕趙國與魏、楚聯合抗秦，這樣與秦國和談才有先決條件。

趙孝成王可能是心疼要送好幾份大禮，沒有採納這個建議，而是讓平陽君趙豹直接負責與秦國議和。趙豹選了鄭朱為使臣前往秦國，秦國並未驅趕鄭朱。趙孝成王對虞卿炫耀：「你看，不用送禮物給魏國、楚國，秦國也接納了我國的議和使臣！」

虞卿卻嘆道：「這次和談已經沒戲了，長平之戰，趙國必將被秦國徹底擊敗。」因為秦國一定會四處散播趙國重臣親來求和的消息，周邊諸侯絕對不可能起兵援助一個已經對秦國俯首稱臣的國家。

結果，秦國果真拒絕了趙國的和談，趙軍在長平被秦國徹底擊敗。秦軍坑殺趙國四十五萬大軍，據推測秦國也付出三十萬人陣亡的慘痛代價。

歷史學者對於長平之戰的規模向來有爭議，這裡暫且按下不表。但不得不說，虞卿當真是算無遺策。

西元前二五九年，在長平之戰中取得勝利的秦軍圍攻趙國首都邯鄲，趙國軍民同仇敵愾抵抗，最終在彈盡糧絕之際求得楚國和魏國的援軍。西元前二五七年十二月，秦軍被徹底擊潰，解除了對邯鄲的包圍。

贏得這場盪氣迴腸首都保衛戰的勝利後，趙孝成王竟以勝利者之姿派使者去秦國和談。使者趙郝帶回秦國的議和條件：割讓六座城池給秦國。

虞卿對趙孝成王說：「秦國對我國用兵，疲敝困頓敗於邯鄲城下，他們花了這麼多代價都無法奪取的國土，我們卻要白白送給秦國，明年秦國要是再來攻趙，我們就無法自救了。」

使臣趙郝不開心地反駁：「虞卿又不知道秦國的底細，誰知道秦國是不是真的沒底牌了呢？這次只要六座城池，如果我們都不答應，下次再來打趙國，要的肯定不止這些城池。」

趙孝成王連忙問：「給了六座城池，你能保證秦國以後不打趙國嗎？」趙郝找了種種理由，卻始終給不出確切的答案。

虞卿聽完如此陳述，立刻回答：「割地求和，又不能保證未來的安泰，白送六座城池的意義何在？以後秦國再來進攻趙國，我們繼續割地嗎？簡直是自取滅亡！」趙孝成王卻仍然拿不定主意。

這時，趙武靈王時代的大臣，如今效力於秦國的樓緩來到邯鄲。趙孝成王對這個吃裡扒外的傢伙毫無防備，跑去請教他是否該接受秦國的議和條件。

樓緩說道：「過去有個叫公甫文伯的人，他病死之後，兩個姬妾為他自殺，他的母親卻連眼淚都沒掉一滴。她說，公甫文伯在孔夫子被魯國驅逐時沒有跟隨賢人，反而背叛了他。姬妾為其殉死只說明自己的兒子對於尊長人情淡薄，對姬妾情誼深厚。由於這話出自死者之母，外人聽來會覺得母親深明大義；要是妻子說這話，聽來就是個滿懷嫉妒之心的妻子。

「我目前是秦國大臣，說不割地，趙國可能會倒楣；說快割地，大王只會認為我是替秦國說話。但我個人覺得還是割地比較好，因為秦、趙兩國交戰，其他諸侯一定都很開心。秦國如果圍困趙國，向秦國賀喜的各諸侯使臣都會在秦國首都看好戲，再趁機攻打趙國以對秦國表達忠心。要是割地給秦國，大家都會認為秦、趙已經和平無事，就不敢來瓜分趙國了。如此一來，趙國只是失去六座城池，卻能結交秦國，還能震懾其他諸侯。」

虞卿聽了樓緩的說辭後，氣憤得再也坐不住，向趙孝成王說道：「一派胡言！樓緩就是為了秦王的利益才來的。聯合楚國和魏國打贏邯鄲保衛戰的趙國，卻向秦國俯首認錯，這才是向天下人昭示趙國的軟弱。

「如果真要失去六座城池，我建議把這六座城池送給齊國。齊國和秦國是死對頭，用六座城池鼓動齊國和趙國聯合出兵攻秦，齊國必定欣然接受，選擇向秦國報仇雪恨，我們也能一同洗刷長平之恥。我們失去的城池，就能從秦國的領地上搶回來。一旦齊、趙結盟攻秦的消息傳出去，不用偵查就知道，秦國一定會帶著禮物來求和。如果屆時我們接受和談，韓國、魏國看到秦國都服軟了，他們哪有不結交趙國的道理？這才是趙國花費六座城池換取齊國、韓國、魏國共同行動，並讓秦國主動認錯的正確法子。」

趙孝成王聽完虞卿的觀點，再沒有任何猶豫，立即委派虞卿以使臣身分前往齊國，商議共同伐秦的計畫。果然，虞卿訪問齊國尚未結束，秦國向趙國求和的使者就已經到了邯鄲，壞心眼的樓緩則立刻潛逃回秦國。虞卿立此大功，趙孝成王特地將一座城池封賞給他。

技巧正名

「釐清」就是梳理清楚，「邏輯線」就是因果關係，以及推導這層關係的分析論證。釐清邏輯線這技巧並不難理解，直白的解釋就是把事情想清楚、說透徹。

想清楚，表示說話者要有清晰的思維邏輯、正確的判斷和嚴密的推導；說透徹，表示說話者要有良好的闡述能力，能讓聽眾快速準確地理解所說的內容。

雖然趙孝成王始終扮演糊塗君主的角色，但虞卿最終還是成功地讓他明白以下事實：

一、城池給了秦國，保得了一時，保不了一世；二、城池給了秦國，周邊諸侯就會看不起趙國；三、城池給了秦國，趙國無法彌補土地的損失；四、城池給了齊國，趙國大可去秦國搶地；五、城池給了齊國，周邊諸侯就會敬仰趙國；六、城池給了齊國，秦國會服軟，趙國能保一世；七、所有建議趙國向秦國割地的人都是在糊弄。

評跋：★★★★☆

虞卿多次表達的觀點和對每件事情的因果分析都完美無缺，邏輯性給十分。

面對優柔寡斷的趙孝成王，虞卿每次都和建議與秦議和的勢力硬碰硬，雖然最終勝出，但只能算是針鋒相對，策略性給五分。

別的不說，講事實、講道理的論文寫作方法，虞卿應該已經用到極致，不過每輪對話都是採用相同的方式不免有些單調，表達力給七分。

虞卿秉承著合縱的外交方針，他的計畫裡無一不透著成熟的大局觀，可謂胸中雄兵百萬，應該不是臨時起意，即興度給五分。

長平之戰大大削弱了趙國的實力，邯鄲保衛戰有效殺傷了秦國的軍事實力，趙國對於秦國統一六國造成不少阻滯，迫使秦國採取遠交近攻的策略，影響力給八分。

總分三十五分，三星半。

沙盤推演

生活中，釐清邏輯線是個挺高級的說話技巧，也是個必備技，因為每一個有好口才的人，思維一定都非常清晰、邏輯非常縝密。

以清明節為例，如果有人問你：「清明時節萬物吐故納新，春意盎然，一片生機勃勃的景致，為何我們把它當作鬼節之一，視其為一年中最隆重的全民祭祀之日？」如果你的邏輯混亂，這時很容易陷於問題的矛盾對立中。

在思維上，這問題實存兩條不同的邏輯線，一是節氣邏輯線，一是傳統邏輯線，如果一開始就把它們擰在一起，自然談不清楚。

在表達上，你可以這麼回答：「清明節是與春節、端午節、中秋節並列的中國四大傳統佳節。在季節時間點上，清明前後萬物復甦、生氣旺盛，最適宜舉家出遊，踏青觀瞻。但在傳統禮儀上，伴隨著清明節前一天的寒食節，我們又有祭拜祖先的良好傳承。換言之，清明節具備了自然與人文兩大特點，不僅不衝突，甚至可以趁外出掃墓祭祀時一併春遊。」

看完這樣的表述，你是不是既釋懷，又認可那些口才了得者的腦子和嘴巴呢？這就是會說話的魅力。說到點上，字字如金，盪氣迴腸。

趙穿弒君·引水入溝渠

有些傳播者認為人際交流需要輕鬆的氛圍，為了追求輕鬆的氛圍，需要讓交流自然而然，不加約束，由其任意發展。這邏輯似乎非常合理，但仔細推敲便會發現，不約束交流過程的直接結果往往是傳播方向的失控。一旦傳播者無法把控傳播方向，傳播效果與傳播氛圍便只能聽天由命了。

趙穿的故事告訴我們，說話技巧與口語傳播時話題的引導密切相關。史料取材於《史記·趙世家》。

史料新說

歷史上可謂處處藏著權力遊戲，危機四伏，一不小心就會招來殺身之禍。故事得從晉國被秦國打敗後說起。西元前六二一年，晉襄公生病而亡，他兒子晉靈公隔年做了國君。

晉靈公是個典型的昏君，總想著玩。此時的相國叫趙盾，是個老想管人的大忠臣。愛玩的昏君碰上愛管事的忠臣，好戲開鑼。這種場面說來有點玄，正所謂「伴君如伴虎」，可當事人並未察覺，總是板著張臉教訓昏君。偏偏晉靈公身邊有個永遠面帶笑容的屠岸賈，他和趙盾正好相反，晉靈公愛聽什麼他就說什麼，從來不管是非黑白。

晉靈公有座大花園，裡頭種了很多桃樹，所以叫桃園。桃園裡有個高臺，站在上面能看到外面的街道，晉靈公整天都在高臺上尋歡作樂。

有一天，晉靈公看見外面有很多人，對屠岸賈說：「打鳥也打膩了，今天用彈弓打人怎麼樣？」他們甚至想了一套遊戲規則，比如打中眼睛算十分，打中耳朵算八分，打中腦袋算五分，打中身體算一分，什麼也沒打到的人得罰酒一杯。

規則定好後，他們拿著彈弓開始了。有時把眼珠子打了出來，有時打裂了門牙，有時打掉了耳朵，有時打破了腦門，百姓被打得亂哭亂叫、四處逃命，兩個始作俑者在高臺上哈哈大笑。

趙盾一聽到消息，和大夫士會一起去找晉靈公。他們在路上看到兩個宮女抬著一個筐子露出一隻手，士會過去一瞧，嚇出一身冷汗，筐子裡竟然是被大卸八塊的屍體。

趙盾忙問：「這是誰？」宮女答：「廚子，他沒把熊掌蒸透，主公發了脾氣，把他殺了。」大忠臣趙盾心想這不是草菅人命嘛！氣得立刻要去找晉靈公。士會腦子倒是清楚，對他說：「您還是別自己去了，我去說。」

趙盾知道在昏君前不能隨便說話，不然下次被大卸八塊的可能就是自己，可是忍了幾天，還是去訓斥晉靈公一番。

「主公，您多少要有個分寸，怎麼能拿彈弓打人呢？廚子再有錯也不能把他弄死呀！」

晉靈公覺得趙盾說得有道理，但一想到不能再玩了就十分沮喪，對屠岸賈說：「我只能玩最後一回了，以後就得聽從管教，要不你幫我想想辦法。」

屠岸賈是個典型的惡人，他說：「我家有個大力士可以當刺客，我們把這個老不死給弄死，以後就不用受他管束了。」

從此以後，趙盾命懸一線，他卻蒙在鼓裡。某一晚，刺客來到趙盾家，發現相府太簡陋了，驚嘆他真是個大忠臣，可不能殺這樣的人，便跑到堂屋門口大叫：「相國，你聽著，有人派我來暗殺你，我可不能喪盡天良，但他還會再派人來，您要小心啊！」

說完，這位忠肝義膽的刺客就朝著大槐樹撞了過去，連腦漿都撞出來了。真正是一條好漢！

第二天，晉靈公發現趙盾竟然還活著。屠岸賈又說：「我家有隻獵犬十分凶狠，讓牠去咬死趙盾。」於是，他在家訓練獵犬，把肉放在長得和趙盾一樣的草人懷中，獵犬被訓練得一見草人就會撲上去。

有次，晉靈公叫趙盾去喝酒，順勢誇獎趙盾的寶劍，想要他拿出來瞧瞧。趙盾若是上當，在主公面前拔出寶劍，那可是犯了欺君之罪。幸好趙盾的衛士提醒，他才想起這肯定是陰謀。

屠岸賈又放出獵狗，趙盾的衛士飛起一腳當場要了那條狗命。晉靈公後來派了武士去殺趙盾和他的衛士，幸好武士中有一個人看不慣屠岸賈的把戲而臨時倒戈，救下趙盾。趙盾和他的兒子最後逃出晉國避難。

覺得忠臣全面落敗嗎？別擔心，主角登場了，他叫趙穿，是趙盾的叔伯兄弟，也是晉靈公的姐夫。

趙穿聽了趙盾的遭遇，胸有成竹地表示自有辦法，隨後就去見晉靈公。一見面就跪下央求：「雖說我是主公的姐夫，可是趙盾得罪了主公，我們趙家的人一同有罪，請主公革去我的官職，治我的罪吧！」

晉靈公表示：「什麼話？趙盾欺負我不知道多少回了，真叫我難受。可是這和你無關，只管放心。」

趙穿看看四下無人，先說：「趙盾這人正經八百，老板個臉，我一看他就生氣。說真的，做了國君要是不能享點福，痛快痛快，倒不如不做。」接著隨口問晉靈公：「您知道齊桓公有多少老婆嗎？」

晉靈公歪著腦袋想了想：「十來個吧。」趙穿撇了撇嘴：「十來個算什麼？他的後宮裡滿是美人。主公您正年富力壯，應當做一番大事業，怎麼不派人去搜羅美人呢？」一番話說得晉靈公眉開眼笑，心想趙盾要是像趙穿這樣，自己早就聽他的了。

晉靈公表揚完趙穿後問：「派誰去找美人好？」趙穿答：「誰比得上屠岸賈呀？他最會辦事了，這樣的人不重用，您還用誰？」

晉靈公立刻吩咐屠岸賈出去搜羅美人。趙穿支開屠岸賈，派心腹充當晉靈公的護衛，陪他在桃園裡打鳥，趁機殺了晉靈公。大臣和百姓一聽昏君死了都非常痛快，趙盾很快就回到晉國。

技巧正名

讓我們來分析一下這一招制勝的說話技巧——引水入溝渠。

這個說話技巧不免讓人聯想到成語「水到渠成」，意思是當水流到某地時便有了管道，這個管道指的是水道，但沒有具體解釋它是天然形成還是人工挖掘的。

引水入溝渠這個技巧裡的「溝渠」不是天然形成的，不但是人工挖掘的，還是為了讓水流向指定方向、流進指定位置而精心設計的。這個技巧的重點在於透過說話者的引導，將對話者的語言引向己方設計的交流點，一旦對話方進入該交流管道，緊接著的談話方向便會順理成章地朝著設計好的管道發展。

再看趙穿，他與晉靈公對話的過程就是引導談話方向的典範，引導的關鍵句在於：「主公您正年富力壯，應當做一番大事業，怎麼不派人去搜羅美人呢？」意思是晉靈公既是一方霸主，又年輕，自然有能力擁有更多美女。

請注意趙穿在問句當中的引導，他沒有說「主公您正年富力壯，應當做一番大事業，怎麼能沒有更多美人呢？」而是強調「搜羅」兩字，只有這麼說才能順利引出晉靈公「派誰去」的反問句，這正是引水入溝渠的關鍵。一旦晉靈公提問，便已水到渠成。

評跋：★★★☆☆

趙穿順著晉靈公的思維談論國君應該搜羅美人，一步步引他進入話局，邏輯性給七分。

面對昏庸無道的晉靈公，趙穿以先謝罪再提議的法子支開寵臣，順利殺之，策略性給七分。

趙穿使用先共情再反問的方法，先說趙盾無趣，再用齊桓公有幾個老婆的問題引起晉靈公的好奇，表達力給七分。

答應趙盾後，趙穿應該已經想好大致的計畫，給晉靈公下跪時已是胸有成竹，即興度給五分。

晉靈公死後，晉成公繼位。趙穿雖然腦子機敏卻沒啥心眼，覺得自己功勞了得，想讓趙盾給自己謀個官職，但趙盾沒給。沒多久，趙穿愈想愈鬱悶，病死了。影響力給四分。

總分三十分，三星。

沙盤推演

生活中，什麼人會使用引水入溝渠的說話技巧呢？

一方面，這技巧對於任何想達到傳播目的的說話者都能用；另一方面，用最多當屬那些用語言征服對象、以語言為工作手段的職業，比如業務、銷售員、律師、記者、主持人、公關等。這裡我想舉一個更生活的實例。

想約朋友下周吃飯時，你會怎麼說呢？這取決於你是真的想請他吃飯，還是嘴上說說。

如果只是為了禮節，並沒有那麼迫切想約他，甚至期望他一時間不要給予肯定的答覆，那應該說：「等你方便時，我們一起吃個飯吧？」

這樣的說法沒有任何限制條件，時間設置也很模糊。言下之意，你並沒有完成引導方向的任務。面對如此開放性的提問，對方怎麼回答都行，客氣一下，推辭一下，也在情理之中。

如果你一心想約對方見面，為了提高邀約成功率，那應該說：「下周一或周二全天我都有空，我們一起吃個飯吧？」甚至可以再加一句：「如果這兩天都沒空，下周任意挑個時間給我，你什麼時候有空，我就清空自己的時程。」

這說法最大特點在於，溝渠已經挖好了，你要做的只是引導對方進來。當然，學會這個說話技巧後，請將它用在正道上。

甘羅拜相．尋找切入點

關於切入點，不僅說話時要注意，寫文章和做事情也得慎選。選對了往往事半功倍，選錯了肯定得不償失。

需要進一步說明的是，選擇切入點不只是尋找切入點的入口，也是對切入點入口的尺寸、力度等一系列問題的探索，有些對話的切入點甚至需要傳播者提前設計。

甘羅的故事告訴我們，說話技巧與口語傳播時切入點的定位密切相關。史料取材於《史記．樗里子甘茂列傳》。

歷史中的神童不少，比如會秤象的曹沖、會砸缸的司馬光、會詠鵝的駱賓王，還有小時了了的仲永。本節故事的天才少年則是政治奇才，年僅十二歲就被封為秦國上卿（丞相），他就是甘羅。

史料新說

甘羅究竟何德何能，怎麼能當上秦國丞相呢？所謂「將門出虎子」，甘羅的祖父甘茂曾是秦國的左丞相，可惜晚年時遭奸人誹謗陷害，最後客死他鄉。或許是從小在爺爺的言行教誨下耳濡目染，甘羅聰明機智、能言善辯，非常善於和人打交道。

爺爺甘茂去世後，十二歲的甘羅回到秦國，在丞相文信侯呂不韋手下擔任少庶子，也就是家臣，做些打雜、文書等簡單的工作。

沒多久，呂不韋遇到一件頭疼不已的事。當時的秦國正不斷擴張疆土，實力愈來愈強大，燕王為此把太子丹送到秦國當人質，以此表示對秦國的信任和臣服。秦王嬴政和呂不韋商量，準備指派大將張唐到燕國做國相，以便和燕國聯合攻打趙國，擴展河間的疆域。

沒想到，張唐找呂不韋大吐苦水：「我當年為秦昭王攻打過趙國，趙國恨我恨得咬牙切齒，發了懸賞令，『誰逮住張唐，就賞他百里方圓的土地』。現在大人派我去燕國，路上必定會經過趙國，這不是擺明讓我去死嗎？」

張唐怎麼說都不肯去燕國，呂不韋很鬱悶又拿他沒轍，畢竟張唐說的話有道理。一時間想不出解決辦法。

甘羅發現他有心事，主動詢問，呂不韋隨口說：「剛成君蔡澤在燕國辛辛苦苦經營了三年，好不容易把太子丹弄到秦國來做人質，眼看著可以展開下一步對趙國的圍剿，沒想到我親自請張唐去燕國當丞相，他居然不願意去。」

甘羅一聽久等的機會來了，立刻說：「大人，請派我去說服他。」

呂不韋回答：「我堂堂文信侯親自請他都不願意，你一個小鬼怎麼可能讓他去呢？」

甘羅不慌不忙地回答：「項橐七歲就做了孔子的老師，如今我已年滿十二歲，請您讓我試一試，何必急著喝斥我呢？」

項橐是春秋時代的魯國神童，據說學識特別淵博，曾和孔子在路上相遇並有過一番對答。這個七歲孩子說的話令孔子心服口服，兩人不但結下忘年之交，孔子甚至拜他為師。《三字經》中的「昔仲尼，師項橐」說的就是這個典故。

呂不韋聽了甘羅的話，心想死馬當活馬醫，派他去見張唐也沒什麼損失，同意了甘羅的提議。

甘羅一見到張唐就問：「張大將軍，請問您與武安君相比，誰的功勞大？」

武安君是著名的秦國大將白起，伊闕之戰大破魏、韓聯軍、伐楚之戰攻陷楚都郢城、長平之戰重創趙國主力，擔任秦軍主將三十多年間攻城七十餘座，為秦國統一六國做出巨大的貢獻。

張唐想都不用想便說：「武安君奪城取邑，不計其數，我的功勞怎能和他比。」

甘羅又問：「那范雎在秦國當丞相時，與現在的文信侯呂不韋相比，誰的權力大？」

范雎是與白起同時代的秦國丞相。張唐回答：「范雎不如文信侯。」

甘羅追問：「您確定？」張唐回答：「肯定。」

大家都知道呂不韋在秦國的地位一度如日中天，被秦王嬴政尊為「仲父」，權傾天下，遠遠超過普通丞相。

於是甘羅接著說：「當年范雎打算攻打趙國，武安君不同意，和他槓上。結果，武安君剛離開咸陽七里地就死了。如今，文信侯親自請您去燕國任相而您執意不肯，我可真不知道您要死在什麼地方了。」

張唐聽了，想到這話要是別人說也就算了，偏偏甘羅是呂不韋派來的，是他的家臣，話中涵意可得好好掂量。最後只得無奈地說：「好，我就聽你的去燕國。」

張唐心中肯定經過一番衡量，左右都是死，途經趙國比面對呂不韋更安全些，這恰恰正是甘羅點醒他的。

張唐立刻整理行裝，準備上路。與此同時，甘羅又向呂不韋提了個想法：「請借給我五輛馬車，允許我在張唐赴燕前先去趙國打聲招呼。」

呂不韋有點沒把握，這孩子能說服張唐已經很了不起，怎麼還要趕著去趙國替張唐打點呢？他專程進宮和秦王嬴政商量。

秦王聽到一個十二歲的孩子居然說服了張唐，還主動請纓去趙國開路，一口答應之餘還正式召見甘羅，派他出使趙國。

甘羅出使趙國的消息很快傳到趙王耳裡，全趙國上下都有些摸不著頭腦。甘羅為什麼要特意來一趟？是想替張唐求情還是另有打算？他的目的究竟是什麼？一頭霧水的趙襄王乾脆親自到郊外遠迎甘羅，探探虛實。

一見面，甘羅立刻問趙王：「大王聽說過燕太子丹到秦國做人質的事嗎？」

趙王表示：「聽說了。」

甘羅又問：「您聽說張唐要到燕國任相了嗎？」

趙王表示：「也聽說了。」

甘羅接著說：「燕太子丹願意到秦國，說明燕國不會欺騙秦國。張唐願意到燕國任相，說明秦國也不會欺騙燕國。燕、秦兩國互不相欺，沒有別的原因，就是想攻打趙國以擴大河間一帶的疆土。不如這樣，大王主動送我們五座城池，我就請秦王送回太子丹，再幫助強大的趙國攻打弱小的燕國。」

一個十二歲的孩子跟堂堂一國之君會面，初見面就開口討要五座城池，趙王心裡會怎麼想呢？其實冷靜下來想想，這筆帳並不難算。

選擇一：不割地，要挨打，還成全了秦、燕聯盟。

選擇二：割地，不挨打，還能與秦國結盟，一起把燕國打一頓，彌補一點損失。

如果你是趙王，會怎麼選擇呢？答案已不言而喻。甘羅擺明了不是來和趙王商量，而是來通知他的，是要給他一條活路走。

技巧正名

甘羅短短幾句話不但化解了張唐的擔憂，同時兵不血刃為秦國贏回五座城池，這特別的說話技巧叫作尋找切入點。

切入點是指進入某個事物的突破口。對於說話而言，尋找切入點是指尋找進入實質性對話的突破口。針對這個技巧，我們需要回答以下兩個問題：

第一，什麼時候使用？有時在對話尚未開啟時，有時在對話已經開啟後。無論對話是否開啟，尋找切入點的說話技巧都可以用，因為對話開啟並非意謂對話就有意義，更不代表是說話者需要的話題。

第二，為什麼需要使用這個技巧？說話者如果採用生硬進入對話的方式，極可能無法達到傳播目的、無法完成傳播效果。透過尋找切入點這個技巧，就能順利突破對方對你布下的各種設防，開放式地傾聽你所說的內容。

再看甘羅。雖然事情發生的順序是甘羅說服張唐前往燕國在先，遊說趙國獻出城邑在後，但我們完全有理由相信，甘羅在說服張唐之前已有遊說趙國的計策。只不過想達成這個計策有前提，就是需要秦王嬴政知曉並派遣自己出使趙國。一旦前提不成立，獨自跑去趙國要求其獻出領地是否會奏效，跑回來勸諫嬴政送回太子丹是否會成功，統統都是問號。

甚至有可能，甘羅已經等待許久，終於找到替張唐前去趙國打招呼的契機，才有了他等到說服張唐前去燕國的機會。這就是甘羅為了出使趙國，苦苦尋找到對秦王嬴政開口的切入點。

後續發展可說再自然不過。趙王二話不說，親自劃出五座城邑給秦國，擴大了秦國在河間一帶的疆土。秦王嬴政和呂不韋聽取甘羅的建議，很快把太子丹送回燕國。趙國立刻有恃無恐地進攻燕國，奪得上谷三十座城邑，並將其中十一座分給秦國。

短短幾句話讓秦國一兵不發就到手十六座城邑，秦王嬴政因此封賞甘羅做了上卿，並將原先屬於他爺爺甘茂的田地房宅賜還給甘羅。十二歲的甘羅獻出一條奇計，名垂後世，可謂「十二拜相一奇人，名載青史數千春。千秋古柏歷滄桑，神童佳話傳至今」。

評跋：★★★★☆

甘羅在說服張唐和向趙王討要城池時，既站在對方角度理性分析局勢，又暗藏威脅，邏輯性給九分。

甘羅藉由說服張唐找到出使趙國的藉口，不費一兵一卒就達到擴展疆土的最終目的，策略性給十分。

甘羅小小年紀，對話時毫不怯場，有理有據，直截了當，表達力給十分。

前後兩段對話顯示出甘羅早有準備，不但對前朝歷史一清二楚，甚至對當前局勢也瞭若指掌，很明顯做過大量功課，即興度給五分。

少年政治家甘羅經此一舉，名垂後世，影響力給八分。

總分四十二分，四星。

沙盤推演

捫心自問，日常生活中，無論是父母、情人、朋友、同事、客戶，有沒有用過尋找切入點這種說話技巧呢？據我觀察，這個技巧的使用頻率極高。

我在速食店中恰巧聽到一段對話。男生拿出手機流覽購物網站，突然指著手機螢幕對女友說：「這雙球鞋顏色真好看，款式也不錯，應該是新品，我覺得配你的腳天衣無縫，下個月我買一雙給你。」女生自然挺開心。

誰知過了兩分鐘，男生猛地吼了一聲：「呀，這鞋居然有情侶款，感覺很不錯呢！」

女生挺會接話：「不然你也買一雙？」

男生痛快地說：「好啊！我現在就買。」

哪知他又嚷了起來：「呀，女款斷貨，老闆說來了會通知我，到時我補一雙給你。」

這時女生說：「你的也退了吧，要買我倆一起買，反正你買了也不能穿，得等我。」

本來男生為了想買雙新鞋，好不容易找到開口買鞋的切入點，也為自己爭取到這雙鞋。誰知他捨不得花錢為女友也買一雙，到頭來落得兩手空空。

有時尋找切入點需要付出代價，就像甘羅那樣得先花心思說服張唐，才能換來自己真正想要的東西。

如果理性分析，口語傳播不到最後一刻都無法準確獲悉傳播結果。然而，無法準確獲悉傳播結果不等於傳播者不能提前預測結果出現後的各種可能性。一位優秀的口語傳播者必定是個優秀的預測者，他不僅需要預測傳播的結果，還要預測傳播對象在傳播過程中可能出現的各種言行表現，透過這些預測來提升傳播的準確性。

趙匡胤的故事告訴我們，說話技巧與口語傳播時對結果的判斷密切相關。史料取材於《宋史．太祖紀》、《續資治通鑑．宋紀二》。

大宋是個文學大家輩出、文化藝術興盛的王朝，積貧積弱卻也是一般人對於宋朝的整體印象。這個現象與本節故事的主角趙匡胤和杯酒釋兵權大有關係。

趙匡胤釋權．臆斷可能性

史料新說

天下大勢，合久必分，分久必合。經歷盛唐的大一統後，五代十國的大分裂最後終結在宋太祖趙匡胤手上。

趙匡胤生於亂世，文武雙全。武將出身的他在追隨周世宗柴榮征戰的歲月裡屢立戰功，太祖長拳打得名揚四海，一步步升到節度使的高位。他和武聖關公一樣酷愛讀書，對各色書籍都認真研讀，愛不釋手，曾經說過：「宰相需用讀書人。」趙匡胤確實說到做到，宰相趙普正是在他鼓勵下才變得手不釋卷，得以「半部《論語》治天下」。

而趙匡胤上位的方式，極可能是歷代開國皇帝中最傳奇、最輕鬆的，讓我們來回顧一下「陳橋兵變」。

後周顯德七年（西元九六〇年），趙匡胤率領大軍北上抵禦外敵。離開都城後，夜宿在距離開封東北二十公里的陳橋驛（今河南省新鄉市封丘縣）。所謂將在外，君命有所不受。趙匡胤兵權在手，又遠離都城的眼線，一切條件準備就緒，有心人籌備已久的兵變計畫就可以付諸實踐了。

當晚，趙匡胤的親信在將士中散布言論：「當今天子年幼體弱，無法親自主政，一切大權都掌握在朝中昏官手裡。我們為國效力，拋頭顱，灑熱血，就算擊破敵軍，又有誰知曉我們的辛苦功勞？不如先擁立趙匡胤為皇帝，然後再出發北征，這樣才有主心骨。」趙匡胤平時在軍中素有威信，將士的兵變情緒很快就被煽動起來。

第二天，趙匡胤的弟弟趙匡義和親信趙普見時機成熟，授意將士拿了一件事先準備好的黃袍，披在假裝醉酒剛醒的趙匡胤身上，然後帶著所有將士拜於庭下，擁立他為皇帝。眾人呼喊「萬歲」的聲音好幾里外都聽得到，也是成語「黃袍加身」的由來。

趙匡胤雖盡力裝出一副被迫的樣子，但在眾人苦口婆心的勸說下，就順從了「民意」，半推半就地率領兵變隊伍回師都城開封。

守備都城的禁軍將領石守信和王審琦都是趙匡胤的結社兄弟，得悉兵變成功後便打開城門接應，陳橋兵變的將士輕輕鬆鬆就控制了都城開封。趙匡胤正式做了皇帝，輕易奪下後周政權，以宋為國號，定都開封，改元「建隆」，史稱「北宋」。

皇帝終究是天下第一美差。登基不久的趙匡胤嘴上雖然說得好聽，身分的轉變不免讓他的心態發生變化，想最多的就是如何保住皇位。畢竟當時是亂世，政權不停交替，每隔幾年就有新皇帝上位，每隔幾年也有舊皇帝被殺。唐末以來武將力量太大、割據勢力嚴重，趙匡胤就是節度使上位，當然害怕別人用同樣的方式推翻他。

想來想去，他認為削弱武將的兵權才是良方。

但這個敏感的舉措一不小心就會引起反作用力，聰明的宋太祖因此想了個極其高明的話術，即便時隔千年都讓人不得不按讚。

北宋建隆二年（西元九六一年），趙匡胤登基隔年七月初九晚朝，宋太祖把石守信等高級將領留下喝酒，酒興正濃，突然摒退侍從。

趙匡胤嘆了一口氣，口吐苦衷：「若不是靠你們出力，我是到不了這個位置的，為此打心裡念及你們的功德。但是，做皇帝太難了，還不如做節度使快樂和自在，有時候我整晚都睡不著覺。」

石守信等人一聽，感覺話裡有話，連忙驚駭地問緣故。

宋太祖繼續說：「你們還不明白嗎？這皇帝的位置誰不眼紅，誰不想要呢？」

石守信等人聽了連忙叩頭：「陛下何出此言，現今天命已定，誰敢有異心？」

宋太祖說：「我當然相信你們這些兄弟沒有異心，但是你們的部下如果想要榮華富貴，像你們對待我一樣把黃袍強加在你們身上，即使你們不想當皇帝，到時恐怕也是身不由己。」

將領們明白已受猜疑，弄不好還會引來殺身之禍，連連磕頭，含淚說：「我們都是粗人，沒想到這一點，請陛下指引一條出路。」

宋太祖緩緩說道：「人生在世就像白駒過隙那樣短促。要得到富貴的人，不過是想多聚錢財，多多娛樂，使子孫後代免於貧困而已。你們不如把兵權交出來，到地方上做個閒官，買點田產房屋，給子孫留點家業，快快活活地度過晚年。同時，多買些歌姬，日夜飲酒作樂，以終天年。我和你們再結為親家，君臣之間兩無猜疑，上下相安，這樣不是更好嗎？」

石守信等人見宋太祖話講白到如此程度，清楚再無迴旋餘地，他又牢牢控制著中央禁軍，別無他法，只能俯首聽命，表示感謝太祖恩德。

第二天，石守信等將領上表聲稱體病，紛紛要求解除兵權。宋太祖欣然同意，免除了很多高級將領的兵權，只選擇一些資歷較淺、容易控制的年輕將領帶兵，徹底解決了唐代以來武將亂國的隱患，大大加強中央集權。

技巧正名

趙匡胤在杯酒釋兵權這件事情上展現了一個並不深奧，但使用起來難度頗高的說話技巧，叫作臆斷可能性。

臆斷可能性，本意是指根據事物發生的概率，傳播主體憑藉猜測做出判斷。這包含兩部分的邏輯，看上去存在一定的矛盾。

第一，傳播主體憑藉猜測做出判斷是一種主觀行為，正因如此，臆斷一件事情的結果往往被指代為錯誤的判斷。

第二，根據事物發生的概率是一種客觀推理，羅列各種可能後，誰也不能否定某一種可能不會出現。

在這種客觀規律下，略帶主觀的臆斷會使對話方沒有充分的論據證明它不會發生，往往造成有苦難言的局面。這就是看上去矛盾，卻又無力反駁的精髓所在。

宋太祖與大臣的短短幾句對話中，一共出現了三次臆斷——

第一次：皇帝這個角色，誰不眼紅，誰不想要？

第二次：你們部下將士當中，有人把黃袍披在你們身上，怎麼辦？

第三次：你們解甲歸田，我和你們結為親家，不是更好嗎？

這三件事都是趙匡胤的臆斷，但是你又不能完全否定這些臆斷的可能性。即使發生率很低，畢竟還是存在，因此石守信等人無力反駁，只能聽之任之。

對趙匡胤而言，面對功臣，他拿不出準確的證據說他們想謀反，透過可能性的臆斷這個技巧，就能妥善避免強加罪名於功臣身上的過錯。

評跋：★★★★☆

透過一步一步假設情境的引導，趙匡胤把手下將領帶入無法反駁的境地，邏輯性給八分。

趙匡胤畢竟是天子，將領是臣子，他雖然用溫和的方式達到削弱武將勢力的目的，但也利用君臣身分之間的不平等，策略性給七分。

從一開始的擔憂到引導將領自己詢問解決方法，再直接道出心中的答案，趙匡胤的表達有緊有鬆，張弛有度，表達力給十分。

整場對話全部按照趙匡胤設計好的劇本進行，眾將領基本上沒有任何反駁能力，也沒有給宋太祖太多即興發揮的空間，只是語氣需要現場拿捏而已，即興度給五分。

宋朝是個商品經濟、文化教育、科學創新等高度繁榮的時代，後世雖認為宋朝「積貧積弱」，但其民間的富庶與社會經濟之繁榮完全不輸盛唐。這一切與開國皇帝趙匡胤一開始打下的重文輕武國策密不可分。無論是好是壞，「杯酒釋兵權」的影響力必須給予滿分，十分。

總分四十分，四星。

沙盤推演

生活中，千萬別因為聽到「臆斷」就否定這個技巧的有用之處。我一直認為技巧是中性的，沒有好壞，端看使用的人是誰。所有謀略都是這樣，好人用謀可以救人，壞人使詐可以害人，技巧是死的，使用的人卻是活的。

我有過一次使用臆斷可能性這技巧禮貌地替自己解圍的經驗。

如今大家開車早已習慣繫上安全帶，甚至會主動提醒坐在副駕駛座的人，可是早些年所有人都不習慣繫安全帶，若是主動繫安全帶甚至顯得有些尷尬。

有次我就這麼做了，朋友嘲笑道：「喲，你和我認識多久了，那麼長時間的朋友了，難道還不信任我開車的技術嗎？」

我拿出臆斷可能性的法寶回答：「你誤會了，你的開車技術我還會擔心嗎？你閉著眼睛開我也不會忐忑。但我又不能保證馬路上其他的司機技術都和你一樣。我繫安全帶不是防你，而是防他們。」

這麼一說，朋友不但沒有不高興，反而誇起我來，說我不愧是他的摯友，因為他深知存在馬路殺手的可能性。

說話技巧並非萬能，但我們不能因為技巧並非萬能而對它心存藐視，畢竟世界上哪有什麼東西是萬能的呢？

衛平占卜・話接平行線

在日常對話中最怕什麼？最怕對話的人永遠聽不懂你在說什麼，這會導致兩個人的對話像兩條平行線，永遠不相交。

然而，這邏輯反過來不一定成立，有些高明的傳播者為了達到某種傳播效果，故意使用技巧，在對話過程中避免與對方的話題產生交點，使對話始終保持平行發展的趨勢。

衛平的故事告訴我們，說話技巧與口語傳播時話題的銜接密切相關。史料取材於《史記．龜策列傳》。

史料新說

本節故事要從春秋時代的宋國國君宋元公說起。

有一天，宋元公從夢中驚醒，連忙叫宋國的博士衛平前來覲見。

宋元公對衛平說：「我剛才做了一個夢，夢見一個長脖子的男人穿著刺繡黑衣，坐在車上對我說：『我是長江之神的使者，奉命前往黃河，卻在泉陽被一個叫豫且的人用漁網給抓了。我聽說你很仁義，請你救救我！』博士，這該怎麼推解？」

衛平拿出一堆工具和符咒，測算後回答：「那是長江之神的使者，是一隻龜，你趕緊去救牠吧！」

於是，宋元公命令泉陽令立刻清點戶籍，尋找名叫豫且的漁民。說來神奇，泉陽令真的找到了那隻龜，把牠送往宋國都城商丘。據說專車送神龜到商丘時的天象十分離奇詭異。

神龜被送到宋元公面前，龜甲看上去潤澤如玉。

神龜一見宋元公，立即伸頭向前爬了三步，然後縮頭倒退回原地。

宋元公問衛平：「這是什麼意思？」衛平回答：「通靈的神龜上前三步是感謝你解救了牠，後退是希望能夠盡快離開！」

宋元公點點頭：「這還不好辦？江神的使者不能扣留，趕緊派人護送神龜出發去黃河。」

衛平趕緊上前一步，低聲說道：「龜是四大靈獸之一，天下至寶，別人夢寐以求的占卜神器。這可是通靈神龜，河神使者，比一般的長壽龜厲害無數倍。得到這種靈獸就能成為天子，我可沒聽說過將天上來的靈獸送還的道理。你用牠的龜甲做占卜器具來占卜一切事情，都將獲得準確的回答。這樣一來，所有人都會對你俯首稱臣啊！」

宋元公聽完面露難色：「按照你的說法，這可是河神的使者，向我托夢是因為我仁厚賢明，要是我聽了你的話，那我和名叫豫且的漁夫有何分別？漁夫貪圖牠的肉，我貪圖牠的神力。你居然叫我做殺神使的事？太不厚道了！我要放牠走。」

衛平立即阻止：「你有聽過大恩不言謝這句話嗎？老天送極品靈獸，你卻要還回去？你覺得老天會怎麼看待這種沒出息的行為呢？再說，這隻神龜是神使，卻在我國境內被漁民抓捕受辱，等牠回到河神身邊，若據實稟報，宋國說不定會被河神懲罰，水患、蟲災、瘟疫統統都來。你放了牠倒是仁義，整個宋國怎麼辦？」

宋元公反駁：「我們在神龜出差的路上劫持使者，難道不凶暴嗎？我們還要奪走牠做為自己的寶物，難道不強橫嗎？夏桀、商紂都是凶暴強橫的君主，自己被殺，國家也滅亡了。我要是聽了你的意見，不就變成那樣的人？到時候黃河、長江就是商湯、周武，一定會來懲罰我。這麼幹才會讓宋國面臨災禍！趕緊把神龜送走！」

衛平連連搖頭：「不是這樣。遇到神龜，高興還來不及，你竟然在擔心這些。天地之間，大山就是石頭堆著石頭才如此高大，很危險？但它沒有坍塌。事情往往不像表面顯示的那樣。有的人看來老實忠厚，實際上卻是喜歡欺詐別人的傢伙；有的人看來面貌醜陋，卻是個體恤百姓的地方官。

「春夏秋冬四季，我們根據冷熱加以區別，所以讓植物和莊稼春天種、夏天長、秋天收、冬天藏。做人和做事也一樣，面對事情有時要仁義，有時必須凶暴。凶暴要有凶暴的目標，仁義要有仁義的時機。

「以前人類愚昧不堪，聖人一代代教會我們認識白天黑夜、種植畜牧、採桑紡織、築城為家、結婚繁衍、登記造冊、分配田宅、設置官吏……不對野獸凶暴，如何馴服？不對樹木凶暴，如何砍伐？不對農作物凶暴，如何嫁接？不對蠶桑凶暴，如何織布？不對罪犯凶暴，如何治理？很多凶暴的行為是事業的起點，是建立規範的開始，也是教化發展的開端。美玉製作的盒子，本出自深山；亮如明月的珍珠，本出自深海。聖人獲得貴重的寶物，才成了聖人。得到寶物的過程並不凶暴，凶暴的是鑿玉的人，凶暴的是殺蚌取珠的人，這和您今天得到神龜的局面，難道不一樣嗎？」

宋元公想了想，回答：「雖然有人說臣子進諫是國家的福分，臣子阿諛是國家的災禍，但你不斷進諫的行為並不一定就是國家的福分。災禍不會無故降臨，福氣也不會無故到來。夏桀、商紂時期，這兩位暴君身邊都有進讒言的亂臣，他們教國君做一些無道暴戾之事，引導國君暴露內心的陰暗面，讓夏桀、商紂變得驕橫傲慢、貪得無厭、好高騖遠、貪婪凶狠，最終忠誠正義的人無法得到重用，才導致國破身滅，自己也被天下人所恥笑。我們宋國位處中原，四周諸侯林立，國力不強，辦事要是不小心謹慎，沒多久就會被滅掉。你現在說的話，很像那些奸臣所言。」

衛平搖頭說道：「《春秋》中記載過去夏朝、

商朝滅亡的故事，用來警示後人。你不向商湯、周武看齊，卻把自己比作夏桀、商紂。再者，黃河之神再賢明，估計比不上崑崙山吧？長江之神再包容，估計比不上四海浩蕩吧？即使如此，我們還是去崑崙山裡挖美玉，還是去大海深處採珍珠！這些寶貝出現在世界上時，為了奪寶，很多人會用殺人、發動戰爭等各種凶暴的手段，可見獲取寶貝的辦法向來就是凶暴的。

「夏桀、商紂最大的問題在於他們做任何事情都依靠凶暴的手段，這才是他們滅國的根本原因，他們忘了治理國家需要用仁德。商湯、周武如此仁德的君王，消滅暴君時同樣使用凶暴的戰爭手段。即便沒有商湯、周武，也會有其他人受不了夏桀、商紂的暴政去推翻他們，這是時勢所向。他們遵從時勢，被後世讚頌至今。今日老天送您神龜就是時勢，牠實際上就是為了聖人才出差的，不然怎麼會偏偏落難在宋國，還托夢給您？為的就是把自己送給賢明的君主啊！您因為害怕而不敢接受，簡直就是逆天而行啊！」

宋元公聽完，似乎突然開了竅，拍手稱讚。他對著太陽兩次拜謝，留下神龜。後來挑選黃道吉日齋戒，命下人殺了白色的野雞、黑色的羊為祭品，並把血澆在神龜身上，隨後宰了神龜，用龜甲做成占卜器具。

據說，從此以後宋國用它進行占卜，結果往往十分準確，宋國的將士打仗也變得神勇，無人能敵。宋國藏有貴重占卜神器的消息在諸侯間不脛而走，其他諸侯都認為宋國的強大是仰仗了神龜的力量。

技巧正名

衛平勸說宋元公的故事雖然十分離奇，也有不少迷信的成分，卻不妨礙我們總結其說話技巧，它叫話接平行線。

什麼是平行線？在同一個平面內，永不相交也不重合的兩條直線，叫作平行線。將此概念移植到說話技巧中，是為了凸顯以下兩大要素：

第一，在同一個平面內，兩個人想延續對話，尤其是處於回答的一方，必須保證話題在同一個語境內。如果對話風馬牛不相及，就沒有談話的必要。

第二，既然在一個平面內，為什麼要讓談話不相交或不重合呢？這是此技巧的重點。這是因為一旦回答和提問相交或重合，話題就會由於碰撞而導致談不下去或被終止，談不下去的其中一個原因則在回答方無法用自己的邏輯說服對方。話接平行線的技巧看似在說同一件事，實際上完全用的是兩種不同的邏輯。

表面上衛平和宋元公好像都在說是否宰殺烏龜一事，實際上兩個人完全不在同一邏輯內。宋元公反覆強調占有和宰殺神龜的行為違反仁德，衛平說服宋元公的邏輯卻是一切皆是天意和時勢，完美避開說服不了對方時的正面交鋒。

評跋：★★★★☆

對於唯物主義來說，衛平的理由顯得有些可笑，但至少在當時能夠自圓其說。他把寶物等同於利益，將利益會引發暴力衝突這件事看得相當透徹，邏輯性給六分。

衛平利用各種實例，努力說服宋元公得到神龜是天意，讓宋元公深深體會到出門不撿就算丟的真諦，策略性給八分。

衛平從最初談話和宋元公不在同一個頻道，轉到運用宋元公的夏桀、商紂事例印證自己的論點，逐漸在談話中占據上風，表達力給八分。

雖然衛平深信的邏輯從一開始就沒有改變，但是隨著對話的平行延伸，最終依靠強大的即興力，在宋元公的談話內容中找到突破口，利用商湯滅夏、武王伐紂同樣使用暴力手段奪取天下的事實，引出暴力獲取利益是聖人也會做的事情的核心論點，即興度給九分。

我們無法苛求對於自然科學了解不夠充分的古人，但今天應該明白，神龜號稱盡知天下事，卻無法得知自己會被宰掉，還向凶手托夢求救，矛盾重重。連孔子也說，神龜即使再神，也沒算到自己將成為一隻空殼的命運，影響力給六分。

總分三十七分，三星半。

沙盤推演

現實生活中，隨著科技的發展，話接平行線的說話技巧被使用的機會比過去多得多。

有次上海刮大風，很多社區的樹倒了，壓壞許多住戶的車。有住戶在通訊群組裡不斷責備物業管理公司：「我想請問，從法律上講，樹倒了，壓壞我的車，物業要不要賠？」其他人跟著說：「別管那麼多，如果樹倒了，正好砸到了人，物業還敢說自己不用負責嗎？」此起彼伏的討伐聲不斷。

物業管理經理回答：「物業一定會按照相關規定，在大風預警期間不間斷地巡邏和檢查，力求避免財產損失和人員傷亡。業主如果需要聯絡保險公司理賠，物業會提供相應證明。也希望業主能夠監督物業的工作，提出寶貴的建議。」

你也許認為物業這段話說了等於沒說，但我得說，這種時候物業必須說些什麼，但又不能火上澆油，基本上也沒有什麼回答能夠馬上平息風波。在這種情況下，這樣的表態是唯一的方式。

第九章

策略防備

行事作風講氣度，堅守原則不含糊

口語傳播中的策略，指的是根據人與人之間的交流和溝通的形勢發展，制定言語準則；策略防備則是指利用所制定的言語準則，避免對方利用言語輸出給自己帶來不利影響。

俗話說，害人之心不可有，防人之心不可無。人際交流中，這條準則同樣適用，如何制定策略以防備因此成了技術活。

日常生活中，人與人之間的簡單對話，尤其是不涉及利益問題的交流，完全可以輕鬆對待，不必處處使用說話技巧。但當某些對話牽涉到大是大非，尤其傳播者不僅代表自己，還代表團隊利益時，提前設計對話過程中的防備策略就相當重要。

趙括其母・被迫守底線

底線有時是原則，有時是確保自己安全的防線。由於身處特定的歷史時期，本節故事中的底線事關生死。在現今社會中，因交流不慎出現危及生命安全的可能性並不多，底線便成了人際交流中確保自身不受牽連的警戒線。

趙括的故事告訴我們，說話技巧與口語傳播時底線的設防密切相關。史料取材於《史記・廉頗藺相如列傳》。

史料新說

趙國歷史上有兩位將軍位列「戰國四大名將」，就是廉頗和李牧，但趙國還有一些相當有名的將軍，比如趙奢，是這節故事的半個主角。

趙奢原本只是負責徵收稅賦的小官，主要工作類似如今的稅務局小主管。在徵收稅賦的過程中，他依照律例處死了平原君趙勝手下九位拒不繳納稅金的財務人員，並直言規勸平原君「國家稅收取之於民，用之於民」。深有感觸的平原君於是將趙奢推薦給趙惠文王，趙奢自此成為管理全國財政稅賦的官員，趙國的稅法也變得公正合理。

西元前二七〇年，秦國進攻韓國，大軍駐紮在閼與，戰況危急。韓王向趙國求援，趙惠文王召集將領商議如何救援。

廉頗和樂乘雙雙面露難色，表示道路狹長，距離太遠，很難相救。只有趙奢回答：「路遙遠，地險窄，就像兩隻老鼠在通道裡打架，誰猛誰就一定能贏！」趙惠文王非常認同趙奢，派他領軍救援韓國，這也是「狹路相逢勇者勝」的由來，並衍生出成語「狹路相逢」。

這場戰鬥以趙軍大勝而告終。戰後，趙惠文王賜趙奢為「馬服君」，趙奢從此在官位上與廉頗、藺相如平起平坐。

西元前二六六年，趙惠文王去世，太子即位，史稱趙孝成王。西元前二六二年，秦國再次攻打韓國，韓國決定割讓上黨郡，向秦國求和。上黨郡守將馮亭拒絕投降秦國，打算將上黨郡共計十七座城池拱手獻給趙國，完全就是個激怒秦國、想把奪地之恨轉移到趙國的陰險計畫。

然而，趙孝成王卻非常開心，戰國四公子之一的平原君也支持，趙國於是接收了這些城池，平陽君趙豹極力勸阻沒用。太史公司馬遷用「利令智昏」評價平原君，形容他看到好處便喪失理智。

趙國接收上黨郡後，趙孝成王派大將廉頗駐守長平。

這件事果然激怒秦國，不久後便發兵攻打駐守長平的趙軍，觸發歷史上著名的長平之戰。長平之戰在西元前二六二年轟轟烈烈開啟了。

廉頗的能耐高，秦軍占不到半點便宜，便故意向趙國傳言：「秦軍上下猶記當初狹路相逢的趙國名將趙奢，聽到他的名字就害怕。如今趙奢雖已去世，但是趙國所有將軍中，只擔心趙奢之子趙括一人，如果將門虎子決心子承父業，秦國就麻煩了。」

趙孝成王聽到傳言，立即決定啟用趙奢的兒子趙括替換前線主將廉頗。重病中的藺相如急忙勸說：「大王怎麼能只憑藉虛名就任用大將？這和用膠水黏死調弦鈕再去彈琴一樣，根本不知道變通。趙括這年輕人充其量只是讀過他父親的著作，根本不懂得靈活運用他父親的戰術思想。」

即便藺相如的修辭手法用得爐火純青，趙孝成王卻根本聽不進去，仍舊堅持任用趙括。

就連趙奢的遺孀也勸說趙孝成王放棄啟用趙括的打算。她說：「大王，雖然我兒子趙括從小就學習兵法，談論戰局、策略，而且認為天下沒人能比得上他，但是他根本不懂打仗。雖然有次他和父親討論如何布陣，連他父親也難不住他，但我問過丈夫為什麼覺得這孩子不懂打仗。他表示，戰爭是關乎士兵死活的大事，這孩子卻表現得輕鬆又容易，以後不任用他做將軍也就算了，要是任用了他，他必然會是毀掉趙國的那個人啊！」

眼看趙孝成王不打算改變主意，趙括的母親繼續說道：「當初他父親趙奢還是將軍時，親自伺候他吃喝的人有十幾個，被他認為是可靠兄弟、可靠朋友的有百來個，朝廷賞賜的財物被他拿來接濟軍隊裡的官吏和下屬。從上任那天起，他根本無暇理會家裡發生了什麼事。

「如今我兒子趙括平地而起、陡然顯貴，馬上就要面向東方接受拜見，下屬、官吏卻沒人敢抬頭看他的臉色，怎麼會有人替他賣命死戰呢？國家賞賜的財富全被他藏在家裡，天天查探便宜又划算的農田與房產，能買的就直接買，眼睛眨都不眨。這和他父親相似嗎？父子兩人雖有血脈，但為人完全不一樣，大王一定不能派他領軍作戰啊！」

趙孝成王不耐煩地說道：「你別管了，我自有決定。」

如此回答徹底激怒了趙括的母親：「如果大王一定要讓趙括帶兵打仗，日後出事，我可以不受株連嗎？」趙孝成王點頭答應。

如此，趙括順利成為長平趙軍的總大將，上任伊始就全盤改換廉頗的軍令和方針，替換大量下屬和官吏。秦國主將白起探聽到情報後大喜過望，詐敗撤退，實則切斷趙軍的補給線，還把趙括的部隊分割成兩截，使其軍令難以傳達。

四十多天後，絕望的趙軍自殺式突圍，趙括戰死，五萬趙軍戰歿，四十萬趙軍投降，遭到秦軍全數活埋，長平之戰致使趙國幾近滅國。趙括之母因有言在先，未受株連。而這個故事就是成語「紙上談兵」的由來。

技巧正名

趙母大義滅親的談話中，用了什麼說話技巧讓自己成功保命呢？它叫被迫守底線。

被迫守底線這技巧從名稱上不難理解，但需要好好梳理其中的邏輯關係。

首先，「被迫」的做法，誰都知道不是說話者心甘情願的，是不得已而為之。但僅知道這一點沒用，你得知道他在被迫之前做了什麼。

說話者在被迫守底線之前，並非消極地守株待兔，而是使出渾身解數積極應對，最後迫於無奈，只能選擇守住底線。

其次，「底線」的意思是最低限度，也就是達到自己能承受的臨界點。原因很簡單，當你用盡一切辦法也無法換來想要的結果，說乾了口水，能用的技巧都用了也無濟於事，還能怎麼辦？只能用最後一招——至少得保住一樣東西，這東西因人因事而異，有些人保命，有些人保錢，有些人保工作。

再看趙括母親，一開始她費盡口舌比較趙括與趙奢，試圖阻止趙王任用趙括，結果趙王拋出一句話——你別管了。趙王都這麼說了，趙母敗局已定，於是她選擇守住保全自己性命的底線。

評跋：★★★★☆

趙括的母親根據兒子與丈夫的行為差異，得出兒子和父親完全不是同一類人的評價，知子莫若母，邏輯性給九分。

趙括的母親面對趙王，先點事實再講道理，曉之以理、動之以情。都沒辦法說服趙王時，她只能表達「別牽連我」的最低要求，策略性給八分。

由於提出的各種要求都被駁回，無奈之下，她向趙王提出保住自己性命的要求。最後說出的底線往往才是核心，表達力給九分。

趙括的母親痛陳利害，希望自己和兒子都能安全，皆大歡喜，但看來這心願無法達成。這段話說之前顯然經過用心思考，即興度給五分。

思想僵化、利令智昏、不知變通、紙上談兵，都足以被當作「不可靠」的理由，千萬要引以為戒。同時，在如今社會，人們依舊需要堅定地做到不信謠、不傳謠，影響力給九分。

總分四十分，四星。

沙盤推演

生活中，被迫守底線的經典句型比如：「不聽老人言，吃虧在眼前」、「你現在不聽我說的，到時哭都來不及」、「等到那一天，你可別……」

「你可別」後面的內容，得根據你的需要來添加。如果一時間實在想不出具體內容，你也可以說「等到那一天，你可別賴我頭上」。

其實在我們身邊，被迫守底線的說話技巧被運用的機會數不勝數。

比如，小孩犯了錯，在老師面前怎麼都不承認，在成年人威逼利誘下，小孩實在沒招了，最後會說：「老師，我可以告訴你實話，但你不能告訴我爸媽。」底線是什麼？別讓父母知道。

又比如，討價還價時，買方和賣方特別容易使用這種說話技巧。買方經過反覆殺價，最後殺到沒法再殺時，看似漫不經心地說：「好了，我不再殺你的價格了，但你一定要保證這東西的品質沒問題。」底線是什麼？品質要好。

賣方呢？賣方經過嚴防死守，千方百計不願意降價，最後妥協到不能再妥協時，會非常認真地說：「這是最低價格了，你去市面上看看，如果還有比這個更便宜的，我送你。」底線是什麼？絕不能再便宜一分錢。

這就是說話技巧的本質，來源於生活，又回歸於生活。

子韋觀星·捍衛知情權

傳播者通常會進入一個傳播誤區，認為說什麼話屬於自己的權利，與別人無關。看似沒錯，一旦深究卻會發現，傳播者說什麼話以及是否說話，和別人的權利也有緊密的關聯。如果傳播者獲悉的資訊與別人的知情權有關，且因為傳播者的隱瞞而造成別人無法知道或延遲得知，而這些資訊的缺失或延遲又為別人帶來一定程度的損失，傳播者的表達就不僅涉及自己一個人了。

子韋的故事告訴我們，說話技巧與口語傳播時知情權的保護密切相關。史料取材於《史記·宋微子世家》。

本節要說的是一個關於是否應該坦誠的故事。

史料新說

春秋時期，宋景公在位之時，宋國接連遇到天災人禍，元氣大傷。宋景公相當憂慮，明明已經很努力治理國家了，宋國的運氣卻似乎不太好，一定是哪裡出了問題。

既然無法用正常的邏輯解釋，宋景公開始遍尋能人異士，找來擅長天文星相的方士觀察天象，希望能從天象裡獲得方法，幫助國家避開災禍。

其中有一個人叫子韋，據傳非常厲害，夜晚觀察星相天氣的變化，白天拿著曆書分析、推算。他不但能預見未來，還能推知往事，所言極為準確。

宋景公奉子韋如神明，以上禮相待。子韋既不穿戴華貴的衣服，也不吃特別珍奇的食物，生活得非常簡樸，還對宋景公表示只要遍行德政，實行仁義之舉，就能天下祥和，也能使黎民受到教化。

宋景公非常尊敬子韋，不僅讓他擔任宋國的司星官，也就是觀察天象的國師，還讓他兼任宋國太史。

雖然請來這麼厲害的司星官，但並沒阻止壞事的發生。根據《呂氏春秋》和《史記》的記載，有一天，子韋鄭重地把宋景公請到觀星臺，指著天邊一顆紅色的星星說：「國君，你看到那顆星星了嗎？那是熒惑守心。」

景公問：「什麼意思？」

子韋回答：「就是你要倒大楣了。」

「熒惑守心」就是火星。火星的亮度受氣候的影響常有變化，在天空中有時從西向東，有時從東向西，情況複雜，令人迷惑，古人把它叫作「熒惑」，取「熒熒火光，離離亂惑」之意。火星也叫熒惑星。

自古以來，人們就對天象充滿重視和敬畏，歷代君王更是高度關注熒惑星的變化，常常將其與自然災害、朝代更替、帝王生死相連。熒惑守心這種天象更被認為是大凶之兆。

「心」說的是二十八星宿中的心宿，心宿有三顆星，分別代表太子、天王和庶子。如果熒惑星停留在心宿附近遲遲不離開，這種天象就叫熒惑守心。古人認為它代表皇帝可能駕崩、丞相可能下臺等災禍。

古籍紀錄中有過二十多次熒惑守心，其中很多都與帝王有關，如秦始皇、漢高祖、漢靈帝、晉武帝、晉惠帝、梁武帝，古人認為他們的死亡與這個天象有關。

春秋時期，周天子分封諸侯，各諸侯的封地分別對應著不同的星宿，其中心宿的位置正好對應著宋國。此時出現「熒惑守心」，不就是沖著宋景公嗎？

子韋先把「熒惑守心」的來龍去脈交代一番，然後說：「熒惑是天罰，國君你可能會有災禍。」

宋景公問：「有沒有什麼辦法可以破解？」

子韋說：「我們可以把這個劫數轉給宰相。」

景公急了：「宰相是替我治國的，移給他，他不就死了嗎？那不行。」

子韋說：「還有個辦法，可以轉移給百姓。」

景公搖頭：「老百姓死了，我還當哪門子國君？」

子韋又想了想：「還有個辦法，可以把這個災轉變成災年，也就國家倒點楣，老百姓多吃點苦，但你和宰相都不用死。」

景公說：「災年也不行，百姓都吃不上飯了，哪有國君為了活命而害百姓的！別說了，算我倒楣，命該如此，就順其自然，讓我來承擔這個大凶之兆吧！」

子韋一聽，一聲不響地走了。

過一會兒他折了回來，向景公拜了兩拜，說：「恭喜主公！天雖然高高在上，但能諦聽地上的聲音。你剛才說了三次大善之言，上天必有三賞。現在熒惑星必移三舍，為你延壽二十一年！」

景公興奮地問道：「什麼？」

子韋說：「不要不相信你的耳朵，三次善言，天賞三次，熒惑星也會遷徙三次，一舍七星，一星一年，三七二十一，延壽二十一年。我現在跪在下邊等著，如果熒惑不遷徙，我請一死！」

那天晚上，火星果然移了三舍，果然好人有好報。

「熒惑守心」這件事發生在宋景公在位第三十七年（西元前四八〇年），而他直到二十七年後才去世，比子韋推算的還多活了六年。司馬遷評價「景公謙德，熒惑退行」，意思是景公這個人德行非常高，連火星都讓路給他。

技巧正名

子韋對宋景公如此直言不諱，究竟是對還是錯呢？他使用的說話技巧叫作捍衛知情權。

有人認為捍衛知情權就是實話實說。如果真那麼簡單，也就不需要這一節了。

說實話應該視具體情況而定，有些實話你可以不說，這是你的選擇；但有些實話你必須說、不得不說。

一九四六年聯合國大會通過決議，將知情權列為基本人權之一。廣義說，知情權指的是一個人具有知道和獲得相關資訊的自由和權利，而獲得這些資訊的管道包括官方和非官方兩種。本來一個人好好地擁有這種權利，但因為某些原因，這些資訊被你掌握在手裡，你卻拒絕告訴他。無論你是出於善意或惡意，侵犯了他人的知情權都是不爭的事實。在無權隱瞞的前提下，只要對方具備知道這件事的權利，你都必須告訴他。

再看子韋，身為國家級司星官，他有義務將看到的天象如實稟告君主，即使冒著生命危險也必須老實說，因為這是他的責任。幸好，宋景公的善良和仁德為他帶來好運。

當然，同樣的事件發生在不同的人身上，往往會得到不同的結果。史上最著名、最嚴重的一次「熒惑守心」導致一名宰相的自殺。

西漢漢成帝綏和二年（西元前七年）春天發生「熒惑守心」，大臣紛紛認為此一天象變化的後果應該由宰相來承擔，有的大臣甚至直接指責宰相「上無惻怛濟世之功，下無推讓避賢之效」，勸他趕緊自殺。漢成帝為此寫了一封長長的詔書，歷數宰相當政以來的種種錯誤，並把造成國家各種糟糕局面的成因全甩鍋到宰相身上，至於宰相該如何承擔這個錯誤，漢成帝要他好好想想。宰相最後自殺而亡。

得知宰相的死訊後，漢成帝龍顏大悅，為他舉行了隆重的葬禮，親臨致祭，認為災星已退，自己有望長命百歲。可笑的是，當月漢成帝便中風癱瘓，勉強拖了一個月後，依舊翹了辮子。

子韋的表達雖然沒有特別經典的辭藻，但句句乾淨俐落。被君王一次次否定後，又一次次跟進，邏輯性給八分。

從謀篇布局上看，子韋並沒有利用表達去操縱或誘導君王做出選擇，而是在每次被否定後，給予進一步的解決方案，策略性給六分。

子韋說話從不遮遮掩掩，即使讓君王絕望也沒有招致宋景公的責備，坦誠是他說話的最大法門，表達力給八分。

縱使有再強的觀星能力，子韋也猜不透宋景公的心思，面對自己的提議被君王接二連三否定，他總能想出下一步棋的走法，即興度給九分。

不同時代有不同時代的文化，夜觀星相放在今天，很多人都不會認同子韋向宋景公提出的星宿結論。此一時彼一時，做為歷史文化中的蒼勁一筆，影響力給七分。

評跋：★★★☆

總分三十八分，三星半。

沙盤推演

捍衛知情權與其說是說話技巧，不如說是口語傳播的責任。

曾有個高中生的父母在大考期間遭遇車禍，不幸離世，為了不影響他的情緒，全家人瞞了他兩天。對於這則新聞，有人舉雙手贊成，有人嗤之以鼻。反對的人覺得即使是大考也不應該重於父母的生命，家人不該剝奪孩子的知情權。

如果因為瞞了孩子兩天，讓他錯過與父母相見的最後一面，我覺得不應該。但倘若父母的死亡已成既定事實，即使孩子當下就知道了也改變不了什麼，我覺得是否延遲告訴他真相的時間，可以商榷。

一位同事的長輩查出患了重症，他反覆掙扎幾天後問我：「我應不應該把真相告訴他？告訴他的話，我怕弄巧成拙，影響他平靜的心情。」

我想很多人都會有這樣的想法，因為出發點是善良的。我對同事說：「你的家人對於自己的身體狀況有知情權，從根本上講，你無權隱瞞。但是，必須告訴他和選擇一個恰當的時機告訴他，這兩件事並不衝突。你可以找一個合適的環境、以合適的表達方式告訴他，把對他的情緒傷害降到最低。」

這番建議再一次證明了我說過的觀點，說實話同樣需要技巧。至於什麼算是合適，則要根據具體情況分析。總之，但願你我問心無愧。

主父偃獻策．褒貶皆個性

個性極強究竟是不是件好事？口語傳播過程中是否應該彰顯個性？透過語言充分傳遞個性並沒有過錯，畢竟所有的傳播效果都是由傳播者承受，只要在過程中別因自己的個性傷害到傳播對象便好。

主父偃的故事告訴我們，說話技巧與口語傳播時個性的展現密切相關。史料取材於《史記．平津侯主父列傳》。

「做人，沒法讓所有人都喜歡；做事，沒法讓所有人都滿意。」任何事物存在的兩面性都會導致一部分人對你的看法不同於你做事的本意和初衷。不過有個人的處境有點特殊：自己家裡人不喜歡他，可能是他做事違背了家風；自己鄰居不喜歡他，可能是他傷害了鄰居的感情；自己國家的人不喜歡他，可能是他損害了國家的利益；其他國家的人也不喜歡他，可能是他損害了別人的利益。我說的這個人就是本節故事的主人公主父偃。

史料新說

主父偃是齊國臨淄人。臨淄在今山東省淄博市東北，因臨淄水而得名。他早期學的是縱橫家，說起來算是鬼谷子的徒子徒孫，晚年才開始學習《周易》、《春秋》以及諸子百家的學說。

主父偃在故鄉齊國的讀書人間可謂「臭名昭著」，誰都不待見他，人緣很差，而且大家還聯合排擠他，導致他在齊國待不下去。無奈之下，他前往北方的燕國、趙國、中山國，可惜各地都沒有人待見他，連做別人的幕僚、賓客都沒有門路。漢武帝時，他認為各諸侯國都不值得待，前往函谷關求見大將軍衛青。

衛青恐怕是主父偃這輩子遇到的唯一好人，多次向漢武帝推薦他，漢武帝卻不肯見。主父偃的盤纏很快花光了，十分困窘，只好孤注一擲，向漢武帝上書，很快獲得召見。

上書的內容是：「明君不會厭惡深切的諫言，而會多方明察；賢臣不敢逃避沉重的懲罰，而會直言錯誤。如此一來，能夠使國家得到好處的政策才不會被埋沒，功名才得以流傳萬世。我現在不敢隱瞞自己的忠誠，不會逃避死亡，冒昧地向您陳述我愚昧的想法，希望您能赦免我的罪責，稍微考察我的想法是否可靠。

「《司馬法》裡說：『國家雖然巨大，如果喜歡用戰爭處理問題，必然滅亡；天下雖然太平，如果無視戰爭帶來的風險，必然危險。』現今天下平定，皇帝演奏〈大凱〉的樂章，春天、秋天都舉行游獵，諸侯藉春天鍛鍊士兵，秋天整備武器，用來表示牢記戰爭。憤怒是悖逆的德行，鋒利的武器是凶惡之物，打仗是處理問題的方式中最差勁的。古代君主只要發怒必然殺人，屍橫遍野，聖明的君主對待憤怒向來慎重。

「那種致力於用武力取勝之人，最終沒有不後悔的。秦始皇憑藉兵威吞併與之交戰的國家，一統天下，功業可與夏、商、周開國之君相比，但是他不肯甘休，還要發兵匈奴。李斯勸誡：『不可攻伐，匈奴沒有城邦居住，也沒有堆積如山的財物，他們像候鳥般遷徙，得到他們也無法控制。輕裝上陣則軍糧短缺，萬事俱備則物資巨大。即使得到匈奴的土地也無利可圖，奴役匈奴百姓也無法守護他們。戰勝他們就只能殺死俘虜，這不是為民父母的君王該做的，使中原疲敝，只為內心愉快而攻打匈奴，並不是個好政策。』

「秦始皇不聽，派遣蒙恬攻伐匈奴，土地雖然開闊了千里，但都是鹽鹼地，不生穀物，調發幾十萬人守衛黃河以北地區，讓他們在風沙中待了十幾年，死了無數人也沒有再前進一步。難道是人馬不足，兵戈不鋒利嗎？根本就是後勤條件不足。天下百姓都在種糧草，從黃縣、琅邪出發，送到北河，糧食得花費三十鐘，送達的卻只有一石。」

秦代一鐘等於六石四斗，一斗等於〇．一石。送過去一石糧食需要三十鐘，也就是一百九十二石，路途上所消耗的糧食是送抵糧食的一百九十二倍。這也是成語「一石幾鐘」的由來。

主父偃在上書中繼續寫道：「男子再怎麼努力種田也無法滿足糧食需求；女子再怎麼努力織布也無法滿足軍隊需求。百姓疲憊不堪，孤兒寡母、老弱病殘得不到供養，沿路餓死的人綿延不絕，大概就是這個原因，天下人才背叛了秦朝。

「漢高祖劉邦平定天下，攻取邊境土地，聽說匈奴就在山谷之外也想攻打，御史大夫勸阻：『不能打匈奴，他們的習性如同猛獸聚集、眾鳥飛散，追逐他們就像捕捉影子，憑藉陛下的盛德攻伐匈奴，太危險了。』劉邦沒聽從，向北進軍到代郡的山谷，導致漢軍遭到平城被圍困的危險。劉邦後悔了，派遣劉敬與匈奴締結和親之約，此後天下人民才漸漸忘記戰爭的痛苦。

「《孫子兵法》寫道：『發兵十萬人，日耗千金。』秦朝聚集民眾，屯兵幾十萬，雖然殲滅了敵人，但與匈奴結下深仇大恨，這種結果不足以抵償全國的戰爭耗費。朝廷國庫空虛，民間百姓疲憊，這種揚威國外心中歡樂的事情，絕對不是完美的。匈奴難以控制，並非現在才這樣，他們在路經之處劫掠不停，並以此為職業，是其天性使然。各朝各代都不用法律道德去看待他們，不採用正確對待匈奴的態度，這是我最大的憂慮，也是百姓感到最痛苦的事情。

「戰況一久必然生變，做事艱辛，思想就變，不但百姓產生背離天子的想法，軍官之間也會相互猜疑，甚至與境外勢力勾結，我說的就是秦國的趙佗、章邯。這是秦王朝政令無法推行的根本原因，因為大權已經被這樣的人掌握了。所以《周書》上寫道：『國家的安危在於君王的政令，國家的存亡在於君王的用人。』希望皇帝您仔細考察這個問題，深思熟慮，不要出錯。」

和主父偃同時上書的人中，有一位叫徐樂，還有一位叫嚴安。三人同時被漢武帝召見：「你們平常都跑到哪裡去了？為什麼我們相見會如此之晚呢？」他將三人任命為郎中，主父偃因多次覲見陳述政務，一年之中連跳四級升為中大夫。

此時，主父偃又向漢武帝獻上一條非常重要的計策，他說：「古代諸侯的土地不超過百里，強弱形勢難以顛覆。現在的諸侯竟然可以擁有幾十座相連的城池和上千里土地。形勢一旦寬緩，他們容易驕傲奢侈；形勢一旦緊張，他們又可能依靠自身實力聯合周邊勢力反叛中央。如果我們使用法律條文削減他們的土地權益，他們很可能會反叛。

「現今各諸侯的子女都很多，有的甚至有十幾個，父親的爵位和封地只有嫡長子能夠繼承，其他兄弟姐妹雖然也是骨肉，但沒有尺寸之地，他們怎麼做得到仁愛孝親呢？

「陛下應該下令讓諸侯推廣仁德。具體來說，諸侯應該讓自己的孩子都分得父輩的封地領土，國家同時賞賜他們爵位為侯。這樣一來，這些人一定會很高興。如此一來，諸侯的領地到了下一代就會面臨切割再分配，不用削減諸侯的封地就能削弱他們的實力。」

這就是中國歷史上非常著名的「推恩令」。

在尊立衛青的姐姐衛子夫為皇后和揭發燕王劉定國的亂倫這兩件事情上，主父偃都有功勞，卻也讓朝中大臣都很害怕他的嘴。不少人為了拉攏主父偃向他行賄，累積的受賄財物超過千金。

有人勸主父偃做事不要太囂張跋扈，他竟然回答：「我束起頭髮遊學四十載，志向無法實現，父母不把我當兒子看，兄弟也沒有人肯收留我，賓客、朋友拋棄我，我窮得太久了，我活著享受不到頂級規格的宴席，就讓我死時享受頂級規格的刑罰吧！」

元朔二年（西元前一二七年），主父偃向漢武帝告發齊王劉次景也有亂倫行為，漢武帝任命他為齊相去監督齊王。主父偃回到故鄉齊國，把兄弟姐妹、賓客、朋友都找來，散發大約五百金錢財，說道：「當初我貧窮時，兄弟不接濟我，賓客不待見我。現在我做了齊國丞相，你們之中居然有人不遠千里來迎接我，現在我宣布和你們所有人絕交，請不要再踏進我家大門！」

到了王宮，主父偃告誡齊王不要繼續做擾亂後宮綱常之事。齊王非常害怕，想起之前燕王被主父偃告發後的結局，找了個機會自殺了。

主父偃當年遊歷時去過趙國和燕國，而今趙王一聽他的名字就嚇得半死，決定先下手為強，上書檢舉主父偃收賄的行為。

漢武帝看到趙王的信後，又看到齊王自殺的報告，認為主父偃是想報復齊王而逼死他，便交代官員審問主父偃。主父偃承認收賄，卻不承認逼死齊王。

漢武帝一時心軟不想誅殺主父偃，老臣公孫弘卻說：「齊王畢竟是皇室子孫，現在自殺了，連後代都沒留，封國只能取消變成郡縣。這可不是小事，不管怎麼說，主父偃和這事都有直接關係。皇帝你不下手，難以交代。」

漢武帝最終判處主父偃死刑，並誅滅其族。

技巧正名

不討人喜歡的主父偃死於刑場，他的故事則藏著一個叫作褒貶皆個性的說話技巧。

個性是什麼誰都懂，但都說不太清。褒貶為什麼皆個性呢？因為個性純屬個人，既然不是普遍性的，就必然有人喜歡，有人不喜歡。

在說話的過程中，人很難長時間掩蓋自己的個性，總會在不經意間流露內心面貌。當你的聽眾正好喜歡你的個性，你所說的話自然會得到他的認同，甚至是高度認同，因為很有可能他和你是一樣的人。如果正好相反，對方不喜歡你言談舉止中流露的個性，結果就可想而知。

換言之，若因個性式表達換得某種認同也別太得意，要是聽眾換了一批人，結果有可能大相徑庭。

再看主父偃，他的表達中最能彰顯的就是說話的個性，而且他從來不掩蓋這點，那句「我活著享受不到頂級規格的宴席，那就讓我死時享受頂級規格的刑罰」，入木三分地體現了褒貶皆個性的說話技巧。

評跋：★★★★☆

除了引薦主父偃的衛青，沒人幫他說好話，沒人願意幫他開啟仕途，單憑一封上書就讓漢武帝破格錄用，文辭中引經據典不說，還顯示了深思熟慮的辯證能力，邏輯性給八分。

一年之內連升四級，一句話打破帝王與諸侯之間的權力糾葛，一紙「推恩令」成為皇帝削藩的法寶利器，大一統的中央集權開始建立，策略性給十分。

主父偃的故事是古代版「要嘛流芳千古，要嘛遺臭萬年」，也是古代版「過去你們對我愛理不理，今天我讓你們高攀不起」。對很多人來說，他的話聽起來都非常解恨，卻是災禍的開始，表達力給八分。

他的上書肯定經過深思熟慮，「推恩令」計畫一定在他心中推演過很多次，即興度給五分。

推恩令使然，主父偃在歷史上可謂影響力巨大，掩蓋了他一輩子就一個推薦人、一輩子就一個收屍人的人生，影響力給九分。

總分四十分，四星。

沙盤推演

現實生活中，說話因個性分明而導致結果不盡如人意的事件每天都在發生。

不久前我才回覆學員給我的留言。她剛參加一場演講比賽，很失望地傳訊來：「林老師，讓您失望了，我沒能進入決賽，半決賽被淘汰了。可是我的演講是精心設計過的，從初稿時的自我分量太重，到盡量去個性化，還特意加了一些能夠引起大眾評審共鳴的內容。不知道為什麼，在大眾評審這關還是失分了。」

一聽到有大眾評審，我就知道她晉級的可能性降低了，因為她的個性太分明。我回答她：「你想多了，好的演說不是為了討好大眾，演講者一定會有自己的個性，這份個性中難免會觸及一部分人的利益，個性愈強，結果可能愈會走向兩個極端。但憑我的經驗，大眾評審的高分不會給殺傷力特別強的選手，所以優秀的演講永遠不會出現在比賽中。對於結果的追求會讓選手藏起大部分的真實自我。否則，他們就是在賭一把。」

說話就是如此：沒有個性，太過平庸；有了個性，褒貶不一。我們沒有必要迎合誰，只要不傷害對方，個性的彰顯也無可非議。

李廣難封・訥言而敏行

少說多做是個很常聽見的觀點，但如此表述真是委屈了每個人的嘴。認為多說有問題的人，從一開始就把說和做變成一種矛盾對立的行為。捫心自問，多做就一定好嗎？少說就必然對嗎？兩者之間根本沒有什麼邏輯關係可尋。如果非得從中找出點什麼，較客觀的觀點應該是說做同步，相輔相成。

李廣的故事告訴我們，說話技巧與口語傳播時言行的配合密切相關。史料取材於《史記・李將軍列傳》。

「林暗草驚風，將軍夜引弓。平明尋白羽，沒在石稜中。」是唐代詩人盧綸的一首邊塞詩，描述的是本節故事的主人公飛將軍李廣的事蹟。前文講述馮唐時已經提到「馮唐易老」的典故，現在便來說說下半句「李廣難封」。

史料新說

李廣一門世代精通弓術，且是名門之後，李廣的祖先叫李信。前文王翦的故事中，那位只率領三千人就俘虜燕太子丹，和秦始皇誇下海口說二十萬人就能滅楚的小將軍，就是李信。

李廣是隴西郡成紀縣（今甘肅省平涼市靜寧縣）人。西元前一六六年，匈奴攻破蕭關（今寧夏固原市），威脅漢境，李廣應徵入伍，抵禦匈奴。弓馬嫻熟，李廣屢立戰功，在戰場上斬殺許多匈奴，憑藉軍功被封為中郎，他的堂弟李蔡也被封為中郎。兄弟倆出任武騎常侍，年薪八百石。

李廣曾以漢文帝隨從身分出行，經常衝鋒陷陣、揮軍殺敵、格殺猛獸，連漢文帝都說：「可惜你不是生在高祖劉邦那個年代，不然封個萬戶侯真是小事一樁。」

漢景帝即位後，李廣出任隴西都尉，後改任騎郎將。發生七國之亂時，李廣時任驍騎都尉，跟隨周亞夫進攻吳楚叛軍，在昌邑城之戰中奪取敵軍軍旗，揚名天下。

當時的梁孝王私自把將軍大印授予李廣，導致李廣沒有得到朝廷的封賞，而是被調任上谷太守。上谷就是今河北省張家口市懷來縣，幾乎每天都有匈奴劫掠。李廣毫不含糊，領軍出戰對抗匈奴，導致主管外交事務的官吏公孫昆邪哭著向皇帝彙報：「李廣才氣無雙，仗著有本事，次次在上谷和匈奴正面衝突，這樣下去遲早會死在前線。」

為此，漢景帝把李廣調任為上郡太守，上郡就在今陝西省榆林市東南。

皇帝派了一名宦官給李廣，這名宦官帶了幾十名騎兵在前線遇上三名匈奴士兵，幾十名騎兵幾乎全滅，宦官拚命逃回。李廣見此情形說道：「你們運氣太差了，遇到匈奴的神箭手！」說完就親自帶領一百騎兵出營追擊。

三名匈奴士兵很快就被李廣的部隊追上。李廣命令騎兵散開，從左右兩翼包抄，自己拿弓箭射死兩人，活捉一人。

他們剛剛捆好俘虜，就見到遠處數千匈奴組成的隊伍，雙方都嚇了一跳。李廣沒想到會遇上匈奴主力，匈奴則以為遇到漢軍的誘敵隊伍。

匈奴立即排下陣型，嚴陣以待，李廣制止自己的軍隊打算逃跑的想法，說道：「我們距離軍營幾十里，現在逃跑根本不可能逃出對方的追擊，我們要裝作閒庭信步，對方也不敢輕易進攻！」

他帶領一百騎兵前進到匈奴軍陣前一公里之處，命令大家下馬、解鞍。士兵紛紛說：「將軍，你瘋了嗎？如果敵人進攻怎麼辦？」

李廣回答：「敵人沒有直接進攻，說明對方也有疑惑，我們將計就計，這樣敵人就會相信我們是誘餌，不敢進攻我們。」

話剛說完，匈奴軍陣中有位騎白馬的將領出現在陣前，指揮大軍。李廣立即與部分騎兵突然襲擊，射死了他。隨後，李廣再次回隊，卸下馬鞍，原地休息。直到黃昏，匈奴部隊始終不敢進攻。等到天黑，擔心遭受夜襲的匈奴竟然全數撤離，李廣一行於次日安然回營。

幾年後，漢武帝登基，朝廷大臣都認為李廣是名將，他順利升遷為未央宮衛尉，名將程不識則調任長樂宮衛尉。這兩位大將都是從邊疆無數次血戰中屢立戰功才獲得升職，兩人的做法卻明顯不同。

李廣行軍打仗，紀律比較鬆散，也不排布陣勢，喜歡靠近水草豐茂的地方紮營，士兵都覺得生活上比較便利。隊伍晚上不設置巡夜，而是遠遠地設置哨兵，大家安心休息，將軍帳內的規矩文書也一切從簡。

程不識嚴於治軍，對軍隊的編制、行軍、佇列、駐紮、陣勢要求非常高，夜裡必須有人打更巡夜，文書簿冊的紀錄必須清楚明確，各種條目規定很繁雜。很多士兵無法得到充足的休息，可以說是枕戈待旦。

正因如此，匈奴更害怕李廣的謀略，士兵也願意跟隨李廣，而不太願意跟隨程不識。

為了剿滅匈奴，朝廷將主力部隊埋伏在馬邑城周圍，以馬邑城為誘餌，引誘匈奴單于進軍。李廣任驍騎將軍，頂頭上司就是赫赫有名的韓安國。這次圍剿因被匈奴單于識破計謀宣告失敗，大家都沒有戰功。

四年後，李廣被正式提拔為將軍，率軍出雁門關進攻匈奴。當時的匈奴軍勢極大，不僅擊敗李廣的隊伍，還生擒李廣。匈奴單于早就聽聞李廣的事蹟，吩咐：「我要活李廣，不要死將軍！」

李廣被俘後受了重傷，無法騎馬，被放在一張大網裡，架在兩匹馬中間送往匈奴大營。李廣假裝死去，偷偷觀察，突然抓住機會搶奪一位士兵的良馬，奪了他的弓箭，狂奔逃離。匈奴追兵有幾百名，李廣且戰且退，射殺多人，終於遇到漢軍殘餘部隊才得以躲回關塞。等他回到京城後，執法官根據軍法，以人馬損失慘重、將領被捉的罪名，判其斬首。李廣透過上繳財物免除死罪，被貶為平民。

李廣賦閒在家數年，與灌嬰的孫子灌強關係很好，經常一起打獵。一天夜裡李廣帶一名隨從外出，野餐喝酒後回家經過霸陵，霸陵的縣尉喝多了，大聲喝斥李廣並扣留他。

隨從說道：「這可是前任將軍李廣！」

霸陵縣尉答道：「笑話！現任都不好使，何況前任。」

匈奴再次入侵遼西，太守被殺，韓安國因兵敗而被降職到右北平（今內蒙古自治區寧城縣）。皇帝召見李廣，要求他出任右北平太守。李廣表示要和霸陵縣尉一起上任，他可不是心慈手軟之人，到了駐地就把霸陵縣尉殺了。匈奴聽說「大漢飛將軍李廣」就任右北平，好幾年都不敢挑事。

李廣有次打獵時把石頭當成老虎，一箭射入石頭中，這事被盧綸寫成詩作，流傳千古。身為將軍，他把賞賜全部分給部下，飲食與士兵相同，雖然拿大漢的最高俸祿二千石超過四十年，家中卻沒什麼餘財。

李廣身材高大，射箭技術高超，子孫沒一個人能超越他。而他說話不多，言語遲鈍，業餘時間的消遣竟是比試射箭。

李廣帶兵，士兵沒喝水他就不喝，士兵沒吃到飯他就不吃，打仗時從不輕易放箭，直到確認絕對不會失手才放箭，這也是他曾經被俘虜和打獵時射老虎被老虎傷到的原因。但他一旦出手，敵人必定落馬倒地。

漢武帝元朔六年（西元前一二三年），李廣被升為後將軍，跟隨衛青出塞，征討匈奴。此戰大捷，不少人都因戰功而升遷，但是作戰安排的關係，這些好處都輪不到李廣的隊伍。

漢武帝元狩二年（西元前一二一年），李廣帶領四千騎兵，張騫帶領一萬騎兵，分別出征匈奴。出發幾百里後，匈奴左賢王四萬大軍包圍李廣，士兵開始害怕。

李廣要求兒子李敢帶領敢死隊出陣衝殺。李敢與幾十騎兵飛奔而出，分別從匈奴大軍左右兩翼突圍回歸本陣，同時高呼：「匈奴敵軍很好對付，根本不用害怕！」

漢軍士氣終於穩定下來，李廣指揮隊伍排出守備力最高的方圓陣，面向外側抵禦攻擊。匈奴大軍箭如雨下，四千漢軍損失過半，對射過程中，漢軍儲備的箭矢耗費極大。李廣命令士兵拉滿弓、不放箭，保持待擊發狀態，自己使用強弩射殺了匈奴部隊的副將，箭無虛發，驚懼的匈奴隊伍開始散開。

夜幕降臨，士兵面無人色，只有李廣泰然自若，冷靜指派軍中事務，大家都被李廣感染，士氣重新鼓舞起來。第二天，張騫終於率軍趕到，左賢王的軍隊撤退。由於李廣的部隊幾乎全軍覆沒，不得不收兵回朝。張騫因遲到按律當斬，透過花錢贖罪被貶為平民，李廣功過相抵，沒有得到任何賞賜。

此時不得不提到當初和李廣一起出道的堂弟李蔡。漢景帝時，李蔡就得到最高俸祿二千石；漢武帝時，他成為代國丞相。西元前一二四年，就是李廣被俘那一次，李蔡從輕騎將軍被封為樂安侯。西元前一二一年，李蔡接替公孫弘成為漢朝丞相。

李蔡的才能遠不如李廣，名氣也小於李廣，卻位列三公，李廣卻不得封侯，官位最高也沒有超過九卿。不只是李蔡，連過去李廣的手下部將也有人封侯。

李廣曾經私下和術士王朔聊天：「漢朝從和匈奴交戰開始，每一次我都參加了，手下部將才能中下的都被封侯，並且人數不下幾十人，我比他們都強卻沒得到半點功勞，為什麼呢？是不是我的命裡就不能封侯呢？」

王朔回答：「你先想想這輩子做過最不道義的事情是什麼吧？」

李廣回答：「做隴西太守時，羌人叛漢，我誘降八百人，但我欺騙了他們，將他們全數正法。」

王朔略加思考後說：「因果啊，讓人倒楣的業障裡，我覺得沒有比殺死已投降的人更嚴重的了。這就是你不能封侯的原因。」

漢武帝元狩四年（西元前一一九年），大將軍衛青、驃騎將軍霍去病一同領軍出征匈奴，李廣多次要求隨軍出征。漢武帝認為他年紀大了沒有同意，卻禁不住他死磨硬纏，最終答應讓他任前將軍，隨軍出征。

領軍出塞後，捉來的俘虜供出單于駐紮的地方。衛青立刻帶領精兵追逐單于，卻命令李廣和右將軍合軍一處，從東路進軍。

李廣考慮到東邊道路迂迴繞遠，路程中環境惡劣，缺少補給，大軍難以行進，親自請求：「我的職務是前將軍，如今大將軍您卻讓我迂迴出擊。我從少年時代就與匈奴作戰，直到今天才有機會與單于正面作戰，請允許我當前鋒，與匈奴決一死戰！」

衛青出征前，皇帝就特別提醒他：「李廣年紀大了，運氣也不太好，讓他與單于作戰，我擔心他無法俘虜單于。」當時衛青的死黨公孫敖剛剛失去爵位，衛青想讓公孫敖與自己一同進軍，希望幫好兄弟獲得戰功，重新得到封賞，沒同意李廣的請求。

李廣不傻，他知道衛青的打算，再三請求衛青收回成命。衛青最終還是拒絕了，並把一紙「服從軍令」文書丟給他。惱怒的李廣連「再見」都沒說就前往軍部，按照軍令和右將軍會合。他從東路出發，因為沒有嚮導，導致時機延誤，沒有按照要求的時間抵達進攻地點。

衛青被迫獨自進攻，沒能成功俘虜單于，只好收兵。回程中在沙漠裡遇到李廣，衛青派副官帶補給和酒送過去，並詢問戰機延誤的原因，好向皇帝彙報。李廣負氣說道：「部下們沒有罪責，都是我的錯，我這就去衛青大將軍的帳前受審！」

到了衛青的帳前，李廣對部下說：「我從少年從軍算起，與匈奴交戰共七十多次，如今終於和衛青大將軍一同進攻匈奴，卻被要求迂迴繞路，這還不算，偏偏就這次迷了路。難道這不是天意嗎？我已經六十多歲了，不願意再受刀筆之吏的羞辱。」

說完，李廣拔劍自刎。他部下所有將士無不失聲痛哭，百姓聽聞，不論男女老少都傷心落淚。

技巧正名

飛將軍李廣呈現的說話技巧叫作訥言而敏行。

孔子說「訥於言而敏於行」，意思是說話可以謹慎些，甚至遲鈍些也沒關係，可是行動一定要敏捷。孔子可不是否定口語傳播的重要性，只是用這種對比告訴我們不能光說不做。

訥言而敏行有代價，透過行動了解一個人的時間比透過口語傳播要漫長得多，優勢則是行動之下更見人心。很多人認為，言和行讓人挑一個，一定挑行。可是別誤會了，生活不是讓你從言行中只能選其一，你完全可以既有行動力又有表達力。

訥言而敏行是說，語言已經遲鈍了，行動一定要彌補語言的缺陷，履行語言的內容。

再看李廣，他天生就是說話比較遲鈍的人，平時話也不多。但他有個優勢——言簡意賅，表達的內容就是行動的指南，而且做得相當不錯。

評跋：★★★★☆

李廣追殺匈奴時用的疑兵計策可說是從實踐中得到的真知，殺敵的同時又能保命，邏輯性給十分。

但李廣是個完全不考慮語言技巧的人，不管是自己扛下所有延誤軍令的罪責，還是自刎前的獨白，策略性給三分。

希望衛青任命自己為前鋒時，他闡述有幾十年對付匈奴的戰鬥經驗；臨死前的自白，說的還是擁有幾十年對付匈奴的實戰經驗；面對無法封侯的不解，表達的仍然是有幾十年對付匈奴的戰功卻不被認可，表達力給四分。

在領軍上，李廣顯露因地制宜的臨機應變，去除煩冗的事務，解放士兵壓力，利用擴大偵察哨兵的工作區域換取主軍的充分休息。對於冷兵器時代的作戰，這些似乎也算是立竿見影的趁勢判斷，即興度給九分。

王昌齡的「但使龍城飛將在，不教胡馬度陰山」可謂盪氣迴腸，充滿幽怨。太史公對李廣的評價更是著名的「桃李不言，下自成蹊」。如果李廣做得好，說得也好，就不會讓我們留下如此多遺憾了，影響力給九分。

總分三十五分，三星半。這分數多多少少有點眷顧李廣戎馬一生的傳奇經歷。

沙盤推演

生活中，訥言而敏行的利弊非常清晰，一來可大大提升說話者的權威性，二來也會相應減少一個人的親和力。凡事各取所需，看你要什麼。

這讓我想到一位女性朋友，她貼了一張夜半三更自己在換車胎而老公站在旁邊看的照片，照片底下成串讚，朋友們都說她能幹。她卻回：「原本想活成英雄懷裡的公主，不想卻活成了公主們眼中的英雄。」

這句話讓我樂了很久也想了很久，為什麼會有如此的自我調侃和對生活的無奈呢？也許就是因為她太能幹了，不僅做了自己的工作，還做了老公那一份。

或許她應該調侃丈夫：「你是我的英雄，所以輪胎交給英雄換。」

當然，我也得說，誰說女生就不能換輪胎？也許這就是她想要的生活。

苻健埋禍・避免後遺症

人際交流中的口語傳播正如兩人對壘，每個人都只有兩條手臂、兩條腿，只要你主動進攻，必定會出現破綻，端看對方能否找到這個破綻而已。口頭語言也是如此，沒有什麼話是完美無缺的，只要傳播者開口表達，對於不同的傳播對象就會出現不同的心理體驗。為了最大程度地給傳播之後的自己留下說話的空間，傳播者必須考慮當次表達的後續影響。

苻健的故事告訴我們，說話技巧與口語傳播時避免不良後果密切相關。史料取材於《晉書・苻健載記》。

本節是前九大章的壓軸，我們要來講一個從頭至尾靠說話影響自己一生功過的人。

史料新說

中國歷史上，皇帝一直被視為受命於天，擁有至高無上的權力。雖說都是九五至尊，皇帝的水準卻千差萬別，有的名垂千古，被稱為一代明君；有的荒淫無度，遺臭萬年。

本節要說的這位皇帝不是非常有名，卻以會說話著稱。他靠著一張嘴不僅在年輕時保住性命，甚至因此當上皇帝。登基後，又因亂說話而招來殺身之禍，在歷史上可說是絕無僅有。

十六國是中國歷史上非常混亂的一段時期，上承西晉，下接南北朝，一百多年間的政權更迭頻繁，戰火硝煙不斷，前後建立二十多個國家。其中成漢、前趙、後趙、前涼、北涼、西涼、前燕、後燕、前秦、西秦、後秦等十六個國家實力強勁，被稱為十六國。

苻健的父親苻洪是西部少數民族氐族的酋長，勇猛威武，善於騎馬射箭，又有謀略，非常會打仗。苻健是苻洪的第三個兒子，從小在父親身邊長大，耳濡目染，性格非常勇猛，射箭騎馬都是一把好手。更難能可貴的是，苻健不僅四肢發達，腦子也不錯，很會做人。《晉書》記載他「好施，善事人」，特別大方，會做人，會說話，人緣極好。的確，一般人緣好的，沒有不會說話的。

苻洪因戰功卓著，很受當時後趙皇帝石虎的重用，封了各種聽起來很厲害的稱號給他，比如車騎大將軍、雍州刺史、略陽郡公，以及其他各種公、爵，讓他位列三公。

但別忘了，皇帝最怕的永遠是功高蓋主，愈有能耐愈容易被皇帝忌憚，尤其是三不五時就改朝換代的時期，要是所有的軍隊將士都聽你的……更何況石虎生性暴虐又多疑，一邊對苻洪禮遇有加，一邊處處提防他，暗地裡決定斬斷苻洪的羽翼，而最簡單也最毒辣就是斬草除根，從苻洪的兒子下手。

苻洪的大兒子和二兒子就這樣陸續被祕密殺害了。苻健在幾個兄弟中向以勇猛能打著稱，豈不是更加危險？《晉書》說：「苻健甚為石季龍（石虎）父子所親愛……陰殺其諸兄，而不害健也。」

苻健嘴甜會做人，殘暴的皇帝一家子都非常疼愛他，再怎麼壞心都捨不得殺這孩子。苻健就這樣靠著八面玲瓏和嘴上抹蜜的本事逃過一劫。

幾年後，苻洪去世，苻健掌管父親的隊伍，野心漸漸大了起來。此時天下的局勢還是一片混亂，後趙已經不行了，南方的東晉比較強大。苻健表面上向東晉的朝廷示好，暗中決定先乘亂拿下關中，自己稱王。

還沒開打，苻健已經好好發揮一番口才。他派弟弟苻雄與被害兄長的兒子苻菁兵分兩路進攻潼關和河東，自己則跟在弟弟身後渡河西進。

分別時，他拉著大侄子的手，慷慨激昂又深情款款地說：「這場仗要是不成，你戰死河北，我戰死河南，我們叔侄倆一起在黃泉相聚吧。」

分明是派弟弟和侄子去吸引火力，苻健居然能說得這麼感人肺腑，好似同生共死一樣。

苻健這番壯烈的離別之言相當有效，大侄子苻菁此後一路血戰到底，攻城拔寨，甚至俘虜敵軍大將，所到之處敵軍無不投降。最終，叔侄三人成功會師，順利攻下長安，建立前秦。

我們不否認苻健原本就驍勇善戰，但這番話術絕不亞於他的作戰能力，甚至有過之而無不及，足以讓人為他搏命打出一個天下。

苻健明明從小就這麼會說話，後來為什麼會因亂說話而惹來殺身之禍呢？

是啊，人都會變。時代在發展，或許是權力改變了一個人，總之他的嘴漸漸從一個極端走向另一個極端。

占據長安以後，苻健說話和以前就截然不同了，對身邊人愈來愈不客氣，也不加任何掩飾。有幾位隨他長期征戰的將軍沒揣摩到他想稱帝的意圖，傻乎乎地稱他為大都督、秦王，苻健頓時怒不可遏，指著他們喝斥：「我的官位高低，你們懂什麼！」

大家頓時都不敢再說什麼，默默按照他的意願，順水推舟地把他推上帝位。

等到正式當了前秦的皇帝，苻健更是恣意妄為，甚至出口傷人。

有位從許昌前來投降苻健的將軍名叫張遇，帶著繼母韓氏一起來到長安。不知怎麼，苻健看上了韓氏，將她納入後宮，還封她為昭儀。這本來也不算什麼大事，最多張遇心裡有些疙瘩，苻健卻偏偏要當著眾人的面，指著張遇說：「看見沒，這位現在是我兒子了。」

一次兩次也就算了，他非要見一次說一次。張遇沒辦法當面翻臉，滿腔屈辱漸漸累積成怒火，暗中籌劃造反，找上其他同樣對苻健不滿的大臣。張遇不但打算宰了苻健，還準備把重要的城池獻給東晉。

可惜的是，最後由於計畫敗露而功虧一簣。管不住嘴的苻健雖說撿回一命，但實在招惹和得罪太多人，全國各地紛紛起兵造反。

為了鎮壓一干叛軍，苻健的大兒子在戰場上中箭而亡。如此大動干戈，苻健元氣大傷，生了場大病，在宮中靜養之際，又有人發動叛亂。這人不是別人，正是當年被他一番話感動、為他奪取天下的大侄子苻菁，這場政變最後雖然失敗了，苻健也因此一蹶不振，沒多久就一命嗚呼，年僅三十九歲，在位僅僅四年。

技巧正名

沒幾年光景，苻健的人生就經歷大起大落，從舌燦蓮花到禍從口出，從萬人敬仰到眾叛親離，一把好牌打得稀爛。這罕見的反面案例中有個非常重要的說話技巧，叫作避免後遺症。

這是一個從說話者的失誤操作中反向總結而來的技巧。「後遺症」是醫學名詞，意思是病情好轉後遺留下來的某些損傷。用在口語傳播中，主要是指說話時似乎沒問題，話說完後一段時間卻出現某些有害於說話者的損傷。

那麼，問題隨之出現。

第一，為什麼說話當時沒有損傷呢？原因多種多樣，可能因為說話者擁有權力或擁有財富等。

第二，話說完之後的一段時間是多久？可能是一、兩天，也可能是一、兩年，甚至更久，而且愈久愈可怕，因為說話者可能已經全然沒了印象和警戒。

講述這個技巧是為了提醒大家不要圖一時痛快，一旦傷害了別人，後遺症很難自動恢復。

再看苻健，明明是個非常善於說話的人，但在擁有無上的權力後，說話就開始隨性而為，不顧及他人感受的程度非常明顯。士可忍孰不可忍，當語言對他人的傷害積聚到一定程度，狗急了都會跳牆，更別說活生生的人了。

評跋：☆☆☆☆☆

苻健雖然娶了張遇的繼母，但在公開場合不顧對方感受，肆意稱呼他為兒子，邏輯性給○分。稱帝後，苻健說話囂張跋扈，得罪一干曾為他流血流汗的老臣，甚至招來殺身之禍，策略性給○分。

話語出口往往有其想表達的內容，苻健說那些毫無意義的侮辱言語只為了圖一時口舌之快，表達力給○分。

一而再、再而三地滿口胡言，這種隨意的確與即興有關，但是相當隨性，即興度給○分。

苻健之死雖有其原因，但在當時動盪頻繁的亂世大環境下，其結局似乎不可避免，對之後的歷史走向也沒有太大的改變，影響力給一分。

總分為一分，零星。把零星放在第九章是想告訴大家：人生的上限可能因人而異，但人生的底線所有人都必須認真守住。

沙盤推演

現實生活中，避免後遺症這個技巧更多時刻應該放在心裡牢牢記住，難的是在非常占理的情況下還能做到這一點。

就在本節節目內容完成前一個月，有聽眾留言：「對故事的講述太隨意了，不夠嚴謹，應盡量忠於原著，盡量引用原話。」

看到這段評論，我的第一反應是想解釋為什麼要採取這樣的講述方式。他口中的「隨意」，恰恰是我思考很久、磨合很久後才定型的。但我知道一、兩句話根本解釋不清楚，甚至可能愈解釋愈讓對方沒好感，產生更多不良反應。再加上仔細閱讀對方的留言後，我覺得他是好心提出看法，他也確實有這個權利。

於是，我回覆留言：「期待您能分享您的解讀，謝謝您的建議。」

過了兩天，對方回我：「謝謝您的大度，我說話隨意了，雖沒有惡意，但缺乏尊重。」

一如我的判斷，這位聽眾是善良的，給的建議也是善意的，最重要的是我的不辯解避免了因為辯解可能引起的後遺症，還獲得了一位好心的聽眾。

第十章

人物連載

長江前浪也是浪，浪花形狀千百樣

全書的最後一章，與以往九章有所不同的是，之前的九章中每一節都介紹一位歷史人物，而第十章講述兩位歷史人物的故事，他們豐滿的人生經歷無法只用一個篇章概括完整。為了呈現較完整的人物形象，第十章將以連載的方式講述，並從口語傳播的視角觀察他們。他們的故事是本書無法繞過去的內容。

蘇秦合縱（上）・充實素材庫

口語傳播很容易讓人理解為嘴皮功夫。誠然，想把話說精到，嘴上功夫絕對少不了，但我們絕不能忽視事前準備。準備愈充分，表達時愈有底氣，這種準備就是傳播資訊的積累。口才言語組織涉及兩個部分：言語組織的內容和言語組織的形式。說話技巧聚焦於言語組織形式的同時，千萬不能忽視背後資訊的儲備。

蘇秦的故事告訴我們，說話技巧與口語傳播時資訊的積累密切相關。史料取材於《史記・蘇秦列傳》、《戰國策・蘇秦以連橫說秦》。

前面的章節中，每一個故事都為大家介紹一位或因口才成功，或因口才失敗的人物。從某種角度而言，無論好壞，他們的生平事蹟和語言技巧都是萬裡挑一。但有一個人的經歷非常坎坷、社會關係非常複雜，他更憑藉著口才和謀略左右了整個中原的歷史，那就是戰國時期身佩六國相印的著名縱橫家蘇秦。

史料新說

西元前三世紀，蘇秦出生在周朝都城洛陽。他長大後離開洛陽，「東事師於齊，而習之於鬼谷先生」，去東方的齊國見了世面，拜在一代宗師鬼谷子門下，潛心鑽研縱橫之術。

鬼谷子精通百家學問，是當之無愧的千古奇人，開創的縱橫術強調萬事萬物必須合乎陰陽，趨利避害，取長補短。我們常說的合縱連橫，就脫胎於縱橫術。

戰國後期，秦國一家獨大，沒有哪個國家可以單獨抗秦。「合縱」即「合眾弱以攻一強」，就是許多弱國聯合抵抗秦國，以防止秦國的兼併。「連橫」即「事一強以攻眾弱」，就是投靠秦國去進攻另一些弱國，以達到兼併土地的目的。

當時和蘇秦一起當學生的還有個叫張儀的魏國人，日後兩人將合縱與連橫兩個相生相剋的軍事外交策略，在各自的政治舞臺上發揮到極致，彼此也是一生的對手。

蘇秦完成學業下山時，意氣正風發，第一選擇就是報效祖國。他回到洛陽，拜見周朝天子周顯王。但他以前的名聲實在不好，滿朝文武都說他是個騙子，沒等他說幾句話就被趕走了。

當時的周朝早已名存實亡，蘇秦不氣餒，轉身直奔秦國。按照當時秦國的霸主地位，他很自然地建議秦國透過連橫稱霸。

蘇秦拜見秦惠文王時，第一次施展了口才。他說：「大王的國家，西面有巴、蜀、漢中的物產用於貿易，北面有胡地的貉子、代地的良馬可資利用，南面有巫山、黔中為屏障，東面有崤山、函谷關這樣堅固的門戶。秦國本身更是土地肥美、人民富足、戰車萬輛、戰士百萬、沃野千里、財富豐足。」

這是《戰國策》名篇〈蘇秦以連橫說秦〉的開場白，蘇秦遊說的方式是全面分析秦國在地理、物產、國力、軍備等方面的絕對優勢，然後稱讚一番秦惠文王的英明，再建議他出兵吞併天下。

秦惠文王卻說：「我聽說，鳥在羽毛沒長滿時不能飛上天；法令不完備時不能輕易懲治犯人；道德不夠深厚時無法驅使百姓；制度不符合民心時不能煩勞大臣。現在您老遠跑來，在朝廷上開導我，我想還是改日再聽您的教誨吧。」

秦惠文王用排比的手法婉拒了蘇秦。過往他還是太子時曾經觸犯商鞅的禁令，兩人結下梁子；他上位以後，變法成功的商鞅威望極高，影響了他的統治，他乾脆把商鞅五馬分屍。簡而言之，當時的秦惠文王羽翼未豐，位子還沒坐熱，非常害怕口才了得的思想家。

不了解秦惠文王與商鞅的過節，蘇秦不依不饒，不斷上書試圖說服秦王。時間一天天過去，蘇秦穿的衣服磨破了，身上的盤纏用完了，無可奈何地離開秦國，一路向東來到趙國。

毫無意外，落魄的蘇秦在趙國又吃了閉門羹。原因很簡單，當時的國相奉陽君不喜歡他，怎麼看他都不順眼。無處容身、落魄不堪的蘇秦只好回老家。那時的他倒楣到什麼程度呢？《戰國策》說他「形容枯槁，面目黧黑」。

出師未捷，家人嫌棄，人生跌入谷底，蘇秦長嘆：「妻子不把我當丈夫，嫂子不把我當小叔，父母不把我當兒子，這都是我的過錯啊！」一年少時虛度光陰讓他吃盡了苦頭。

蘇秦把自己關進屋內，閉門不出，半夜打開所有書箱翻找藏書，終於找到一本《陰符》，傳說是姜子牙寫的一本奇書。蘇秦如獲至寶，沒日沒夜地伏案苦讀，反覆研究，讀到昏昏欲睡時就用錐子刺自己的大腿，鮮血一直流到腳跟。這是成語「懸梁刺股」中「刺股」的由來。

閉門苦讀整整一年，蘇秦茅塞頓開，大呼一聲：「我終於知道說服那些君主的方法了！」他收拾行囊，重整旗鼓，再次出發。

技巧正名

看不出故事裡的說話技巧？讓我告訴你，蘇秦刺股苦讀的故事正是所有想提升口語傳播技巧的人必須掌握的本領，叫作充實素材庫。

如果你沒有足夠的知識積累，嘴皮子再溜也說不出令人信服的道理。

需要解釋的是，素材的範圍很廣，不僅是那些經過驗證且正確的知識；其次，素材庫就是我們的大腦。充實素材庫是指填充和豐富大腦中的各種資訊，然後才有把辦法整合這些紛繁複雜的資訊，處理成我們需要的內容，最後透過口頭語言輸出。

這本書都借助歷史人物談論如何說話，很容易讓人把所有的注意力集中在口才言語的組織上。這一點固然沒錯，但只要進一步推敲就會發現：組織什麼呢？

口才了得的人不僅嘴皮功夫厲害，還需要十足的說話內容，也就是素材庫。如果張嘴之前你的素材庫是空的，就像蘇秦求學於鬼谷子和錐刺股之前的狀態，縱使有千般能力，說出的話語也蒼白無力。說到底，說話還是內容的事，技巧是讓呈現形式變得更優美。

大家一定都聽過「書到用時方恨少，事非經過不知難」，意思就是理論知識與實踐能力的不足給人生帶來的困境。口才同樣如此，說話能力不僅包括對說話技巧的掌握程度，更包括張嘴說話的關鍵前提——你究竟有什麼可說。

評跋：★★☆☆☆

蘇秦試圖說服秦王時雖然羅列了秦國各方面的優勢，卻沒提到如何征服天下的策略，邏輯性給五分。

秦惠文王剛剛即位，又對口才達人心存防備，蘇秦沒有了解說服對象的背景就貿然出動，無功而返，策略性給五分。

畢竟是鬼谷子老師的學生，蘇秦說話流暢，但初出茅廬缺乏實戰歷練，表達力給七分。

一開始蘇秦口若懸河，但被秦王幾句話懟回去後便啞口無言，缺乏臨場應變能力，即興度給三分。

蘇秦與秦王的對話對天下局勢沒有任何改變，頂多是為他的經歷多加了一筆，影響力給兩分。

總分二十二分，二星。這是看在他將來出色表現上給的分數。

沙盤推演

每回演講總有家長追問我孩子的口才培養問題，通常我也會禮貌回答各種疑惑，比如家長們需要做什麼，到哪裡能得找到正規有效的輔導班。

事實上，小孩子很難談得上有口才，因為口才需要在頭腦中建立材料庫，缺乏材料的口才就是自娛自樂。年齡太小的孩子學的口才，從專業視角考量，應該是口才學習的預備班，讓他們能流暢表達內心的想法，就算是一種「好口才」。如果沒有前期的積累，也談不上未來的收穫。

電視欄目《朗讀者》其中一期的卷首語是：「用最樸實的語言表達細膩的情感，用最誠懇的聲音訴說生命的厚重。」為什麼有人能用樸實的語言來表達，有人能用誠懇的聲音來訴說？因為他們有內容、有故事。所有的技巧到了最後都會返璞歸真，化有形為無形。可在這之前，我們必須豐富自己，讀萬卷書，行萬里路。

蘇秦合縱（中）・勾勒全景圖

如果仔細觀察一個人的說話習慣，你會發現有人喜歡抓住細節不放，有人喜歡梳理基本脈絡，也有人喜歡描繪未來願景，還有人喜歡勾勒事物全貌。這都屬於個性化的表達方式，而一位優秀的口語傳播者一定要有管理自己個性的能力，在準確的時機採取準確的表達方式，這才是學習說話技巧的目的。

蘇秦的故事告訴我們，說話技巧與口語傳播時對說話對象特徵的描述密切相關。史料取材於《史記・蘇秦列傳》。

史料新說

有了前車之鑑，這次蘇秦沒有選擇大國，而是來到相對弱小的燕國。由於之前的壞名聲，他足足等了一年才見到燕王。此時，蘇秦早已脫胎換骨，面對燕國國君燕文侯，胸有成竹，侃侃而談。

「大王，燕國東邊有朝鮮、遼東，北邊有林胡、樓煩，西有雲中、九原，南有滹沱河、易水。燕國的國土縱橫兩千多里，有兵甲幾十萬人，戰車六百輛，戰馬六千匹，儲存的糧食足夠用好幾年。南有碣石山、雁門山的肥沃土地，北有紅棗和板栗的收益，百姓即使不耕作，光是紅棗和板栗的收穫也足夠富裕。這就是所謂的天賜寶藏啊！」

這些話語聽起來似曾相識，之前試圖說服秦王時，蘇秦同樣把秦國的優勢細數一番，但僅僅這樣不夠。

蘇秦繼續說：「大王，您知道燕國百姓能安居樂業的真正原因嗎？那是趙國在南面擋住了秦國，秦國和趙國總共打了五次，彼此削弱對方的實力。如果秦國要攻打燕國，就要翻山越嶺，相隔幾千里，即使攻克燕國的城池，秦國也沒法守住。

如今，如果趙國要攻打燕國，不到十天，幾十萬大軍就會挺進東桓（今河北省石家莊市東北）駐紮，用不了四、五天就會抵達燕國的都城。換言之，秦國攻打燕國，是在千里以外打仗；趙國攻打燕國，是在百里以內作戰。不憂慮百里以內的禍患而重視千里以外的敵人，再沒有比這更錯誤的策略了。我希望大王與趙國合縱結盟，各國聯成一體共同抗秦，這樣一定可以保住燕國的大好江山。」

這一次，蘇秦除了擺事實、講道理，還客觀分析燕國在國際局勢中的優劣，先讓燕王沾沾自喜，再讓他居安思危，最後為他指出合縱六國、一勞永逸的方案，一舉攻破燕王的心理防線。

心悅誠服的燕王說：「您說得太對了！我的國家弱小，西邊緊靠著強大的趙國，南邊的齊國也是強國。請您一定要用合縱的辦法確保燕國安全無事，我願意以舉國之力幫助您。」

燕王贊助蘇秦車馬錢財，風風光光把他送往趙國。

不同於弱小的燕國，趙國的國力強盛，並不懼怕秦國。上一次蘇秦遊說趙國未果，但當年非常厭惡蘇秦的奉陽君已經過世。

蘇秦直接面見國君趙肅侯。有了燕國的成功經驗，蘇秦現在更加遊刃有餘。他說：「大王，請允許我分析一下趙國的外患。假如趙國與齊、秦兩國為敵，人民就得不到安寧……如果依靠秦國攻打齊國，人民也不會得到安寧；假如依靠齊國攻打秦國，人民還是得不到安寧。您如果能聽我的忠告，燕國一定會獻出盛產氈裘狗馬的土地，齊國一定會獻出盛產魚鹽的海灣，楚國一定會獻出盛產橘柚的園林。」

獲得割地和享受權力正是「春秋五霸」不惜一切代價的追求。蘇秦先向趙王詳細分析戰爭對於趙國有百害而無一利，和平對於趙國有百利而無一害的道理，然後話鋒一轉，開始描繪秦國一統天下的過程。

「秦國如果攻下軹道（今陝西省西安市東北），韓國的南陽（今河南省溫縣、邢丘、武陟一帶）就危在旦夕；如果秦國奪取韓國，包圍周都，趙國就要拿起武器自衛；假如秦國占據衛地（今河南省濮陽市），攻取卷城（今河南省原陽縣），那麼齊國一定會向秦國俯首稱臣。既然秦國的欲望已經得逞，一定會發兵進犯趙國。假如秦軍渡過黃河，越過漳水，秦、趙兩國的軍隊一定會在邯鄲城下作戰，您應該不想看到這樣的局面吧？」

對各國地形與戰略位置了然於胸讓蘇秦推演的秦國統一天下路線圖完全合乎情理。趙王眼前浮現秦國鐵蹄踏進自己國土的場面，嚇出一身冷汗。

蘇秦乘勝追擊，繼續說道：「當今天下，在崤山的東面沒有比趙國更強大的國家。趙國國土縱橫兩千多里，軍隊幾十萬人，戰車千輛，戰馬萬匹，糧食可食用好幾年。西有常山，南有漳水，東有清河，北有燕國。燕國本來就是個弱小的國家，不值得害怕。當今天下，秦國最忌恨的莫過於趙國，我想您一定明白這個道理。」

蘇秦將趙國的國力分析得十分透徹，也是他厲害之處。趙國雖然強大，但沒有強大到足以無視秦國，反過來卻會被秦國惦記。趙肅侯戎馬一生，非常清楚現今的和平局面並不穩固，急於尋找某種比打仗更有效的方法。

「我聽說當初堯沒有幾個部下，舜沒有得到過一寸封地，卻能擁有整個天下；商湯、周武的謀士不足三千，戰車不足三百輛，士兵不足三萬，卻能成為天子。一個賢明的君主要知己知彼，這樣不費一兵一卒，勝敗存亡的關鍵早就了然於胸。」

蘇秦點出過去帝王的成功之道後，和他偉大的合縱策略首次完整登上歷史舞臺。

「我研究過天下的地圖，各諸侯國的土地五倍於秦國，士兵十倍於秦國。我私下為大王考慮，不如使韓、魏、齊、楚、燕、趙結成一個整體，對抗秦國。六國彼此約定：『假如秦國攻打楚國，那麼齊、魏就分別派出精銳部隊幫助楚國；假如秦國攻打韓國、魏國，那麼楚軍就切斷秦國的後援，齊國就派出精銳部隊去幫助韓、魏。依此類推，一國有難，五國支援。假如有諸侯國不守盟約，其他五國的軍隊就聯合共同討伐。』如果六國能照這樣的方法共同抵抗秦國，秦國一定不敢從函谷關出兵侵犯六國。您的霸主事業就成功了！」

真正厲害的縱橫家，不僅是發現問題、提出問題，還必須用切實可行的解決方案讓人心悅誠服。這一次，蘇秦用智慧和學識，真正為六國找到一條和平抗秦的方法。

聽完蘇秦完美無缺的合縱方案，趙王立刻說：「自我即位以來，從未聽過能使國家長治久安的策略。如今您有意使天下百姓得以生存，使各諸侯國得以安定，我願意傾盡舉國之力幫助您。」

又一個舉國之力！趙王為蘇秦準備了一百輛豪車，兩萬兩黃金，一百對白璧，一千匹錦繡，讓他用來遊說各諸侯國結盟。

此刻的蘇秦成了燕、趙兩國的代言人，蘇秦佩六國相印的傳奇，從這一刻開始！

技巧正名

蘇秦結束閉關再出發後，之所以能遊刃有餘地說服原本不搭理他的君王，完全是因為「充實素材庫」的基礎上使用了另一個進階說話技巧：勾勒全景圖。

通俗點說就是畫一張大餅，上面那些細緻的紋理和發亮的芝麻讓你覺得自己一定吃得到。

勾勒是繪畫技巧之一，指的是用線條畫出大致的輪廓。勾勒不是著色、填實，它替你完善了結構，又留下活動空間。「全景圖」，自然不用多解釋，表示不是景物的某一個截面或部分，而是景物的整體。

說話中的勾勒全景圖，指的是透過簡單易懂的語言，描繪出事物的大致情況。這需要準備和練習，原因一，搭建留有思考空間的框架，不容易把握火候；原因二，淺顯易懂地描繪事物的全貌，更不容易做到。

上一節的「充實素材庫」技巧為蘇秦成功勾勒全景做足事前準備，沒有長年累月的學習和積澱，幾乎不可能輕鬆完成全景圖的勾勒。其中還得好好把握分寸，礙於時間的限制必須究其重點；又得考慮到自我價值的體現，避免當局者過河拆橋。蘇秦並沒有詳述方案的諸多細節，只是勾勒了合縱抗秦的大致面貌，這是他刻苦努力後的完美結果。

評跋：★★★★☆

蘇秦依次說服燕王和趙王的過程中，擺事實、講道理、提問題、幫解惑，從心理上讓高高在上的君王一步步信服於他，邏輯性給十分。

有了在大國吃閉門羹的經驗，蘇秦先說服小國燕國，獲得燕王的背書，再拿下大國趙國，由易到難的做法，策略性給十分。

蘇秦洋洋灑灑分析燕、趙的國情，又對天下大事瞭若指掌，展現極高的智慧與口才，表達力給十分。

如此強而有力的表達方式非一朝一夕訓練得成，面對蘇秦完美的演講，任何人都無能反駁，所以也無須再做過多的即興發揮，即興度給五分。

蘇秦拜六國相印，正是從這裡開始。此後他合縱抗秦，足足影響中原歷史超過半個世紀，至今仍為人津津樂道，影響力給十分。

總分四十五分，四星半。

沙盤推演

現實生活中，勾勒全景圖的說話技巧有諸多好處，導致人們在不同場合屢屢使用。

比如，國際球隊每逢選帥都會面試若干位名帥，此時不管你多麼有名，面對球隊CEO和董事會，都必須勾勒出未來成為教練後三到五年間球隊的全景。

發現了嗎？職務愈高，管理的許可權愈大，勾勒全景圖的技巧就會顯現得愈有用，因為你有權力和能力看盡全景。

同理，房仲往往會這樣說：「林先生、林太太，雖然目前你們只有兩個人，這房子有五個房間是大了點，但房子買來是自己住的，未來十年基本上不會出手。這十年間，你們會有孩子，升上管理職後經濟條件允許，還可能生第二個。兩位工作忙，需要老人家幫忙帶孩子。林先生平時在家裡還需要有個自己的書房，這麼一來，五個房間剛剛好。」

將夫妻倆未來十年的生活和房間使用情況簡單講解一遍，房仲用的就是典型的勾勒全景圖技巧。

蘇秦的故事還在繼續。

合縱六國方案雖然天衣無縫，但他心中一直隱隱不安：自己說服六國合縱，秦國難道不知道嗎？當年鬼谷子老師教了自己如何合縱，也教了別人如何連橫。如果現在秦國突然出兵，六國尚未結盟，豈不功虧一簣？這時他想到張儀。

連橫創始人張儀和合縱大師蘇秦的恩恩怨怨，由此拉開序幕。預知後事如何，請聽下回分解——蘇秦智激張儀，使秦十五年不敢邁出函谷關。

蘇秦合縱（下）・輕拍彈力球

人際交流必定發生在兩個或兩個以上的人之間，傳播者與傳播對象也可能時刻互換著並不固定的角色身分。從傳播者的角度考量說話這件事，本身就是一種顧此失彼的行為。對於有些語言傳播效果的評判必須從傳播對象的視角進行觀察，因傳播對象的不同導致對傳播者表達內容的感受不同，必定會直接影響傳播的最終效果。

蘇秦的故事告訴我們，說話技巧與口語傳播時言語的力度密切相關。史料取材於《史記・秦本紀》、《史記・蘇秦列傳》、《史記・張儀列傳》。

史料新說

蘇秦接連成功遊說燕國和趙國，一步步實現合縱大計時，傳來秦國攻打魏國的消息。

西元前三三三年，犀首率領秦軍進攻魏國，勢如破竹。「犀首」就是犀牛的角，以此為號，說明此人是個非常難得的人才。他姓「公孫」，單名一個「衍」字，魏國人。

魏國人為什麼要代表秦國攻打自己的祖國呢？

公孫衍雖是魏國人，但並未得到魏王的重用，當時的秦惠文王卻非常看好他。公孫衍苦於無用武之地，立刻投奔秦國。秦惠文王登基不久就殺了得罪過他的商鞅，又瞧不上聲名狼藉的蘇秦，於是重用公孫衍。

到了秦國後，公孫衍親自帶兵攻打魏國，第一次出兵就占領河西，還俘虜魏國大將龍賈，殺了八萬多人，魏國最後只能割地求和，割讓的陰晉（今陝西省華陽市）正是公孫衍的家鄉。五十多年前，魏國名將吳起正是在這裡以區區五萬士兵打敗秦國五十萬大軍。

蘇秦合縱六國尚未成功，後院就起了火，如果再讓秦國這麼打下去，蘇秦只好回家種田去了。就在此時，他的老同學——鬼谷子另一個得意門生——張儀，找上門來。

《史記》中有一句話：「蘇秦自以不及張儀。」蘇秦一直覺得自己比不過張儀，就好像鄰座同學每天都和你一起玩，但考試硬是考得比你好。然而，找上門來的老同學張儀竟然一副落魄相，

張儀為什麼會變成這樣？又為什麼在關鍵時間點找上蘇秦？故事得從幾個月前說起。

張儀和蘇秦一樣，畢業後遊歷各國卻得不到貴人的賞識，只能寄居在楚國宰相家裡做一名門客。

有一天，宰相邀請很多高官來家裡喝酒，喝得高興，拿出一塊珍藏的美玉讓大家開開眼界。大家你傳我，我傳你，最後這塊美玉竟然不翼而飛，所有人都把目光轉向最窮的門客張儀。於是，張儀被抓了起來，嚴刑逼供，但始終都不承認偷了東西，最後遍體鱗傷地回家。

回家後，妻子看見被打得不成人形的張儀，心疼地說：「夫君，不要出去做辯士了，安心在家裡種田不好嗎？」

張儀卻指了指自己的舌頭，問道：「你看看，我的舌頭還在嗎？」

妻子趕忙回答：「在。」

「那就夠了，相信我，我一定可以出人頭地。」

楚國待不下去，張儀想投奔在趙國飛黃騰達的蘇秦，卻窮得連路費也湊不出來。好在這時張儀遇到貴人，兩人相見恨晚，無話不談。貴人對他說，去趙國找蘇秦吧，錢的事不用操心。

於是，貴人陪著張儀長途跋涉來到趙國，在蘇府門外請求拜見。張儀原本以為會受到蘇秦的熱情款待，結果蘇府大門緊閉，一連好幾天連個人影也沒見到。

終於有一天，蘇秦派人來請張儀一聚，但他想

像中的場景並未出現。

蘇秦非常冷淡地對他說：「你先在院子裡稍等一會兒。」

這一等就等到太陽直晒頭頂，蘇秦終於開口：「好久不見，別來無恙？吃點東西吧。」

曾經的同窗如今客氣得令人傷心。等了那麼久，肚子也餓了，張儀正準備飽餐一頓，卻發現自己桌上是傭人吃的飯菜，桌子對面的蘇秦面前卻山珍海味應有盡有。

可想而知，此刻張儀的氣不打一處來，但是他顧不得面子，大口大口吃了起來。對面的蘇秦也自顧自地吃鮑魚、喝雞湯，兩人就這樣不聲不響地吃著。

吃了好一會兒，蘇秦突然冷冷地說：「想不到啊，以你的才能居然落到如此地步。可惜我幫不了你什麼忙，大家兄弟一場，就留你吃頓飯吧！」

張儀忍無可忍，放下碗筷，轉身含淚離開了蘇府。回到客棧的張儀又羞又惱，心想蘇秦啊蘇秦，你今天負了我，他日必將百倍報復你。這時，貴人又給張儀指了一條路，告訴他當今天下只有去了秦國，才能洗刷這奇恥大辱。於是，貴人又拿了一筆錢，幫張儀購置車馬，換了衣服，準備了乾糧，再次護送他前往秦國。

貴人一路幫張儀打通關係，讓他終於見到秦惠文王。秦惠文王看不上蘇秦，卻深深折服於張儀的才學，立刻把他留下來，一起商議討伐諸侯，破壞蘇秦合縱計畫的對策。

此時，秦軍在公孫衍的率領下先後攻下魏國三座城池。張儀趁機獻計，建議秦惠文王趁魏國忙於南線應戰，出其不意，從北線進攻其腹地。西元前三二九年冬，秦惠文王派兵自河西穿越黃河，攻占魏國的汾陰（今山西省萬榮縣境內）和皮氏（今山西省河津市）。魏國腹背受敵，再次向秦國割地求和。秦惠文王大喜，更加器重張儀。

張儀在秦國站穩腳跟，正準備報復蘇秦時，貴人卻打算離他而去。張儀再三地挽留，不解地問道：「我能有今天，全仰賴您的幫助。現在正是我報答您的時候，為什麼要在這時離開呢？」

沒想到貴人搖了搖頭，說出真相：「先生此言差矣，真正在背後幫助您的人是蘇秦。蘇先生擔心秦國攻打趙國，破壞合縱聯盟，認為除了您沒有誰能掌握秦國的大權，所以激怒先生，派我暗中幫助您，這都是蘇先生謀劃的策略。如今先生已被重用，請讓我回去覆命吧！」

張儀終於恍然大悟，長嘆道：「好一個蘇秦！原來他的心裡一直有我。這些權謀本來都是讀書時學過的，我卻沒有一絲察覺，還是沒有他高明啊！麻煩您回去替我轉告他，只要蘇秦一日在趙國，秦國就一日不會攻打趙國。」

有了張儀的暗中保護，蘇秦繼續踏上遊說六國的旅程，憑藉深厚的知識積累和開闊的大局觀，從不同的角度成功說服了韓宣王、魏襄王、齊宣王、楚威王，戴上六國相印。蘇秦回到趙國後，趙肅侯封他為武安君，他派人把合縱盟約送給秦國，迫使秦國十五年不敢出函谷關。

限於篇幅，這裡不再詳述蘇秦說服各國國君的對話，但每一場都字字珠璣，令人嘆為觀止。大家有時間可以讀讀《史記・蘇秦列傳》，將有更深刻的認識。

合縱成功後，蘇秦自楚北上，向趙王覆命，一路上聲勢浩大，堪比帝王出巡。路過老家洛陽時，之前瞧不起蘇秦的親戚都匍匐在地上，不敢抬頭。蘇秦感慨萬千地說：「同樣的一個人富貴了，親戚敬畏他；落魄時，親戚都瞧不起他，更不必說一般人了。假使我當初在洛陽有二頃良田，現在又怎能佩戴六國相印呢！」

風水輪流轉，三十年河東，三十年河西。合縱成功之後的蘇秦，依然用他的三寸不爛之舌周旋在各國之間，大權在握卻滋生出更多欲望，一路上得罪很多人，最後被人刺殺，連全屍也沒留下。

一千多年後，宋代的王安石留下一首足以概括蘇秦盪氣迴腸一生的詩作：

> 已分將身死勢權，惡名磨滅幾何年。
> 想君魂魄千秋後，卻悔初無二頃田。

技巧正名

蘇秦只不過說了幾句話就直接影響張儀的人生走向，甚至是「戰國七雄」的政治格局，因為他運用了一個非常難的說話技巧，叫作輕拍彈力球。

請容我分別解說這個說話技巧的使用要點。

第一，拍打的是彈力球，意謂是個會在拍打後反彈的對象。如果是實心球，無論怎麼拍打都不會反彈，所以在拍打前必須確認對象是否具有反彈的能力。

第二，拍打分量需要小心拿捏，你是輕拍，而不是猛往死裡打。箇中區別在於輕拍的行為完成拍打的動作，能夠發揮讓對方反彈的效果，但不至於讓對方因你過度使力而產生心理上的反感，導致拒絕合作或反彈過猛而傷到你。

再看蘇秦，久未謀面的蘇秦對張儀總共才說了幾句話，而且全都不慍不火。鑑於張儀對蘇秦的期待，他在大失所望的同時，又被蘇秦刺激了自尊。

若仔細分析蘇秦的拍打方式：一方面，他並未使用侮辱性語言，最重的一句話不過是「想不到啊，以你的才能居然會落到如此地步」；另一方面，蘇秦的口頭刺激之所以能達成目標，是他和張儀同窗多年，深知老同學的本領和好強，知道張儀是個受了刺激不僅不會放棄，還會努力反彈的人才，才會選擇用此說話技巧。

評跋：★★★★☆

蘇秦短短三句話就把自認能力高於自己的張儀激得發憤圖強，話不在多，字字誅心，邏輯性給十分。

蘇秦知道張儀的能力和當時的處境，派人暗中跟隨和幫助他，最後讓他成為自己在秦國的內應，可謂深謀遠慮，策略性給十分。

很多時候，滔滔不絕並非最好的表達方式，在合適的時間、合適的地點，擲地有聲地說出簡短幾個字，比長篇大論更有力量，表達力給十分。

高手對決，勝敗一瞬間，更重要的是之前長時間的積累和訓練。這次交手中，蘇秦占據天時、地利、人和，無須太多隨機應變，即興度給五分。

張儀去了秦國，影響秦王的判斷，讓蘇秦獲得合縱六國的寶貴時間，十五年內各國之間都沒有再爆發大型衝突，此後張儀在秦國又將連橫戰略發展到極致，影響力給十分。

總分四十五分，四星半。

沙盤推演

蘇秦對於張儀的種種刺激，正是成就張儀縱橫家事業的起因。雖然教育的最佳方式是鼓勵而非否定，但被教育的有效方式通常會有兩種，一種是正向鼓勵，一種是反向刺激，具體實施時得看對象更適合哪一種。無論是上司對下屬、家長對孩子、老師對學生，只要條件成熟，都可以使用上述兩種方式中的任意一種。

我大學時各科成績都不錯，在班上基本上名列前茅，有一門課卻讓我慘遭滑鐵盧，那就是系主任教的「小品寫作」。每次交作業他都會說：「你寫得不好，你的作業讓我提不起興趣。」但我不覺得自己寫得有那麼糟糕。

那年期末，他拿著成績單對我說：「你要經得起我的批評，你現在才一年級，大學還有三年。」

之後三年我一直很努力，卻始終覺得我倆氣場不和。

最後一次論文指導課上，他對小組內其他同學的論文都提出明確的修改意見，卻只對我說：「你的論文我很放心，不用大做改動，只要調整一個細節就好。」

畢業那天，我從他手中接過優秀畢業生的榮譽證書。那刻我才明白，他似乎是用一門課程的低分，激勵我不敢懈怠地走過大學四年，最終獲得滿滿的收穫。現在想來，當時系主任對我說的那句話便是典型的輕拍彈力球。他只拍了一次，就讓我彈了四年。

商鞅變法（上）．探勘三生願

在人與人的交流中，想要清晰地了解對方的訴求，傳播者必須在對話過程中想方設法去探索對方的真實意圖。很多時候，因為彼此之間存在心理距離，對方不可能在談話之初就主動暴露真實想法。傳播者需要在人際互動中採取有效的手段深度挖掘這些想法，與此同時做到準確地接收對方的回饋資訊，以免讓對方產生被侵犯隱私的不良感受。

商鞅的故事告訴我們，說話技巧與口語傳播時對傳播對象想法的深度探索密切相關。史料取材於《史記．商君列傳》。

秦滅六國大家都知道，但秦國一統天下誰是奠基者呢？我認為這件事上居功至偉的人是著名的政治家、改革家、思想家、演說家商鞅。

史料新說

商鞅是衛國國君側室生的孩子，也叫「衛鞅」。既然是諸侯之子，他的姓氏應該是周朝的貴族姓氏「姬」。商鞅的祖先確實姓姬，不過商鞅卻姓公孫，所以本名叫作公孫鞅。叫他商鞅，是因為商是他的封地；叫他衛鞅，是因為衛國是他的出生地。

出生在衛國的公孫鞅沒有在衛國做事，而是去了魏國，在國相公叔痤手下當差。公私分明的公叔痤在垂暮病重時，特地對國君魏惠王說：「如果我的身體無法康復，撒手人寰，請一定要把全國政務交給我的手下公孫鞅！要是大王不願意任用他，請務必殺了他，不要讓他去別國效力。」魏惠王答應了公叔痤的要求。

公叔痤隨後傳喚公孫鞅，對他說：「我向魏王推薦你擔任下一任國相，但我覺得他不會接受這個建議。我本著為國家先考慮，建議魏王要是不任用就殺掉你，所以你趕緊走吧。」

這時的公孫鞅心中一定不明不白，他對公叔痤說：「沒事，魏惠王既然壓根不採納您的推薦，又怎麼會採納您無端殺掉我的建議呢？您安心養病吧。」

公孫鞅留下來沒離開，魏惠王則對手下說公叔痤確實已經病入膏肓，老糊塗了，居然要他把全國政務交給公孫鞅，簡直可笑。

無論如何，公孫鞅雖然沒有因為前任上級的臨終進言丟掉飯碗或性命，但是聰明的他也明白，在魏國八成沒有機會了，畢竟國君不認為自己是個棟梁之材。終於有一天，公孫鞅打聽到秦國的秦孝公發布招賢榜，尋求天下有才能的人幫助秦國恢復當初秦穆公時代的威名霸業，他決定前往秦國。

當時的秦國因地處偏僻，又不參加中原諸侯的會議，漸漸被其他六國疏遠。當時很多人認為秦國屬於未開化的落後地區，視其為西戎一類。中國古代對於邊遠地區的部落、族群，按照方位有統一的稱呼：東夷、南蠻、西戎、北狄。堂堂周天子下的諸侯國秦國居然被劃為西戎等級，可見國力確實有點上不了檯面。

公孫鞅打動秦孝公信賴的大臣景監，由秦孝公親自接見。這次會面用了很長時間，據說秦孝公都快睡著了，結束後只對推薦人景監說：「你推薦的傢伙大言欺人，不足以任用！」

景監生氣詢問公孫鞅發生了什麼事情。公孫鞅回答：「沒什麼呀，我用堯、舜等五帝的治國之法和大王交談，看來他無法領會，麻煩你再安排一次會面。」

好脾氣的景監幾天後又安排一次會面。這次公孫鞅的表現還是讓秦孝公很不滿意。景監又詢問公孫鞅發生了什麼事情，公孫鞅回答：「沒什麼呀，我用禹、湯、文、武四位帝王的治國之術與大王交流，看來他還是無法領會，能不能麻煩你再安排一次會面呢？」

第三次會面後秦孝公總算比較開心了，對景監說：「這人還不錯啊，但是我需要再找機會與他深談一次。」

景監連忙問公孫鞅發生了什麼事情。公孫鞅回答：「沒什麼呀，我和大王聊了聊春秋五霸的治國方針，他挺有興趣。」

公孫鞅第四次與秦孝公的面談持續了整整好幾天，過程中秦孝公不但表現出非常大的興趣，還不自覺地把坐墊往前挪了又挪。會談一結束，秦孝公立刻宣布任命公孫鞅全權主持秦國的變法工作。

景監非常疑惑地問公孫鞅：「為什麼大王的態度前後差別如此之大？」

公孫鞅回答：「沒什麼呀，之前我和大王談帝道、王道之術，大王認為時間太長了，等不起，他要自己在位時就看到秦國變強大，所以我介紹了富國強兵之術，大王非常滿意。不過很遺憾，用這樣的辦法，秦國的德行就完全不能和殷、周建國時期媲美了。」

然而，秦孝公雖然內心支持公孫鞅變法強國，總有點擔心別人議論自己，於是伺機詢問大家的看法。

公孫鞅直接說：「別猶豫，猶豫是幹不成事情的。再說，厲害的新事物本來就會被世俗非議，見識獨到的人起初肯定會被人嘲笑。」

他繼續說道：「愚昧的人即便幹成大事，都不知道事是怎麼成的；聰明的人還沒做，就知道未來的發展；普通人只能分享成功的結果，但是絕對不能和他們一同謀劃開局。所以，考慮至高道德的人不和世俗同流，成就稱霸大業的人不與凡人合謀。聖人能使國家富強，何必循規蹈矩？能讓百姓得利，何必糾結禮制？」

秦孝公聽完立刻表態：「說得好。」

秦國的舊貴族大臣甘龍這時發言：「胡說！聖

人不去改變民俗而是加以引導，聰明人不去改變禮制而是教育民眾順應禮制，沿用成功的規矩治理國家，官員習慣，百姓也不反感，變什麼法！」

公孫鞅立刻反駁：「是啊，凡人習慣老習俗，書生拘泥老規矩，他們只能做到奉公守法而已，指望他們談改革就是搞笑。三皇統一天下，禮制都不相同；五霸割據一方，法制也各不相同。聰明人應該制定規矩，愚蠢的人才被規矩束縛。」

秦國舊貴族之一的杜摯也發言了：「謬論，謬論！沒有足夠多的好處就不能改變規矩，沒有十倍以上的效果就不能變更禮制。被證明是成功的規矩照做不會錯，誰敢說變法以後不出亂子呢？」

公孫鞅駁斥：「沿襲老規矩就一定能成功嗎？真要如此，沿襲老規矩、老法度的夏朝、殷商怎麼會滅亡？周武王難道不是變革了殷商的老規矩才統一天下嗎？變更老規矩的人不能被責難，因循守舊的人也不能被讚揚。治理國家一成不變就是自取滅亡，想要有利於國家就要不斷進步。」

秦孝公說：「好，我已經沒有疑慮了，秦國必須推行變法！」

最終，秦孝公頒布變法的詔書，任用公孫鞅為左庶長，全面負責秦國的變法改革。商鞅變法成就了秦國的飛速強盛，一統天下的發令槍終於鳴響了。

技巧正名

公孫鞅使用了一個非常了得的說話技巧，叫作探勘三生願。

「探勘」是地質學工程中的重要工作方法之一，包括鑽探、坑探、物探、化探等，目的是查明地質及礦產等情況。此處使用「探勘」一詞，主要是為了表達出層層深入傳播對象內心世界的意思。

「三生願」中的「三生」是佛教用語，指的是前生、今生和來生。用在這裡，表明這個願望不是普通的願望，而是久久埋藏在當事人的內心深處。這種願望不會掛在嘴上，也不容易被人輕而易舉地發現，不拿出點探勘精神，基本上感受不到，也發現不了。

再看商鞅，他透過四次耐心對話，終於發現秦孝公的真正訴求。一方面，體現商鞅鍥而不捨的探索精神；一方面，每次探索都必須有所深入，不能原地踏步，才能接近本質，看清說話對象內心深處的三生夙願。

商鞅從堯、舜說到禹、湯、文、武，從春秋五霸說到富國強兵，每次對話都大步邁進，最終發現秦孝公的心願。才有了最終大刀闊斧地推行變法革新的可能。

評跋：★★★★☆

四輪會面下來，商鞅摸清秦孝公內心的真實想法，針對這個訴求制定強國富民的方針政策，邏輯性給九分。

面對改革中遇到的困難和反對勢力的辯駁，商鞅逐一擊破，堅定了秦孝公的信心，掃平了國內的阻力，策略性給九分。

商鞅充分利用對手談話中的弱點適時提出反例駁斥，在對話中完全占據上風和主導地位，真正做到「你們聽我說就可以」的模式，表達力給十分。

如果說商鞅與秦孝公的四次面談是穩紮穩打、謹慎探索，那面對舊貴族勢力的反對則是旁徵博引、令人信服，字字句句都強勢碾壓對手，即興度給八分。

商鞅變法是秦國富強的根本所在，奠定秦國武力征服天下的經濟基礎，也造就中國第一個大一統王朝，影響力給十分。

總分四十六分，四星半。

沙盤推演

生活中那些意識到說話重要性的口語傳播工作者，在對話時通常都是探勘高手。為什麼這麼說？因為探勘三生願必須具備事先的充分醞釀，使用者需要做好大量的對話構想，為層層深入做好博弈的準備。

一次我接受採訪，雜誌記者從學歷背景問到專業所長，從興趣愛好問到工作經歷，從他的提問與歸納中，我可以明顯感覺到他的採訪技巧。

採訪即將結束前，他問我：「林老師，在對您有限的採訪時間中，我了解到您專攻口頭語言，博士主修傳播學。將這兩者結合後，有了目前在口語傳播領域的成績。讓我感受最深的是您很幸運，能把興趣和工作相融合的人都很快樂。那麼，您在未來的專業發展中，最大的願望是什麼？」

聽出來了嗎？這位記者的總結式提問完整表述了他層層探勘的收穫，梳理雙方對話的邏輯，最後提出終極問題，直指我的三生願。

面對這樣用心的記者，我回答：「您做了那麼多鋪陳，事實上這才是採訪的重點。語言是人類存在的指標之一，如果能夠透過語言焊接起時代與時代的中斷點，聯繫人與人的思維，就能達成隔空同步，實現無縫對接。我們需要重新認識語言，致力於積極表達。我也深深感謝歷史人物留下的對話，讓我能跨越千年與他們一一照面。」

商鞅變法（下）・理得換心安

口頭語言的傳播畢竟不是自己一個人的事，當涉及另一方或好幾方時，基本上無法左右對方的表現。除了表達的內容和形式、態度和技巧，有時也得依靠一些運氣，這是很多教科書不曾提及但無法迴避的問題。然而，說給別人聽的同時，你永遠是自己的第一位聽眾。在傳播者盡了最大努力後，其他的就留一份心安了。

商鞅的故事告訴我們，說話技巧與口語傳播時理由的陳述密切相關。史料取材於《史記・商君列傳》。

「這傢伙就是個刻薄寡恩之人，當初用帝王之術遊說秦王，這些理論根本不是他的信仰，全是口中的浮雲而已。依靠秦王寵臣的推薦得勢，一上位就對秦王的親戚用刑，還用卑鄙的方式欺騙魏國公子，不聽忠臣的規勸，更加證明他的寡恩，我看他編纂的開拓邊塞、發展耕戰的著作和他的真實行為類似。最終以謀反罪被殺，簡直是罪有應得。」

這段話出自《史記》作者司馬遷，文中所說之人是商鞅。在中國歷史上，評價褒貶不一、毀譽參半的人很多，商鞅尤甚。雖然他幫助秦國強大，但商鞅到底幹了什麼，讓太史公筆筆如刀地寫下如此嚴厲的評語呢？

史料新說

這節故事得從秦國變法已經一周年後開始說。

此時在秦國，跑去相關部門訴苦新法不人性、不方便的百姓已經達到上千人，商鞅的變法遇到巨大的阻礙。就在此時，秦國太子觸犯新法。商鞅認為百姓不守法是因為有特權階級不守法，雖然無法處罰太子，但他按照律例處罰太子的老師秦國公子虔，還把太子另一位老師公孫賈處以黥刑。秦國百姓看到如此顯貴的人都被上刑，紛紛閉嘴，不再訴苦。

新法施行十周年時，秦國路不拾遺、天下無賊，百姓豐衣足食，都樂意為國而戰，社會秩序很好。那些當初說新法不人性、不方便的人都改了口風，誇獎新法好，新法妙，新法呱呱叫。

商鞅卻立刻命令將搬弄過是非的人移送到秦國邊境防守戍邊，自此秦國再也沒有任何人敢議論法律。

新法施行十三年時，秦國已經統一國內的度量衡，國力大大提升，秦孝公將首都遷到咸陽。

新法施行十四年後，秦國公子虔又觸犯律例，被施以劓刑，削掉了鼻子。

新法施行十五年後，周天子把祭祀用的肉賜給秦孝公以表彰其功績，各國諸侯都來祝賀，再也沒有人看不起秦國。

新法施行十六年後，魏國被齊國打敗，魏太子申被齊國俘虜，還折損了大將龐涓。

新法施行十七年後，商鞅終於對秦孝公說：「該趁這個機會進攻魏國了。他們剛剛敗於齊國，必然會向我們求和，我們趁機霸占魏國的黃河、崤山等險要地區，當作進攻其他六國的跳板。」

秦孝公接受了商鞅的建議，發兵進攻魏國。此時，商鞅做了一件非常沒有道義的事：他欺騙魏國公子昂，說自己對魏國還有感情，不如大家見面敘敘舊，定個和平條約。講義氣的公子昂相信了商鞅的話，前來會盟。酒席中商鞅翻臉不認人，俘虜公子昂不說，還趁機派兵徹底擊敗魏軍。魏王不得不割讓領土給秦國，遷都大梁。做完這件齷齪事，再也沒人願意和商鞅做朋友。魏王則後悔地說：「當初應該聽公叔痤的話，要不任用他，要不就殺了他。」

秦孝公因為這場功勞，把於地、商地的十五座城賞給商鞅，這就是他的名字「商鞅」的來歷。

此時的商鞅功績彪炳，秦國法制嚴厲，很多貴族都特別恨他。有位正直的大臣趙良求見商鞅，商鞅卻對他說：「我見你是因為孟蘭皋的引薦，既然他很推崇你，我們交個朋友吧？」

如果是普通人，見到權傾朝野的商鞅主動要求結交，早就接受了，很有智慧的趙良卻回答：「我不敢接受。孔子曾說，只有結交賢才，才能吸引受到人民愛戴的人來投奔；把不可靠的人聚集在身邊，即使稱霸天下，有才能的人也會離開。我這個人不可靠，還是別和您結交比較好。我還聽說，不在其位但占據其位叫作貪位，沒有盛名卻享受盛名叫作貪名。我要是成為您的朋友，我怕貪位、貪名這兩條都跑不了，我想我們還是別結交了！」

商鞅似乎聽出了什麼，問趙良：「看來，先生對我治理秦國有不滿意的地方？」

趙良回答：「能聽反對意見叫作聰，能自我反省叫作明，能自我克制叫作強。舜帝曾說只有知道自謙的人才會被人尊重，您直接按照舜帝的說法做不就好了嗎？何必問我是不是有不滿意的呢？」

趙良不留情面，商鞅有些不甘心，回道：「當初秦國被人蔑稱為西戎，我改變秦國的習俗，教化百姓，國力增強，宮殿雄偉，你說說看，我治理秦國和百里奚相比，誰更有才能？」

趙良回答：「一千張羊皮比不過一塊上好的狐狸腋下的皮值錢，一千個人的附和奉承不如一個人的仗義執言。周武王允許百官直言進諫而國家昌盛；商紂王不准大臣議論則導致國家滅亡。如果您不反對周武王的做法，那麼我接下來說的話，您不能懲罰我，答應不答應？」

商鞅立即回答：「聽著順耳的話如同花朵，忠實坦誠的話如同果實。逆耳忠言如良藥，阿諛奉承會是惡疾。如果先生願意直言進諫，那就是我的良藥，我願意拜你為老師，可是你為什麼不願意和我交往呢？」

趙良聽到商鞅這麼說，把在心裡憋了很久的話一股腦兒地說了出來：「百里奚是楚國的鄉巴佬，聽說秦穆公賢明想去拜見，因為沒有路費，賣身為秦國人的奴隸，穿殘破的衣服餵牛。一年後秦穆公才知道這事，硬生生把百里奚從餵牛的僕人提拔為萬人之上的相國，整個秦國沒人敢埋怨。

「百里奚身為秦國宰相六、七年，東征鄭國，三次擁立晉國國君。一次出兵救援故鄉楚國，在秦國實施仁政，教育百姓，連少數民族都來進貢，晉國貴族由余為此敲門投奔。

「百里奚出門再累也不坐車，再熱也不打傘，在城中進進出出從不帶隨從、護衛。他的功勞被記錄在書裡，流傳後世。他去世時，無論男女都流淚，孩子也不唱歌謠，農民悲傷得喊不出來，這就是百里奚的功德。

「您見到秦孝公，靠的是近侍權臣景監的推薦，和百里奚怎麼比？您在秦國做宰相，不為百姓謀福利，而去造宮殿，和百里奚又怎麼比？您對太子的老師用刑，對百姓採用嚴酷的刑律，這種積累怨恨、禍患的事情，和百里奚更怎麼比？

「教化比命令更讓人民信服，學習賢良比酷刑處罰更有力量。您用酷刑管理國家的行為，根本談不上教化人民，怎能和百里奚比？

「您在自己的封地裡，面南背北做土皇帝，處罰貴族，和百里奚能比嗎？《詩經》說，老鼠和人都具備肢體和軀幹，要是人沒有禮法和老鼠有什麼區別，還不如趕緊去死。我怎麼可能誇獎您比百里奚強呢？

「《詩經》還說，得人心者興旺發達，失人心者崩潰滅亡。您現在做的事，沒有一件得人心。您每次出門都配有數十輛車和身強力壯的隨從。這些隨從全副武裝、手握長矛、寸步不離，沒保鏢您敢出門溜達嗎？

「您現在就如同清晨的露水一樣危在旦夕，到底想不想活得久一點？如果您想長命百歲，趕緊把封地還給秦國，去偏遠地區澆菜種地，不問世事；讓秦王多重用賢能之人，按功賜爵；讓百姓敬養老人，撫育孤兒，父兄互愛。這樣您才能保住性命。要是您貪圖封地的富裕，在乎權傾朝野的快感，持續壓迫百姓，積聚怨恨，一旦秦王不再護著您，整個秦國想收拾您的人還少嗎？您喪命的日子將如同抬腳那樣迅速地到來。」

面對趙良的勸告，商鞅完全聽不進去。即使聽進去了，誰又肯放棄眼前的一切？

五個月後，秦孝公病逝，太子即位，公子虔立刻以商鞅造反的罪名展開捉拿，商鞅不得不逃往邊境。黃昏時他打算投宿旅店，卻被告知：「商君的新法規定，沒有證件不能入住，否則我們也要被定罪。」

商鞅哀嘆：「真是木匠戴枷，自作自受啊！」越過國境線逃去魏國。魏國人憎恨他靠耍奸計欺騙魏國公子昂，奪取魏國土地，不但不肯接受他，還把他送回秦國。

最終，新登基的秦惠文王在廣場上把商鞅處以車裂的極刑，滿門抄斬。

技巧正名

趙良一番中肯的言辭，展示了理得換心安這個說話技巧。

成語「心安理得」的意思是，由於當事人覺得自己的言行有道理，所以心中特別坦然和安逸。我找得到這成語的出處，卻無法找出當初創作者為何要用先「心安」，再用「理得」。從邏輯上看，「心安」無法在先，它也沒法換來「理得」，憑空的坦然和安逸是很難出現的。

想來想去，只有一種可能成為這個成語如此排序的理由，那就是口語傳播時讀起來順口。本節的說話技巧試圖恢復原有的邏輯，只有當事人言行有了道理，才能換來心底的坦蕩。

史料中，趙良並沒有說服商鞅，商鞅的下場正如趙良預料的一樣。你問，沒有成功說服別人的技巧也算數嗎？

這裡需要鄭重說明，傳播分為很多種形式，有人際傳播、群體傳播、組織傳播、大眾傳播，還有自我傳播。說服他人是一種說話技巧，說服自己也是成功說服的一種表現，且很重要，很多人往往沒法過自己這一關。

趙良一定知道商鞅的強勢態度，但身為一名良臣，無法說服難道就不說了嗎？聰明些，只要確保不會賠上自己的性命，即使不成功，還是得照樣說。趙良就是這麼做的，先迂迴反覆，得到商鞅的允諾後才大膽進言。他表達的內容句句在理，縱使商鞅不能照辦，也能換得身為良臣的一份心安，這就是典型的「為了別人好，說給自己聽」。

這個技巧和晁錯那一節「在其位謀其言」的技巧有所區別，一個是為了心安，一個是視死如歸。

評跋：★★★★☆

趙良從道德、行為、禮法、隱患、心態、局勢上做了詳盡的分析，指出商鞅多行不義必自斃的道理，邏輯性給十分。

趙良先從商鞅口裡得到仗義執言不會獲罪的免死金牌，然後再瘋狂吐槽，策略性給十分。

趙良順著商鞅狂妄自比百里奚的態度，一條條指出商鞅與百里奚的巨大差別，以此告誡商鞅末日將近的道理，表達力給七分。

也許一肚子怨言的趙良在家裡已經罵過很多次，不全是臨時應答，而且畢竟是靠別人的引薦才見到商鞅，應該計畫過，即興度給六分。

趙良深刻剖析暴政酷刑管理下的國家並非一片祥和的事實，明確指出仁政才是治國安邦的核心要素，人心所向才是國家凝聚力的真實體現，影響力給十分。

總分四十三分，四星。

沙盤推演

如今，我們不會像歷史人物那樣打打殺殺，如果商鞅不死，估計事後會更器重趙良，因為他全部說中了。現實生活中，理得換心安的技巧不僅可以說給自己聽，更能對事件的走勢產生一定的影響。

大學中，口頭語言教學屬於藝術類課程，而學藝術的學生往往被視作文化成績較弱的。也許在某種程度上屬實，但他們也有自己的艱辛，需要比其他科系學生更嚴格地管理自己的傳播形象。

寒假過年前，我都會叮囑他們：「各位同學，馬上就要過年了，過年對別人是闔家團圓，對你們卻是危機四伏。大吃大喝，方言互懟，開學後能讓你們有種一夜回到解放前的感覺。我知道，面對年味的情不自禁，剛才那番話我說了也白說。可身為你們的老師，哪怕白說也得說，因為這是我必須做的，這樣哪怕新學期看到你們『腦滿腸肥』地回來，我也問心無愧。」

這就是理得換心安的典型做法。別忘了說服自己也是需要本事的——你騙得了誰，也騙不了自己。

LIFE 052

口才的力量：蘇秦、商鞅、晏嬰，成為頂尖話術大師的全方位說話指南

作　者—林毅
主　編—邱憶伶
責任編輯—陳詠瑜
行銷企畫—林欣梅
封面設計—FE工作室
內頁設計—張靜怡

編輯總監—蘇清霖
董 事 長—趙政岷
出 版 者—時報文化出版企業股份有限公司
一〇八〇一九臺北市和平西路三段二四〇號三樓
發行專線—（〇二）二三〇六—六八四二
讀者服務專線—〇八〇〇—二三一—七〇五
（〇二）二三〇四—七一〇三
讀者服務傳真—（〇二）二三〇四—六八五八
郵撥—一九三四四七二四時報文化出版公司
信箱—一〇八九九臺北華江橋郵局第九九號信箱
時報悅讀網 — http://www.readingtimes.com.tw
電子郵件信箱 — newstudy@readingtimes.com.tw
時報出版愛讀者粉絲團 — https://www.facebook.com/readingtimes.2
法律顧問 — 理律法律事務所　陳長文律師、李念祖律師
印　刷 — 勁達印刷有限公司
初版一刷 — 二〇二一年六月十一日
定　價 — 新臺幣三八〇元
（缺頁或破損的書，請寄回更換）

時報文化出版公司成立於一九七五年，
一九九九年股票上櫃公開發行，二〇〇八年脫離中時集團非屬旺中，
以「尊重智慧與創意的文化事業」為信念。

口才的力量：蘇秦、商鞅、晏嬰，成為頂尖話術大師的全方位說話指南／林毅著 . -- 初版 . -- 臺北市：時報文化，2021.06
336 面；17×23 公分 . --（Life；52）
ISBN 978-957-13-9047-5（平裝）

1. 說話藝術　2. 口才

192.32　　110008173

原簡體中文版：《歷史教你說話》／林毅 著
Copyright © 2021 by 天地出版社

本作品中文繁體版通過成都天鳶文化傳播有限公司代理，經四川天地出版社有限公司授予時報文化出版企業股份有限公司獨家出版發行，非經書面同意，不得以任何形式，任意重製轉載。時報文化出版企業股份有限公司對繁體中文版承擔全部責任，天地出版社對繁體中文版因修改、刪節或增加原簡體中文版內容所導致的任何錯誤或損失不承擔任何責任。

ISBN 978-957-13-9047-5
Printed in Taiwan